Le bonheur d'entreprendre

De Novotel à Accor :
une formidable aventure humaine

Éditions d'Organisation
Groupe Eyrolles
61, bd Saint-Germain
75240 Paris Cedex 05

www.editions-organisation.com

www.editions-eyrolles.com

Jean-Philippe Bozek

Le bonheur d'entreprendre

De Novotel à Accor :
une formidable aventure humaine

EYROLLES

Éditions d'Organisation

Sommaire

Les hommes au cœur
de l'entreprise

En 1994, lors de la convention annuelle des directeurs d'hôtels du groupe Accor, Paul Dubrule rappelle la devise du groupe : « Les hommes, les clients, les actionnaires ». Au moment des débats, un directeur américain s'adresse aux Présidents : « *Usually in the US, customers come first. Why is it so that at Accor, we put customers behind?*[1] » Gérard Pélisson prend la parole : « *Je vois que vous n'avez pas bien compris. Je vais vous le dire en français pour que ce soit bien clair. Il y a trois pôles chez Accor. On a les collaborateurs, soit l'ensemble du personnel,* **qui sont au PRE–MIER RANG !** *Ensuite, on a les clients et enfin, les financiers. Et ce n'est pas l'inverse. Est-ce que c'est bien clair maintenant ?* »

---

1. « En général aux États-Unis, le client est roi. Comment se fait-il que chez Accor, il perde cette place ? »

Préface

« *Never take NO for an answer.* » Cette expression anglophone (« *Ne vous contentez jamais d'une réponse négative* ») résume bien l'histoire de la réussite exemplaire de Paul Dubrule et Gérard Pélisson. En lisant le livre de Jean-Philippe Bozek, écrit avec vivacité, comme s'il avait vécu les événements qu'il relate, certains d'entre vous se demanderont : comment ont-ils fait pour ne pas baisser les bras, ne pas céder au découragement et amoindrir leur ambition ? Comment ont-ils fait pour innover – certainement –, améliorer – toujours –, bonifier – le plus souvent possible ? Comment ont-ils fait pour ne pas se contenter de gérer leur réussite ? Ma réponse est simple : l'un et l'autre étaient des inventeurs, certes dans des domaines complémentaires, mais sans chercher une solution dans l'existant. Ils préféraient le « challenger ». Chaque page de ce livre est pour nous tous un enseignement ; chaque page est une leçon de pugnacité, de volonté. Rappelez-vous, Novotel est l'anagramme de « volonté ».

Si leur rencontre était improbable et leur alliance pouvait être incertaine, leur histoire nous donne une leçon : rien ne se fait sans constance, sans s'inscrire dans la durée. L'histoire de Paul et de Gérard est un éloge de la constance.

Souvent, la vie commence par une rencontre qui se mue en destin. Celui de Paul et de Gérard débute, peut-être, par cette phrase de Bernard Trujillo à Paul : « *Il faudrait étudier l'évolution de l'hôtellerie.* » Première qualité de Paul, il écouta. Deuxième qualité : il ne lâcha pas et surtout comprit immédiatement qu'il n'y arriverait pas seul. Il chercha un partenaire, qu'il trouva en la personne de Gérard, dont la rigueur et la capacité à rassurer les investisseurs ont été décisives. L'aventure de Paul et de Gérard débute dans une France en plein développement : la première autoroute et le premier hypermarché datent de 1960. Paul et Gérard proposèrent dès 1963 le premier vrai nouvel hôtel (Novotel) de l'après-guerre. Vous découvrirez dans cet ouvrage que, loin de se contenter d'inventer de nouveaux hôtels, ils nourrirent l'ambition de proposer un modèle d'entreprise. Dans le fond, ils étaient conduits par la fierté d'être et de rester les premiers ! Deux exemples parmi d'autres en attestent : dès 1985, ils ouvrirent l'Académie, la première université d'entreprise en Europe, ; puis en 1994, ils furent précurseurs en créant une direction de l'environnement pour le Groupe.

Il nous revient désormais d'écrire la suite de l'aventure, tout en sauvegardant les clés de leur succès et en les adaptant à notre époque. Nous devrons répondre aux enjeux de la croissance des pays émergés et non plus émergents, les fameux BRIC (Brésil, Russie, Inde et Chine), mais aussi du continent africain, dont la démographie sera la force dans un avenir proche. Nous, Européens, devons construire l'Europe économique et politique. Les défis à relever se révèlent donc considérables. Il nous faut participer à ces mutations qui proposent de nouvelles manières de vivre et il va nous falloir aimer ce monde. L'aventure de Accor sera donc celle de ce siècle qui déplace les centres de gravité, permet à des millions de gens d'élever leur niveau de vie, de bénéficier de plus de bien-être.

Cette nouvelle étape sera marquée par trois repères.

D'abord la *mobilité*. Ancrée dans l'Histoire pour ceux qui étaient navigateurs, marchands, soldats ou missionnaires, cette mobilité — qui est celle de la mondialisation des affaires et du tourisme — est devenue un bien commun. L'intérêt pour les différentes cultures et les hommes, la recherche de nouveaux marchés, de nouvelles expériences, l'envie de rencontrer l'autre, sans oublier la curiosité, l'envie de soleil, la découverte de vieilles pierres, ou tout simplement le souhait de se promener sont désormais des aspirations qui ne sont plus considérées comme un luxe. L'ailleurs est une nécessité, une sorte de nourriture. Pour ma part, j'interprète cette envie comme la preuve que toute politique d'enfermement, de restriction des échanges des biens et des personnes serait un contresens. Surtout, cette mobilité s'inscrit dans une nouvelle économie fondée sur les économies d'énergie et le respect de l'environnement. C'est une nécessité. Accor sera un acteur exemplaire de ce monde, dont les ressources ne sont pas infinies. N'oublions pas enfin une autre mobilité, qui gagne de plus en plus en importance : osons l'appeler « mobilité virtuelle ». Elle signifie qu'un voyage commence par une réservation sur Internet pour trouver l'hôtel adapté aux exigences de chacun. Grâce à la Toile, un client sait tout sur notre offre, avant même d'arriver dans l'un de nos établissements.

Ensuite, la *mondialisation*. J'ai parfois le sentiment que ce terme est en train de devenir un gros mot et j'en veux à ceux qui le brandissent comme la cause de tous les maux. J'ai cependant la conviction que Accor est une entreprise qui, grâce à ses hommes et ses femmmes, ses produits et sa culture d'entreprise, léguée par ceux qui nous ont précédés, peut continuer son expansion, en particulier au-delà des frontières balisées de l'Occident. À nous de proposer les hôtels et les services en phase avec les nouvelles manières de vivre. Ce monde en développement définit de nouvelles frontières.

Enfin *l'ouverture*. Une des leçons de l'Histoire est que ceux qui estiment incarner un modèle indépassable se trompent. Vient un jour où leur résistance au changement devient un aveuglement qui engendre de la régression, voire la disparition de ce modèle. Combien d'entreprises ont ainsi disparu, parce qu'elles pensaient connaître mieux les attentes du client qu'elles servaient ? L'adaptation est l'enjeu majeur de Accor pour les années à venir, car il nous faut conjuguer plusieurs facteurs. Tout d'abord, nous devons continuer à innover, tout en veillant à toujours conserver notre excellence opérationnelle. Les fondateurs ont trouvé une règle simple : on crée un hôtel, on y apporte des modifications avec deux autres, puis on en construit cinquante. Je retiens cette méthode. Par ailleurs, nous devons rester à l'écoute de toutes les demandes liées au confort. Notre métier, c'est l'hospitalité. Gardons bien en mémoire qu'un client aspire à ce que son expérience à l'hôtel diffère de celle qu'il vit chez lui. Cela fait partie du plaisir de voyager. Ainsi, il nous faudra tenir compte des demandes spécifiques aux femmes, qui constituent une part croissante de nos clients en voyage d'affaires. De plus, le développement du tourisme de week-end développe la présence des enfants dans nos hôtels : il nous faut donc considérer leurs besoins d'alimentation, de jeux, etc. Tous nos clients ne sont pas des hommes blancs de quarante ans, parlant l'anglais, mangeant de la viande, arrivant à dix-huit heures et repartant le lendemain à sept heures. Notre succès, hier comme demain, réside dans une hospitalité adaptée, soucieuse des traditions et des cultures, capable d'apporter du bien-être.

Je ne saurais conclure cette préface sans mettre en évidence l'aspect le plus émouvant du livre de Jean-Philippe Bozek : il nous raconte une histoire d'hommes, de rencontre, de passion. Chaque fois que Paul et Gérard l'ont pu, ils ont engagé des collaborateurs auxquels ils faisaient confiance, dont ils exigeaient qu'ils fassent bouger les lignes. Ils s'assuraient toujours que ces nouvelles recrues ne seraient pas seulement des exécutants, mais feraient aussi leur propre chemin. Je pense ici à l'admirable phrase du poète espagnol Antonio Machado : « *Voyageur, le chemin, c'est la trace de tes pas.* »[1]

---

1. Extrait du poème *Le voyageur.*

L'aventure continue…

Je souhaite retenir trois enseignements majeurs de l'aptitude de Paul et de Gérard à montrer de l'intérêt pour les autres. Bien sûr, chaque lecteur fera ses propres choix, qui seront probablement différents, prouvant la richesse de ce livre.

D'abord et toujours, écouter le terrain. Tous ceux qui font que l'hôtel est en bon ordre de marche, savent ce qui marche, et ce qui ne marche pas.

Ensuite, observer, comprendre comment les gens vivent. Pas uniquement dans nos hôtels, mais partout : dans les aéroports, dans les cafés, au bureau, au restaurant. Nos clients vont devenir sans aucun doute non seulement plus exigeants, mais également plus différents les uns des autres.

Enfin, parler, partager. On ne parle jamais assez, on ne se rencontre jamais assez. Les conflits, les mauvaises décisions et les ressentiments sont dus à une absence de dialogue. Cessons de croire que parler est du temps perdu. La parole construit la confiance et celle-ci fait gagner du temps.

Quelques mois après mon arrivée dans l'entreprise, j'ai ressenti la nécessité de donner une nouvelle définition à Accor, ce que l'on appelle une signature, qui nous rassemble et nous inspire. J'ai voulu pour cela adopter une phrase qui reflète notre héritage et indique notre avenir. J'ai aussi voulu qu'elle devienne une aspiration pour les plus jeunes. Accor est une grande entreprise d'envergure mondiale ; elle offre de nombreuses opportunités, propose des aventures — car il y en a encore dans notre métier. Et la première et plus belle des aventures est de faire la rencontre d'hommes et de femmes différents qui, disons-le simplement, enrichissent la vie. La phrase que j'ai choisie est « ***Open new frontiers in hospitality*** ». Je lui donne le statut d'une mission : imaginer chaque jour ce que nous voulons être, avoir envie de repousser les frontières de notre métier. Nous serons ainsi un acteur de ce monde qui s'ouvre de plus en plus. Nous saurons l'être pour tous. Nous considérerons les collaborateurs comme notre premier capital. Nous nous adapterons aux demandes des clients, plus nombreux et plus variés. Nous veillerons ainsi à anoblir l'un des plus beaux métiers du monde : l'hospitalité.

Denis Hennequin
Président-directeur général

Partie I

Une histoire porteuse de sens

« *L'intelligence va des mains au cerveau.*
Pas l'inverse. »

Paul Bocuse

I

Né pour entreprendre

Deuxième d'une famille de sept enfants et l'aîné des deux garçons, Paul Dubrule vient au monde le 6 juillet 1934 à Tourcoing. Ses parents, Paul Dubrule et Suzanne Mamet, tous deux descendants d'une longue lignée d'entrepreneurs, appartiennent à la bourgeoisie locale. Enfant, Paul déteste l'école. Paradoxalement, il se passionne pour les livres, particulièrement ceux qui traitent de géographie ou d'aventure. Il passe un temps considérable à étudier les cartes de tous les pays du monde. Six ans avant sa naissance, en 1928, son père avait créé sa première affaire en Belgique, en empruntant autour de lui les fonds dont il avait besoin pour démarrer. La crise de 1929 la fait vaciller, mais Paul Dubrule père fait preuve de persévérance et reconstruit patiemment son entreprise d'imperméabilisation de tissus avant d'en créer une seconde avec son frère Marcel à Breda, aux Pays-Bas.

Un avant-goût de liberté

En 1939, Paul a cinq ans lorsque la guerre éclate en Europe. En 1940, son père est appelé pour servir sous les drapeaux, avant d'être renvoyé dans son foyer pour cause de famille nombreuse. Pour protéger les membres de sa famille, il les emmène à Jullouville, sur le littoral normand, à quelques kilomètres du Mont-Saint-Michel. Ces années de guerre sont paradoxalement heureuses pour le jeune Paul, qui ne reverra pas les bancs de l'école pendant cinq ans. Le matin, une jeune fille fait la classe aux enfants du village et l'après-midi, chacun jouit d'une très grande liberté. Sa mère et sa sœur Édith se souviennent : « *Paul était vraiment très heureux pendant cette période. Il avait beaucoup de liberté et en a abusé, au point de se retrouver souvent privé de dessert, parce qu'il rentrait trop tard à la maison.* » Loin de ses affaires, mais toujours aussi entreprenant, bravant les interdits de l'occupant, Paul Dubrule père s'organise pour ravitailler les membres de sa famille restée dans le Nord. Ingénieux, il imagine des emballages spéciaux qui lui permettent d'expédier des œufs, du beurre et d'autres denrées fragiles, collectées dans les fermes, sans qu'elles souffrent du voyage. En échange, il reçoit des tissus qu'il revend sur les places de marché normandes ou qu'il donne à sa femme pour qu'elle confectionne des vêtements pour ses enfants.

Comme pour beaucoup d'enfants de sa génération, la guerre marque profondément le jeune Paul. Avec quelques amis, téméraires autant qu'inconscients des risques encourus, lorsque les Alliés débarquent en Normandie, il entreprend de causer des dommages à l'occupant. Lors d'une de leurs expériences, ils effraient des chevaux allemands et les entraînent vers un champ de mines où quelques équidés finissent leurs jours. Un autre jour, Paul court sous le feu des deux camps pour récupérer la pantoufle que sa petite sœur Francine a perdue dans la fuite. Pour la jeune fille, Paul est un héros. Les sentiments de triomphe et de toute-puissance qu'il ressent dans ces expériences juvéniles stimulent son esprit aventureux. Dès lors, Paul se sent prêt à relever des défis toujours plus importants, et à repousser sans cesse les limites du possible.

La fin de la guerre signifie pour la famille Dubrule le retour dans le Nord et pour le père de Paul la reprise en main de ses affaires laissées à l'abandon. Il lui faut tout reconstruire pour la seconde fois. Il travaille sans compter pour redonner à son entreprise l'envergure qu'elle a totalement perdue. Paul, alors âgé de 12 ans, est admiratif devant le courage de son père. Il en tire une leçon : « *La ténacité permet de surmonter tous les obstacles, toutes les épreuves. Il ne faut jamais renoncer, ni reculer devant les difficultés.* » Il faudra encore plusieurs années de dur labeur pour que la petite usine connaisse enfin la stabilité. À son apogée, elle emploiera une cinquantaine d'ouvriers.

Fin de la récré

Le retour dans le Nord est source d'une grande tristesse pour les enfants Dubrule. L'école buissonnière est finie. Paul entre au collège, chez les Jésuites. L'année suivante, la famille s'installe de nouveau en Belgique et l'adolescent, qui aime tant la liberté, se retrouve au pensionnat, où il est terriblement malheureux. Lorsqu'il n'est pas collé le week-end, Paul rejoint sa famille à Tournai et se rend parfois à l'usine, où Antoinette, la concierge, l'accueille avec des gâteaux et quelques mots gentils : « *Comment va Monsieur Paul fils ?* ». Paul observe son père, s'imprègne de ses méthodes et les adopte sans en avoir conscience. Ainsi, alors qu'il n'a que 14 ans, il entend sa mère sermonner une employée de maison, puis s'en plaindre : « *Le personnel est impossible, on ne peut plus se faire servir !* » Paul, horripilé par les paroles de sa mère et le ton désobligeant qu'elle emploie, lui rétorque aussitôt : « *Mais maman, tu n'as qu'à leur expliquer ce que tu attends d'eux, les former et surtout les payer correctement.* » Sa mère le rabroue aussitôt : « *Ah toi, tu m'embêtes avec tes idées. Je te dis que du bon personnel, ça ne se trouve plus !* » Mais le jeune garçon lui tient tête : « *Eh bien moi, je te dis que ça se trouve et ce n'est pas la peine de t'en prendre à eux. Tu n'as qu'à les former !* »

À la sortie du collège, Paul Dubrule père comprend que l'orientation scolaire de son fils pose un problème. La famille s'inquiète pour son avenir professionnel : « *Que va-t-on faire de lui ? Que va-t-il devenir ?* » Ces questions animent les dîners familiaux. Un conseiller d'orientation propose une solution originale : « *Votre fils n'est pas fait pour les grandes études. Je vous conseille de lui faire apprendre la mécanique. On aura toujours besoin de mécaniciens.* » À la maison, l'avenir de Paul demeure un sujet de préoccupation et fait parfois même l'objet de quelques quolibets. Cette situation humiliante nourrit chez le jeune homme des envies de revanche. Il sent au fond de lui l'envie d'épater son entourage. « *Vous verrez bien ce dont je suis capable.* » Finalement, Paul Dubrule père décide d'inscrire son fils à l'ICAM[1] pour y préparer le baccalauréat. Pendant ces quelques années, Paul s'installe chez son grand-père maternel, lui-même patron d'une entreprise textile.

Paul est un très mauvais élève. Il n'est ni assidu, ni attentif aux leçons. Il préfère l'aventure, se débrouillant pour rejoindre la Côte d'Azur ou la Grande-Bretagne en stop, sans le moindre sou en poche. Bien qu'il fasse preuve d'une rare persévérance, il est recalé au baccalauréat à cinq reprises[2]. La sixième fois, il obtient la partie générale et échoue aux épreuves scientifiques. Apprenant qu'en Suisse le précieux diplôme français n'est pas requis dans sa totalité pour entrer à l'université, il annonce à ses parents qu'il souhaite y poursuivre ses études. Son père lui accorde une petite bourse mensuelle, à peine suffisante pour financer les cours et une partie des frais de logement. Alors, le jeune homme multiplie les petits boulots. Il distribue des tracts dans les supermarchés et fait du porte-à-porte pour réaliser des enquêtes destinées à alimenter des études de marché fumeuses. Payé 1 franc pour chaque enquête réalisée, il parvient ainsi à boucler ses fins de mois.

Paul Dubrule père ne souhaite pas que son fils s'investisse dans ses affaires, parce qu'il considère que son métier est sans avenir. D'ailleurs, chez les Dubrule, aucun fils n'a jamais succédé à son père à la tête de l'affaire familiale. Trouver une idée originale, créer sa propre affaire, faire ses preuves, tel est le

---

1. Institut Catholique d'Arts et Métiers.
2. À cette époque, il était possible de passer l'examen en juin et de le repasser en septembre.

destin des Dubrule de père en fils depuis cinq générations. Le premier entrepreneur de la lignée, Paulus Dubrule, a créé la première entreprise dans la famille, vers 1830.

Des envies d'ailleurs

Très vite, Paul Dubrule rêve de voyages, de pays lointains, d'aventures au bout du monde et de découvertes. Paul escompte bien se refaire un CV, en profitant de ses études en Suisse. Pourtant, l'apport essentiel dont il bénéficie ne vient pas de ses professeurs. En France, à cette époque, on raisonne encore beaucoup selon des principes protectionnistes. Les routes comme les voies de chemin de fer s'arrêtent aux frontières où des douaniers armés surveillent toutes les entrées et sorties du territoire. Pour entrer en Belgique ou en Allemagne, il faut passer par un poste de douane. Le contrôle des frontières oblige chaque citoyen à déclarer les marchandises et les devises qu'il transporte avec lui. Dans ce contexte, les idées neuves ont aussi beaucoup de mal à pénétrer le territoire français.

À Genève, Paul découvre une culture beaucoup plus ouverte sur le monde, dans laquelle chacun s'imprègne des idées des autres. Et les étudiants viennent de partout en Europe. Et même du reste du monde. Syriens ou Autrichiens y côtoient quotidiennement Suédois et Américains. Une même préoccupation réunit tous ces jeunes gens : « *Comment se faire une place dans le nouvel ordre mondial ?* » Et, pour tous, une évidence s'impose progressivement : pour réussir en affaires, en dehors de l'Amérique, point de salut. Paul prend une nouvelle décision : « *Puisque c'est là-bas que ça se passe, c'est là-bas que je dois aller !* »

Âgé de 24 ans, Paul quitte Genève en 1958. Cette fois, il a son diplôme en poche et décide de partir pour les États-Unis sans attendre. Mais à cette époque, un voyage en avion Paris-New York dure près de quinze heures et coûte plus de

5 000 francs[1], soit l'équivalent du prix d'une Citroën 2CV ! Paul embarque pour dix jours de traversée à bord d'un paquebot de la compagnie Holland America Lines, qui propose les billets les moins chers pour traverser l'océan. Une relation de son père lui trouve un stage à la Swiss Bank Corporation, à Wall Street. Il est chargé de remplir des documents, de classer des dossiers ou de compter les coupons dans les coffres. Autant de tâches qui ne tardent pas à ennuyer copieusement le jeune homme, pressé d'en découdre avec le monde. L'année suivante, il intègre la Chemical Corn Exchange, toujours à New York. Mais ce job ne le passionne pas plus. Amoureux de la Grosse Pomme, Paul passe une part importante de son temps à arpenter les rues de Manhattan, sans bien savoir ce qu'il y cherche.

Un jour, alors qu'il s'apprête à monter dans le métro, sur la 125e rue, dans le quartier de Harlem, son regard s'arrête sur une silhouette qui lui semble familière. Un jeune homme habillé d'une veste de tweed, au style BCBG très « nord de la France », seul autre Blanc parmi une foule de Noirs, semble déambuler sans but précis. Intrigué, Paul s'approche de lui et l'aborde en anglais. Le fort accent du personnage confirme son intuition : c'est un gars du Nord ! Aussitôt, les deux jeunes gens entament une relation entre compatriotes et se lient progressivement d'amitié. C'est ainsi qu'il apprend que Jérôme Destailleur, fils d'un industriel, actionnaire du premier supermarché créé à Marcq-en-Barœul (Nord), est aux États-Unis pour découvrir les nouvelles méthodes de distribution américaines.

Quelque temps plus tard, alors qu'ils ne se sont pas vus depuis plusieurs semaines, Jérôme appelle Paul. À peine se sont-ils retrouvés, qu'il lui donne un judicieux conseil : « *Je viens de faire un séminaire avec un type extraordinaire ! Il s'appelle Bernardo Trujillo. Tu devrais y aller, c'est formidable !* » Paul se renseigne et découvre qu'il s'agit d'un spécialiste mondialement

---

1. Environ 6 300 euros en 2010 en valeur courante.

connu de la distribution, considéré comme l'inventeur de l'hypermarché. Il décide de participer au séminaire et se rend au siège de la NCR (National Cash Register), leader mondial des caisses enregistreuses, à Dayton, dans l'Ohio. Il est fasciné par les conseils du consultant. Au terme du séminaire, il demande à le rencontrer et lui propose de travailler à son service. Bernardo Trujillo accepte. Ravi, Paul est cependant très ennuyé : il est rappelé en France pour servir sous les drapeaux ! Trujillo lui propose de revenir dès qu'il sera libéré et confirme sa proposition d'embauche. Paul ne sait pas encore que son service durera vingt-six mois. Avant de partir, il fait une demande de Carte Verte à l'administration américaine, qui met deux ans à l'accepter. Affecté à la base américaine de Laon comme interprète, il profite de sa situation pour monter un petit commerce de cigarettes et de whisky américains, avec la complicité des gendarmes de la base.

II

L'enfance d'un chef

À la fin du XIXe siècle, dans un petit village de la Drôme, un jeune homme répondant au nom d'Abel Gaymard épouse une jeune fille prénommée Léa. Âgés tous les deux d'une vingtaine d'années, ils quittent la modeste exploitation agricole familiale qui ne peut subvenir à leurs besoins pour se lancer dans la sériciculture, qui connaît un nouvel âge d'or. Installés à proximité de Condorcet, les deux époux vendent leur production artisanale aux ateliers de tissage des soieries lyonnaises. Leur petite affaire se développe, au point qu'ils se retrouvent, à la veille de la Première Guerre mondiale, à la tête d'une petite usine employant plusieurs dizaines d'ouvriers. Abel et Léa ont une fille, Jeanne, qui grandit au milieu de la magnanerie familiale.

En 1914, lorsqu'Abel est mobilisé, Léa poursuit seule l'activité en attendant le retour de son époux. Quatre ans plus tard, très affaibli par ses années sur le front, Abel n'a plus les capacités physiques nécessaires pour reprendre sa place à la tête des affaires, et c'est Léa qui continue de diriger la petite entreprise qui se développe. Les années de guerre ont paradoxalement été profitables à l'industrie de la soie, utilisée par les forces armées en raison de ses caractéristiques mécaniques exceptionnelles. Dès 1920, la jeune Jeanne, âgée de 16 ans, assiste sa mère, toujours seule aux commandes de la magnanerie. Ensemble, les deux femmes développent leur affaire, qui sera durement frappée par la crise de 1929, puis, quelques années plus tard, par l'apparition des fibres en nylon.

Toujours au XIXe siècle, à Lyon, « Manou » Caffarel[1], fille d'une riche famille d'industriels lyonnais, s'éprend de Joseph Pélisson, artiste peintre désargenté. Contre l'avis des parents de la jeune fille, les deux fiancés décident de se marier. Indignée par cette union, la famille de la jeune femme la répudie en la dotant seulement d'un maigre capital pour assurer sa survie. Déterminée à s'en sortir, Manou Caffarel utilise son petit pécule pour installer une modeste boulangerie à Lyon. L'artiste peintre laisse ses pinceaux de côté pour œuvrer aux fourneaux pendant que sa femme tient la boutique.

Des débuts bien modestes

En 1898, de leur union naît Jules Pélisson. Dès la sortie de l'école communale, l'adolescent démarre dans la vie active à 14 ans avec son seul certificat d'étude, comme apprenti boulanger dans le petit atelier familial. Lorsqu'il atteint 16 ans, ses parents l'encouragent à choisir une voie moins pénible. Il réussit à se faire engager comme employé au sein des établissements Billion, un important négociant lyonnais de la soie. Ses premières tâches consistent à porter les ballots de soie. À 18 ans, Jules Pélisson est engagé volontaire chez les zouaves[2] et part sur le front où il est grièvement blessé en 1918. Il est l'un des deux seuls rescapés de sa section, décimée lors d'un bombardement allemand.

Après un an de soins à l'hôpital militaire, il retrouve son poste aux établissements Billion, qu'il avait dû quitter pour

---

1. Le prénom exact de Melle Caffarel n'a pas pu être retrouvé. Ceux qui l'ont connue ne se souviennent que de son surnom : « Manou ».
2. Unités d'infanterie à recrutement européen de l'armée d'Afrique, dépendant de l'armée de terre française. Elles ont existé de 1830 à 1962.

défendre la Nation. Reconnu par ses patrons pour son talent de vendeur, il devient en quelques années fondé de pouvoir de la société, qui lui offre une participation significative dans le capital. Considéré comme l'un des meilleurs vendeurs de soierie de la place de Lyon, il mène longtemps une vie de célibataire. Habité du sentiment d'être un miraculé de la guerre, il décide de profiter pleinement de la vie qui lui est offerte, sans chercher à fonder un foyer.

En 1927, un des clients avec qui Jules entretient des liens d'amitié lui dit : « *Écoute Jules, la vie, ce n'est pas que la fête et le travail. Il est temps de te marier et de fonder une famille. On va te trouver une épouse. Je connais un sériciculteur de la Drôme qui a une fille bien sous tous rapports. Elle s'appelle Jeanne Gaymard et dirige avec ses parents l'entreprise familiale.* » Jules Pélisson se laisse convaincre et son ami le présente à la famille Gaymard. Moins d'un an plus tard, les deux jeunes gens se marient et s'installent à Lyon. De leur union, naissent Henri puis Gérard, le 9 février 1932.

Après avoir traversé les difficultés financières de 1929, la société Billion, dont Jules Pélisson est devenu entre-temps directeur général, poursuit un fort développement, avant d'être de nouveau perturbée par l'arrivée au pouvoir du Front populaire en 1936. Jules Pélisson est un chef d'entreprise qui allie les qualités d'un excellent commerçant à celles d'un meneur d'hommes exceptionnel. Très proche de ses collaborateurs, il est aussi très respectueux de ses ouvriers. Régulièrement, il leur rend visite, dans l'une des vingt petites usines réparties dans la Drôme et l'Ardèche. Il parle avec chacun d'eux, se préoccupe de leur situation professionnelle et personnelle. Lors de chaque crise que traverse l'entreprise, du fait de la guerre ou des événements politiques, il est comme obsédé par le souci ne pas devoir licencier son personnel.

L'expérience est le meilleur des professeurs

En 1939, la Seconde Guerre mondiale vient perturber une nouvelle fois les affaires de la maison Billion. Jules Pélisson, qui refuse de se livrer au marché noir, en souffre énormément. Au cours de l'hiver 1942, faute d'oncle ou de cousin paysan, le ravitaillement est devenu très difficile et le menu quotidien de la famille en souffre. De tous ces événements, le jeune Gérard tire une leçon : « *Les lendemains ne sont jamais sûrs. Il faut toujours prévoir des solutions, au cas où le pire se représenterait.* »

Si la famille souffre de la faim, une grande joie de vivre ne manque cependant jamais de l'animer. Jules et Jeanne sont des personnes joyeuses, qui aiment inviter leurs amis et voisins à la maison pour faire la fête, avec les moyens du bord. Jules est aussi un homme d'honneur, qui tient à transmettre à ses enfants le sens d'une éthique absolue : l'honnêteté, la fidélité, et le sens de la parole donnée. À la Libération, comme s'il s'agissait de sa propre entreprise, Jules, entouré de ses collaborateurs, donne une impulsion fulgurante à la Maison Billion, qui connaît une nouvelle période de prospérité. Devenue au court des vingt années suivantes l'une des plus belles soieries lyonnaises, ses effectifs s'élèvent à plus de mille collaborateurs en 1960.

À l'école primaire, le jeune Gérard recueille tous les prix d'excellence. Il a la préférence de ses maîtresses d'école, qui le citent en exemple devant les autres élèves. Jaloux, ceux-ci se vengent en le taquinant au sujet de sa petite taille. Plutôt que de nourrir un complexe d'infériorité, celui que l'on surnomme PPCM (Plus Petit de la Classe de Maths) apprend à se servir de ses poings pour se faire respecter. De plus en plus bagarreur, au collège Gérard ne s'intéresse plus aux études et se retrouve bientôt parmi les derniers de sa classe. Criant plus fort que les autres, avec l'aide de quelques camarades, il rassemble autour de lui une bande de garnements, prêts à toutes les espiègleries. Une petite organisation se met en place et, du fond de la classe, en bon chef de bande, Gérard distribue à chacun son rôle : « *Toi, tu fais le guet et tu nous avertis si le surveillant général arrive. Toi, tu prends la sarbacane et tu alertes les autres…* » Doté d'une grande acuité et d'une sensibilité affûtée, le jeune garçon comprend vite que la nature humaine est très différente d'un individu à l'autre. Certains sont prêts à changer de bande selon l'issue d'une simple bagarre, alors que d'autres sont prêts à se faire couper en morceaux pour défendre leur équipe. Et chez les adultes, ça ne semble pas très différent : ceux qui criaient « *Vive Pétain !* » en 1943 n'hésitent pas à crier « *À mort Pétain !* » en 1945. Gérard en tire une nouvelle leçon : « *L'important quand on est chef, c'est de savoir s'entourer de personnes loyales et dévouées. Et en la matière, les actes sont plus probants que les apparences et les discours.* »

Un lundi midi, en rentrant chez lui, Gérard trouve son père très affecté. Surpris, il lui demande ce qui se passe. Son père lui explique : « *Vendredi, j'ai passé commande par téléphone d'une grosse quantité de balles de soie au Japon. Pendant le week-end, les cours se sont effondrés de 40 %. La société a perdu beaucoup d'argent.* » Spontanément, l'adolescent dit à son père : « *Mais, Papa, tu n'as rien signé. Tu peux annuler ta commande.* » Ce que Jules Pélisson refuse aussitôt : « *C'est vrai, je n'ai rien signé, mais j'ai engagé ma parole.* » Et il poursuit avec une leçon de morale qui marque durablement le jeune homme : « *Mon garçon, dis-toi que le respect de ta parole, c'est fondamental. Quelqu'un qui ne respecte pas sa parole doit quitter la région ou changer de métier.* »

À 18 ans, Gérard obtient son baccalauréat de justesse et intègre les classes préparatoires. Pris d'un sursaut de sérieux, il réussit cependant brillamment le concours d'entrée à l'École Centrale des Arts et Manufactures de Paris. Les cours, qui y sont dispensés *ex cathedra* dans de grands amphithéâtres, l'ennuient copieusement. Il comprend vite que d'avoir fait des hautes études ne garantit pas une intelligence sociale éprouvée : « *On trouve la même proportion d'imbéciles dans les grandes écoles qu'à l'école communale !* » Durant ses études à Centrale, il se rend presque chaque week-end à Lyon pour y retrouver sa fiancée, Suzanne Arnoux. En juillet 1955, bien qu'il ne soit classé que cent soixante-dix-huitième sur une promotion de cent quatre-vingt-quinze élèves ingénieurs, Gérard reçoit sans honneur son diplôme d'ingénieur de la prestigieuse école française.

L'Amérique en ligne de mire

Appelé sous les drapeaux dès sa sortie, Gérard fait ses classes à Nîmes comme élève officier de réserve dans une ambiance politique électrique : les « événements » en Algérie prennent une dimension inquiétante, la guerre y a été déclarée quelques mois plus tôt. Le 24 mars 1956, Gérard et Suzanne se marient à Lyon. Le lendemain, ils rejoignent Strasbourg ensemble, où le sous-lieutenant Gérard Pélisson prend la responsabilité d'une section de trente-cinq hommes avec lesquels il part fin 1956 pour la région de l'Aurès, au nord-est de l'Algérie. La plupart de ses hommes, originaires du bord du Rhin, ne savent ni lire ni écrire.

Durant cette terrible période, Gérard apprend tout le sens du mot « responsable ». Protéger ses hommes, tout faire pour qu'ils restent en vie devient sa préoccupation première. Lorsqu'il en a le loisir, il apprend le français à ses hommes. Bien qu'il se sente très éloigné culturellement des soldats avec lesquels il vit dans ces pénibles moments, il nourrit envers eux une considération sincère.

Un jour alors qu'il rentre d'une patrouille, il s'aperçoit que les deux soldats de garde ont quitté leur mirador pour jouer aux cartes. Le lieutenant Pélisson convoque les soldats fautifs pour les sermonner : « *Vous êtes complètement cons ! Vous vous rendez compte que vous mettez tout le poste en danger ! Toute la section va vous en vouloir à mort. Vous jouez avec la peau de vos copains ! Vous êtes grillés maintenant.* » Conscient des limites intellectuelles des deux soldats et soucieux de ne pas les punir au-delà de ce qui lui semble nécessaire, le lieutenant Pélisson se sent tiraillé. Il a conscience que les conditions de vie des troupes expliquent beaucoup d'écarts de conduite. En même temps, il se sent obligé de les sanctionner pour que leurs camarades comprennent qu'il s'agit d'un manquement grave et impardonnable à la discipline. Finalement, Gérard décide de sermonner une seconde fois les deux hommes, tout en leur expliquant qu'il va réduire l'importance de leur faute dans son rapport pour leur laisser une seconde chance.

Quelques mois après son arrivée en Algérie, le lieutenant Pélisson est transféré sur la base aérienne de Colomb-Béchard, où il goûte une vie beaucoup moins dangereuse. Logé au mess des officiers, il y croise fréquemment des ingénieurs, des pilotes et des fonctionnaires, qui sont en mission sur la base. Lorsque ces personnes viennent au mess des officiers, Gérard leur propose de passer la soirée à jouer au poker. Joueur de talent, le jeune lieutenant accumule plus de 3 000 dollars de gains avant d'être démobilisé en décembre 1957.

De retour en France, il trouve rapidement un poste d'ingénieur à la Compagnie Générale d'Organisation. Considérant ce poste comme temporaire, Gérard remplit parallèlement les formalités nécessaires pour poursuivre ses études aux États-Unis. Son projet est d'entrer au MIT (Massachusetts Institute of Technology), à Boston. Sur la base du rapport du directeur de l'École Centrale, qui a simplement mentionné son mauvais rang de sortie, sa candidature au MIT est refusée. Déterminé à poursuivre ses études outre-Atlantique, il décide de partir comme auditeur libre, accompagné de son épouse. Dans l'impossibilité d'obtenir une bourse, il investit l'argent gagné au poker pour financer son voyage. Le couple débarque à Boston en octobre 1958. Pour subvenir à leurs besoins, Gérard garde le campus la nuit. Le week-end, il repeint la maison des professeurs de l'université. Suzanne, de son côté, fait des ménages ou garde des enfants pendant la journée. Le soir, elle est hôtesse dans un restaurant français réputé. Ils gagnent chacun 1 dollar de l'heure. Le jeune couple vit chichement : quand ils ont tout payé, il leur reste moins de 1 dollar par jour pour manger.

Au MIT, Gérard découvre une ambiance très différente de celle des grandes écoles françaises. Les étudiants sont en petits groupes de douze et les professeurs, d'éminents spécialistes, s'assoient simplement autour de la table avec eux pour débattre de chaque sujet. Gérard se découvre une nouvelle motivation pour les études : *« Ces profs s'intéressent à nous ! Ça donne envie d'apprendre ! »* Au fil des cours, le jeune homme se passionne pour l'histoire de l'expansion industrielle des États-Unis. Il passe ses nuits à étudier la vie de Rockfeller, de Ford ou de Carnegie. Très vite, il se fait remarquer par les enseignants qui se mobilisent pour lui obtenir une bourse. Il quitte son statut d'auditeur libre pour devenir étudiant à part entière. Les six premiers mois qu'il passe en qualité d'auditeur libre sont requalifiés comme un temps d'étude régulier, qui lui donne droit à prétendre au diplôme du célèbre institut. Il devient l'assistant du professeur Galhier et ses revenus s'améliorent significativement. Gérard met à profit le temps qu'il consacrait aux petits boulots pour suivre des cours d'économie et de finance à la Harvard Business School.

À 28 ans, Gérard entre au Centre Français de Recherche Opérationnelle (CFRO). En 1962, il est promu ingénieur en chef. En 1963, la prestigieuse compagnie IBM le débauche. Remarqué pour son esprit brillant et son sérieux, il est promu directeur des études de marchés, puis directeur des plans et du contrôle. Dès 1965, il fait partie du comité de direction d'IBM Europe.

III

Une longue maturation

En 1962, Paul Dubrule repart aux États-Unis, accompagné de son épouse Liliane. Entre-temps, il a pris soin d'entretenir une correspondance avec Bernardo Trujillo. Dès son retour sur le sol américain, doté de la fameuse *green card*, il est employé par la compagnie NCR, dans le service dont Trujillo a la responsabilité. Comme la vingtaine de collaborateurs de toutes nationalités qui travaillent dans ce département, il est chargé d'accueillir les participants à l'aéroport et noue de nombreuses relations avec des hommes d'affaires français dont il porte parfois les valises. Il a notamment en charge les clients français qui viennent nombreux pour écouter le nouveau gourou des patrons. C'est ainsi qu'il fait la connaissance de Marcel Fournier, fondateur de la chaîne d'hypermarchés Carrefour, de Gérard Mulliez, fondateur d'Auchan ou de Paul Cathiard, le père de Daniel Cathiard, qui créera la chaîne Go Sport en 1978. Prévoyant, il collectionne méticuleusement leurs cartes de visite. Pendant les séminaires, il assure la traduction en simultané de la méthode appelée MMM, pour « *Modern Merchandising Method* », que ces chefs d'entreprises sont venus apprendre.

En quête d'une idée prometteuse

Mais ce n'est pas pour son maigre salaire de 300 dollars par mois que Paul est revenu aux États-Unis. Ni pour remplir son carnet d'adresses. Sa première motivation est de se nourrir de l'exceptionnelle vision de son mentor. À force d'entendre chaque semaine les mêmes messages, certains deviennent des leitmotive qui, pour le futur chef d'entreprise, deviennent presque une seconde nature. Par exemple, sur la relation du client avec le produit et la nécessité de le laisser toucher de près la marchandise, il se souvient encore quarante ans plus tard avec précision des messages très originaux pour l'époque que distillait le gourou du marketing opérationnel : « *Ne luttez pas à tout prix contre la démarque inconnue*[1] *! Considérant que le bénéfice d'exploitation dans la distribution dépasse difficilement 2 à 3 %, si vous avez une démarque inconnue supérieure à 3 %, c'est plus que votre bénéfice et vous devez réagir. Installez des caméras et des barrières, recrutez des agents de sécurité pour la réduire. En revanche, si vous avez une démarque inconnue inférieure à 1 %, enlevez les barrières et les caméras. Si le client ne peut pas toucher, sentir ni même voler la marchandise, c'est qu'elle est trop protégée et que vous perdez des ventes. Le meilleur endroit pour protéger votre marchandise consiste à la mettre au sous-sol, dans vos coffres. Mais là, vous ne la vendrez jamais !* »

Pourtant, Paul ne se contente pas de ce que tout un chacun peut obtenir en assistant aux séminaires. Il en veut encore plus. Il souhaite connaître le secret que le « pape de la distribution » évoque furtivement de temps en temps, comme pour l'exciter ou jouer avec lui : « *Je connais un excellent moyen de devenir riche rapidement et sans argent !* », se plaît-il parfois à lancer à qui veut l'entendre. Paul, qui s'est promis de faire fortune, ne peut s'empêcher de saisir la perche : « *Comment Bernardo ? Expliquez-moi !* » Et, comme pour s'amuser du jeune

---

1. Pour les lecteurs non initiés aux terminologies de la distribution, la démarque inconnue désigne les vols commis par les clients ou par le personnel.

homme assoiffé de connaissances, Bernardo lui répond : « *Travaille, fais ton boulot, un jour, je te l'expliquerai.* » Ou encore : « *Je n'ai pas le temps. On verra ça le mois prochain !* » Une autre fois, alors que son collaborateur le relance, il lui rétorque : « *Pas maintenant ! Tu n'es pas prêt.* » Puis il disparaît dans son bureau, laissant Paul ronger son frein pendant de nombreuses semaines.

Le jeune homme ne se décourage pas. « *Ce type a la méthode pour faire fortune et je veux la connaître* », se dit-il. Alors que ce petit jeu dure depuis plus de six mois, Paul, pugnace, insiste : « *Bernardo m'expliquerez-vous enfin votre recette pour devenir riche ?* » Est-ce par lassitude devant l'insistance du jeune homme ou parce que tant d'obstination le séduit ? Cette fois, l'homme accepte de parler. Mais pas en public. Dans la soirée, il se rend au domicile de Paul. Avec l'amertume liée au sentiment de se débarrasser d'un vieux rêve dont il prend conscience qu'il ne le réalisera jamais personnellement, il demande à son collaborateur : « *As-tu du whisky ?* » Avalant d'une traite son verre, il se livre enfin : « *Écoute, c'est simple. Tu vas dans une ville et tu trouves un entrepôt vide. Par exemple, un ancien cinéma désaffecté, ou un autre endroit suffisamment grand pour vendre de l'épicerie sèche. Tu vas trouver le propriétaire qui ne sait probablement pas quoi en faire et tu lui proposes de te le louer en contrepartie d'un petit pourcentage sur tes ventes. Et comme ça, tu as ton magasin. Ensuite, tu vas trouver le grossiste local et lui expliques qu'il doit te céder sa marchandise à prix coûtant. Comme tu vas lui en écouler beaucoup, il sera bien heureux de conserver les ristournes que ses fournisseurs lui accordent. Tu as maintenant ton fournisseur. Enfin, tu vas trouver le bureau de la NCR du pays et tu lui proposes de te louer des caisses enregistreuses. Et voilà, tu as ton magasin discount. Tu n'as plus qu'à ouvrir les portes aux clients qui viendront nombreux, parce que tu es moins cher que les autres.* » Paul trouve l'idée géniale et décide de se lancer dès son retour en France.

Quelques semaines plus tard, alors que Paul est déjà au service de la NCR, Bernard Trujillo le convoque et lui dit : « *Nous avons eu beaucoup de succès avec la distribution, mais il commence à être temps de réfléchir à nous renouveler. Je crois beaucoup aux services. Il faudrait étudier l'évolution de l'hôtellerie. Je suis sûr qu'il y a énormément de choses à faire en Europe et dans le monde. Va voir du côté de Holiday Inn, Howard Johnson, Quality Inn, et des autres chaînes hôtelières américaines.* » Surpris, Paul lui répond : « *D'accord, mais comment faire ?* » Agacé, Bernardo Trujillo rétorque : « *C'est pourtant simple. Le soir, quand tu as fini de travailler, tu prends ta voiture et tu vas visiter les nouveaux hôtels de la périphérie. Tu prends des notes, des photos, tu demandes à visiter, tu regardes comment ça marche. Ça ne me paraît pas bien compliqué !* » Paul s'exécute et se rend chaque soir dans un nouvel établissement. Il prend des clichés, demande à visiter une chambre, étudie l'implantation, rassemble les publicités et cherche à comprendre comment ces hôtels fonctionnent. Il peaufine son étude en passant quelques week-ends avec son épouse dans les Holiday Inn. Petit à petit, il se passionne pour cette nouvelle branche dont il ignorait tout il y a encore quelques mois.

Bernardo lui donne alors un judicieux conseil : « *Je suis sûr que tu réussirais et que tu gagnerais bien ta vie dans la distribution. Mais pour ce qui est de faire fortune, tu arrives trop tard. D'autres se sont lancés avant toi avec plus de moyens. Regarde plutôt du côté de l'hôtellerie, il y a encore tout à faire !* » Confiant dans l'esprit visionnaire de Bernardo, qui nourrit pour le jeune homme l'affection d'un père, il met à profit ses derniers mois aux États-Unis pour étudier en profondeur l'hôtellerie moderne qui se développe sur le nouveau continent et mettre au point un projet. Le concept qui l'impressionne le plus est celui de Kemmons Wilson, le créateur de la chaîne Holiday Inn, qui compte déjà près de trois cents établissements sous franchise. Cette fois, il est persuadé qu'il tient là l'idée du siècle et décide de rentrer en France en août 1963.

Un retour sans triomphe

Paul est âgé de 29 ans lorsqu'il revient des États-Unis. Cela fait déjà un an qu'il travaille à son projet de chaîne d'hôtels. De tempérament fougueux, il est impatient de passer à l'action. À peine a-t-il remis les pieds sur sa terre natale qu'il fait le tour du marché hôtelier français pour s'assurer de la viabilité de son idée. C'est ainsi qu'il constate qu'aucun hôtel neuf n'a été construit à Lille depuis le début du XXe siècle et que c'est globalement le cas sur tout le territoire français. Hormis quelques hôtels de luxe sur la côte méditerranéenne, rien n'a beaucoup bougé dans l'hôtellerie française depuis des décennies. En cause, la loi sur le contrôle des prix qui n'incite pas à investir, ni à rénover dans ce secteur. Ses recherches le confortent dans son idée : il y a des opportunités en France et peut-être même en Europe pour innover dans l'hôtellerie. Il projette déjà la création d'une chaîne d'hôtels, à l'image des Holiday Inn dont il a étudié le concept aux États-Unis. Ne disposant d'aucune fortune personnelle, il compte sur la même recette que celle qu'a utilisée Kemmons Wilson : une chaîne d'établissements en franchise. Le père de Gilles de Courtivron, un camarade qu'il a connu aux États-Unis, lui propose une association à 50/50. Ainsi naît, le 26 décembre 1963, la société Devimco, au capital de 10 000 francs[1]. Rapidement, ce maigre capital est englouti par les frais.

Impatient de démarrer, Paul cherche à convaincre son entourage familial et ses relations de la valeur de son projet. Ses interlocuteurs l'écoutent avec circonspection. Certains sont même amusés, voire désobligeants. Beaucoup se gaussent du projet farfelu du jeune Paul. « *Des hôtels à la périphérie des villes ? Encore un illuminé ! Quel client aurait envie de dormir au milieu des champs de patates ?* » Et le président des hôteliers du Nord de rajouter : « *Hum ! Ouvrir un hôtel dans un champ de betteraves, mais vous êtes fou ! Je ne vous donne pas*

---

1. L'équivalent d'environ 12 000 euros en 2010 en valeur courante.

six mois avant que vous mettiez la clé sous la porte. » Pour Paul commence une longue période de désillusions. Il demande conseil à son père, qui lui répond : « *Fais comme tu veux, je n'y connais rien.* » Quand il le sollicite pour lui emprunter encore de l'argent, le patriarche refuse catégoriquement et quitte la pièce en grommelant.

Toujours aussi pugnace, puisque ses relations ne lui accordent aucune attention, Paul se lance à la recherche d'autres investisseurs. Il sillonne la France avec une vieille Opel Kadett pour présenter son projet aux entrepreneurs qu'il a rencontrés lors des conférences de Bernardo Trujillo. Il est reçu fort aimablement par Marcel Fournier à Annecy, mais celui-ci lui explique que tous ses moyens sont déjà mobilisés dans son propre projet, la chaîne d'hypermarchés Carrefour. Jacques Fournier, frère de Marcel, lui accorde plus d'intérêt. Il propose d'investir dans le projet de Paul, mais y met une condition : « *Revenez me voir dès qu'un premier établissement est en exploitation. Ça m'intéresse.* »

Débrouillard, Paul s'installe certaines après-midi dans le hall du Grand Hôtel, à Paris, pour recevoir ses interlocuteurs et leur donner le change, sans avoir les moyens de s'offrir une consommation. Toujours accompagné d'une petite serviette contenant des dessins d'hôtels, des esquisses financières et des photos des Holiday Inn américains, Paul tente de convaincre des investisseurs. Quelques promesses lui redonnent de brefs espoirs. Mais personne n'ouvre son portefeuille et il commence à douter, puis à perdre confiance.

Un tempérament tenace

Un an s'est déjà écoulé depuis le retour de Paul en France. Toujours aussi convaincu par son idée, il déplore que rien n'ait encore réellement avancé. Son père n'accepte plus de lui prêter de l'argent et le jeune homme commence à éprouver de sérieuses difficultés financières. Il réunit autour de lui quatre nouveaux associés et procède à une augmentation du capital de Devimco, qui passe de 10 000 francs à 15 000 francs. Il compte beaucoup sur Jacques Picard, un entrepreneur qui s'est fait une réputation dans la restauration, qui a cédé son affaire. Cette fois, Paul reprend espoir. Son nouveau partenaire dispose de temps et d'argent. À eux deux, ils travaillent d'arrache-pied pour peaufiner le projet. En complément, pour subvenir à ses besoins, Paul a une idée. Fort de son expérience aux États-Unis, il se fait imprimer des cartes de visite, mentionnant « Paul Dubrule. Conseil en méthodes marchandes modernes », et propose ses services aux entrepreneurs français. Il écrit quelques articles sur l'hôtellerie dans la revue de la Chambre de commerce de Paris. C'est ainsi qu'on lui confie des missions en qualité de consultant, pour des Chambres de commerce. *« Je ne gagnais que quelques centaines de francs, mais ça mettait du beurre dans les épinards, ça stimulait mes réflexions et affûtait ma connaissance du domaine de l'hôtellerie. »* Un jour, il réussit à rencontrer le président de British Petroleum (BP) et il obtient un contrat pour juger de la viabilité d'un projet d'hôtel à proximité de Chambéry, pour 3 000 francs[1]. Le lendemain, lors d'un déjeuner, il aperçoit Pierre Dumas, le maire de Chambéry et ministre du Tourisme de l'époque. Sans hésiter, il l'interpelle : *« Monsieur le Ministre, je fais une étude sur l'hôtellerie. Puis-je vous interviewer ? »* Paul se dit que cette interview justifiera à elle seule les 3 000 francs d'honoraires. Petit à petit, en plus de son expertise qui s'affirme, il construit son carnet d'adresses. Mais ses revenus restent bien maigres et il ne parvient pas à trouver les capitaux nécessaires pour donner à son projet la dimension qu'il souhaite. L'espoir qu'il fonde sur Jacques Picard s'évanouit en quelques mois : si son partenaire n'est pas économe de son temps, du côté de l'argent, ce n'est pas la même chose. De nouveau, pour Paul, le doute s'installe. Va-t-il réussir ?

____

1. Environ 3600 euros en 2010 en valeur courante.

Lorsqu'il parvient à maintenir son moral à un niveau suffisant, entre deux missions de conseils, Paul approfondit l'étude de son projet. Il refait ses plans, visite d'autres hôtels, change la place de la salle de bain, les dimensions de la baignoire, réfléchit aux cartes du restaurant… Au fil du temps, il devient un véritable expert en hôtellerie. Toujours en quête d'économies, il a un jour l'idée de remplacer le carrelage de la salle de bains par un grand miroir. Il trouve progressivement des réponses à toutes les questions : environnement botanique, places de parking, qualité du linge ou couleurs de l'accueil. De jour en jour, son projet s'affine, se précise. Il réfléchit au nom de sa chaîne. Lors d'une discussion avec des amis, un nom est proposé : les Motels Novotel, contraction de NOu-Veaux hÔTELs. Séduit, Paul l'adopte. Le concept est peaufiné dans ses moindres détails. Il porte désormais un nom. Il ne reste que le plus difficile : trouver l'argent pour démarrer. Le jeune entrepreneur persiste inlassablement dans sa quête de nouveaux investisseurs.

Fin 1964, Paul Dubrule apprend que Kemmons Wilson, le président fondateur de la chaîne Holiday Inn, est à Paris pour étudier des implantations d'hôtels en France et qu'il loge à l'hôtel Crillon, place de la Concorde. Il lui demande audience, sans succès. Abattant sa dernière carte, Paul décide de l'attendre à la sortie de l'ascenseur. Séduit par son audace, le patron de la chaîne américaine lui dit : « *Bon, bon, bon… Puisque vous insistez, emmenez-moi dans Paris. J'ai vu un emplacement formidable que j'aimerais retrouver.* » Et Paul le conduit dans sa vieille Opel Kadett dans les rues et les avenues de la capitale. Soudain, son passager s'écrie : « *Here it is !* »[1] Interloqué, Paul rétorque : « *It's impossible. This is the Esplanade des Invalides. André Malraux*

---

1. « *C'est ici !* »
« *Mais c'est impossible ! C'est l'Esplanade des Invalides. Cela ne plairait pas à André Malraux !* »
« *Et alors ? Qui est-ce ?* »
« *Le président de Gaulle ne serait pas de Accord.* »
« *Lui avez-vous demandé ?* »

wouldn't like this idea ! » Ce à quoi l'Américain répond : « *So what ? Who's that guy ?* » Réalisant que son interlocuteur ne connaît pas le ministre français de la Culture, il monte d'un échelon : « *President de Gaulle wouldn't like the idea.* » « *Did you ask him ?* », lui répond instantanément le patron des Holiday Inn. Estomaqué par la réaction de l'Américain, Paul se souvient que ce qui caractérise et différencie les Américains des Français, c'est leur pragmatisme. Ne jamais se contenter d'un « *ce n'est pas possible* », mais tout tenter avant de renoncer. Il se souvient aussi des épreuves vécues par son père, qui a dû reconstruire par deux fois son entreprise et de la leçon qu'il en a tirée : « *La persévérance et le travail finissent toujours par payer !* »

De temps en temps, Paul, qui s'est installé avec son épouse à côté de Fontainebleau, rend visite à sa famille. Et chez les Dubrule, la famille compte sept enfants, dont Paul est le second. Trois de ses sœurs et lui sont déjà mariés. Ce sont donc parfois plus de douze adultes qui s'attablent autour des parents Dubrule. Bien sûr, les tribulations de Paul animent les échanges. Le patriarche, qui est de plus en plus inquiet pour l'avenir du projet de son fils, a de temps en temps des paroles ironiques à son adresse. « *Aïe ! Voilà Paul, il va encore me taper* » retentit parfois jusqu'aux oreilles du jeune homme qui n'apprécie guère l'humour sarcastique de son père. Mais peu importent les sarcasmes. Paul est décidé à tout faire pour qu'un jour la fortune lui sourie ; ces bavardages ne l'intéressent pas.

Quelques oreilles plus attentives que d'autres

Si Paul trouve bien peu de soutien dans son entourage, quelqu'un l'écoute cependant avec intérêt et le prend au sérieux. Robert Delesalle, président du Comité d'expansion économique et grande figure du textile du Nord, soutient Paul et encourage son projet auquel il croit sincèrement. À chaque fois qu'il le peut, il lui facilite les démarches administratives, intervient auprès de quelques relations ou cherche à convaincre des investisseurs potentiels. Pour le jeune Paul, souvent victime de l'étroitesse d'esprit de ses interlocuteurs, le soutien moral de Robert Delesalle est particulièrement précieux.

Une autre personne écoute le créateur de Novotel avec intérêt et confiance. André Petit est marié à l'une des filles de la famille Dubrule, Francine. Ingénieur ICAM, André assiste son père à la tête de l'entreprise familiale, la papeterie Papyrus, à Tourcoing. La PME, qui rencontre un réel succès, doit s'adapter à sa croissance. En quelques années, elle est passée d'une cinquantaine de salariés à plus de deux cents. Mais, si André Petit et son père sont des ingénieurs talentueux, ni l'un ni l'autre ne savent au juste comment organiser l'entreprise efficacement. André Petit a alors l'intelligence d'alerter son père sur leur besoin de s'entourer de conseils avisés. Mais à qui confier une mission aussi délicate en toute confiance ? André cherche autour de lui une solution. Un camarade de promotion de l'ICAM lui dit : « *Je connais quelqu'un qui peut t'aider. Tu devrais contacter Gérard Pélisson de ma part.* » À cette époque, Gérard est encore un jeune ingénieur et dispose d'un peu de temps libre, notamment le week-end. Les deux hommes font connaissance et s'entendent rapidement. André Petit lui propose une mission de consultant en vue d'aider la PME qu'il dirige avec son père à se structurer. Cette idée séduit le jeune ingénieur, qui se découvre une passion plus importante pour les affaires que pour la technique. Certains samedis, Gérard Pélisson se rend à Tourcoing et travaille avec André Petit et son père. D'autres fois, c'est André Petit qui rend visite à son conseiller, à Clichy. Au fil des mois, les deux hommes se lient d'amitié.

Grâce aux conseils avisés de son consultant, la société Papyrus se structure. Son organisation gagne en efficacité et la croissance est au rendez-vous. Ses besoins financiers s'amplifient d'autant et l'entreprise familiale doit ouvrir son capital à d'autres investisseurs. Cette expérience est pour Gérard Pélisson la première en matière d'ingénierie financière. Le jeune homme brillant se découvre à cette occasion une compétence nouvelle et surtout un vif intérêt. C'est à cette même époque qu'il quitte le CFRO pour intégrer IBM, où il s'investit sans réserve. Reconnaissants pour son précieux soutien et soucieux de s'attacher durablement ses services, André Petit et son père lui proposent de prendre une participation de 15 % dans leur affaire à des conditions avantageuses.

À l'occasion de l'un de ses nombreux déplacements à Paris, André explique à Gérard Pélisson : « *Mon jeune beau-frère revient des États-Unis. Il a un projet de chaîne d'hôtels en tête qui me paraît intéressant. Accepteriez-vous de le rencontrer à titre amical pour lui dire ce que vous en pensez et réfléchir si ce projet est de nature à vous intéresser ?* » Gérard Pélisson, qui réfléchit avec des amis à faire quelques investissements dans des petites entreprises prometteuses, accepte aussitôt. De retour à Tourcoing, André annonce la bonne nouvelle à son beau-frère.

Une rencontre déterminante

Le lundi 12 octobre 1963, revêtu d'un costume gris, d'un long manteau de laine et d'un chapeau noir, Paul Dubrule prend le train pour Paris. Il a rendez-vous avec l'ingénieur analyste, chargé des études chez IBM. Le rendez-vous est fixé dans un petit restaurant, proche du bureau de Gérard Pélisson, Cité du Retiro, dans le VIIIe arrondissement. Il lui présente son idée, explique ce qu'il a vu aux États-Unis et pourquoi il croit que ce projet a de l'avenir. Armé, comme à son habitude, des plans et des photos d'hôtels prises des deux côtés de l'océan, il expose son idée, argumente, et cherche à persuader son interlocuteur, qui l'écoute silencieusement et attentivement, sans faire de commentaires. De temps, en temps, il pose une question, avec un air sérieux qui laisse supposer un certain scepticisme. À l'issue de l'entrevue, Paul Dubrule, qui espérait enfin un retour enthousiaste, est déçu. Il est même persuadé qu'il n'a pas réussi à convaincre son interlocuteur. Constatant que le temps passe et que son projet n'avance pas comme il le voudrait, il doute de plus en plus et envisage de renoncer. Par prudence, il maintient le contact avec de nombreuses personnes de sa connaissance qui pourraient l'engager, au cas où il abandonnerait finalement son projet. Puis, rassemblant ses forces, il s'octroie encore une nouvelle période pour réussir et persiste dans sa quête. Il s'accorde six mois de plus pour réussir.

Or, de son côté, bien qu'il ne connaisse rien à l'hôtellerie, Gérard Pélisson est tout de suite séduit par le projet. Non seulement Paul Dubrule lui a laissé une excellente impression, mais le cadre supérieur d'IBM sait parfaitement bien qu'avec un décalage de quelques années, tout ce qui réussit aux États-Unis arrive en Europe et s'y développe. C'était vrai pour l'informatique, les autoroutes et les hypermarchés. Pourquoi pas l'hôtellerie ? Gérard Pélisson se souvient, durant son expérience américaine, d'avoir été intrigué par ces hôtels situés en rase campagne, dont les parkings étaient complets en pleine après-midi. Curieux, il s'était renseigné et avait découvert la mode naissante outre-Atlantique des séminaires d'entreprises. Un autre aspect a retenu son attention. Il a été très sensible à la vision et à l'ambition de son visiteur. S'il était venu le voir dans le but de glaner quelques conseils pour construire un hôtel, la rencontre aurait été brève. Mais tout de suite, le jeune homme lui a parlé d'une chaîne d'hôtels, partout en France et peut-être même en Europe. Il n'en faut pas plus pour séduire le jeune Gérard, qui y voit une réelle opportunité.

Paul, s'appuyant sur le modèle des Holiday Inn, veut créer d'entrée de jeu une chaîne de franchisés. Or, en France, le principe de la franchise est encore totalement inconnu. Gérard pense cependant que ce projet a de l'avenir. Il se dit : « *Ce type est sérieux, son projet tient la route. Il est rationnel et imaginatif à la fois ; ça vaut la peine de s'asseoir autour d'une table et d'y réfléchir.* » Il reprend contact avec Paul : « *Votre projet me paraît intéressant. Je veux bien vous aider. Il faudrait qu'on se revoie pour en discuter. Quand pouvez-vous venir à Paris ?* » Quelques jours plus tard, les deux hommes tiennent leur première réunion de travail. Les réflexions et les encouragements de Gérard Pélisson redonnent du baume au cœur de Paul Dubrule, qui décide de relancer une nouvelle fois ses relations et son entourage pour financer la construction d'un premier hôtel. Dans le même temps, Gérard Pélisson se met en quête d'autres investisseurs, prêts à s'engager dans le développement d'une petite chaîne d'hôtels.

Deux hommes animés d'une même foi en l'avenir

Si Gérard Pélisson accorde son soutien au jeune Paul, il n'en reste pas moins cadre supérieur chez IBM. Travailleur infatigable, c'est le soir et le week-end qu'il tente d'aider gracieusement son nouveau partenaire. Pour lui permettre de poursuivre son étude de marché, Gérard Pélisson et son ami Maurice Simond investissent chacun 10 000 francs dans Devimco. Les travaux de Paul et les frais qu'il a engagés sur ses deniers personnels sont valorisés à hauteur de 40 000 francs et incorporés au capital. Quelques personnes, dont, pour la première fois, Paul Dubrule père, les rejoignent pour compléter la restructuration du bilan de la petite société. Paul conserve 50 % de Devimco, dont le capital atteint 100 000 francs[1] en février 1965. Les nouveaux associés proposent à Paul de se payer l'équivalent d'un demi-SMIG[2]. Charge à lui de poursuivre ses recherches de terrains d'implantation pour de futurs

---

1. Environ 120 000 euros en 2010 en valeur courante.

2. Le salaire minimum interprofessionnel garanti (SMIG) a été institué en France par la loi du 11 février 1950. En 1970, le Premier ministre Jacques Chaban-Delmas remplace la notion de « garantie » par celle de « croissance », dans le but de réduire l'écart entre salaire minimum et salaire moyen constaté. Le SMIG devient SMIC.

hôtels. Il se remet aussitôt à sillonner la France pour identifier des espaces propices à la construction d'un établissement. Pour Lille, il a déjà choisi un terrain proche de l'autoroute, sur la commune de Lesquin. En quelques semaines, Paul repère des lieux intéressants à Colmar, Rouen, Marseille et Grenoble, pour lesquels il identifie les propriétaires avec qui il établit des contacts en vue d'acquérir ces emplacements ultérieurement.

Malgré ces quelques éclaircissements dans son horizon, le moral de Paul chute une nouvelle fois début 1965. Deux dures années se sont déjà écoulées et il s'inquiète de ne pas réussir, malgré l'aide de ses nouveaux associés. Il se décide alors à écrire un vrai projet de vente de son projet à Holiday Inn. Il rassemble ses dernières économies, son courage et quelques bagages et retourne aux États-Unis pour présenter son offre à Kemmons Wilson, au siège de la chaîne américaine, à Memphis (Tennessee). Cette fois, le patron le prend au sérieux et lui demande une semaine pour consulter son comité de direction. Paul profite de ce temps pour prendre contact avec d'autres chaînes d'hôtels américaines. Ramada Inn, Sheraton, Howard Johnson, etc. Il en fait le tour et leur propose un partenariat au travers d'une franchise pour qu'ils puissent se développer sur le vieux continent. Il n'est pas pris au sérieux et est éconduit poliment. Une semaine plus tard, il se présente de nouveau à Memphis et le patron des Holiday Inn lui fait part de sa réponse : négative. Le conseil d'administration a refusé. Paul est complètement démoralisé et envisage sérieusement de renoncer à son projet. Il prend l'avion et rentre en France. À peine a-t-il atterri à Paris, qu'il rend visite à Gérard Pélisson. Sensible au désarroi du jeune homme, Gérard débouche une demi-bouteille de champagne pour lui remonter le moral et lui dit : « *Allez, il faut y aller, il ne faut pas vous démonter, il faut continuer, on va trouver, ça va aller…* » Après quelques échanges, les deux hommes conviennent que, pour réussir à convaincre, il leur faudrait une première réalisation démonstrative. Paul se redonne encore six mois et se remet au travail. Cet épisode finit de convaincre Gérard de la détermination et du sérieux du jeune homme.

Un soutien paternel inespéré

Très impressionné par la visite de Gérard Pélisson et de Maurice Simond, que l'entrepreneur considère comme des gens sérieux, avec des situations importantes, Paul Dubrule père se laisse finalement convaincre que l'idée de son fils est prometteuse. Estimant qu'il a fait preuve de persévérance, il envisage de l'aider. Dans le même temps, un dilemme se présente au jeune homme. Parmi ses associés, Paul compte sur la collaboration active de quatre d'entre eux : Gilles de Courtivron, Jacques Picard, Gérard Pélisson et Maurice Simond. Or, Gérard Pélisson ne s'entend pas avec les deux premiers et Paul doit choisir. Il prend conseil auprès de son père : « *J'ai bien réfléchi. Ton ami Gilles est toujours aux États-Unis. Jacques Picard a de l'argent, mais je doute qu'il s'investisse réellement un jour. Gérard Pélisson et Maurice Simond sont des personnes compétentes et de confiance, mais ils n'ont pas assez d'argent. C'est pour cela que ton projet n'avance pas. Je ne vois qu'une solution pour te permettre d'avancer : que j'investisse une partie de mes réserves financières personnelles. Comme je ne souhaite pas faire prendre un risque trop important à la famille en misant une part trop conséquente de notre patrimoine, j'ai pensé à une solution : j'ai dans l'usine belge une trésorerie qui pourrait permettre de financer ton projet. Seulement, ce serait un nouvel objet social et je ne peux pas en décider seul. Tes cousins détiennent ensemble 40 % des parts et il faut qu'ils me donnent leur accord. Comme l'un est architecte et l'autre décorateur, ils seront sans doute intéressés. Va voir l'aîné à Lorient et essaie de le convaincre. Son frère le suivra. Mais attention, j'y mets une condition : à partir de maintenant, tu cesses de courir les routes. Je veux que tu concentres tous tes efforts sur l'hôtel de Lesquin. Est-ce que tu es d'accord ? »*

Paul accepte sans hésiter, se rend aussitôt en Bretagne et demande à son cousin, Marc Fatus, de dessiner les plans des futurs hôtels, et à son frère, Roger Fatus, de s'occuper de la décoration et du mobilier. En même temps, il leur demande leur accord pour que la société, créée par son père et son oncle quarante ans plus tôt, investisse dans ce projet. Les deux cousins réagissent avec enthousiasme. Paul Dubrule père signe une promesse d'achat pour le terrain repéré par son fils à Lesquin, sous réserve d'obtention du permis de construire et des crédits. Gérard Pélisson et Maurice Simond proposent de s'investir à hauteur de 10 % dans le projet. La réponse de Paul Dubrule père les dérange : « *Dans cette affaire, je prends tous les risques. Alors soit vous vous investissez à hauteur de 50 %, soit je reste seul. Je ne veux pas d'associés minoritaires !* » En dépit de nombreux arguments, sur ce point, Gérard Pélisson et Maurice Simond ne réussissent pas à infléchir le point de vue du patriarche. Ils sont cependant satisfaits de voir qu'un premier hôtel sera bientôt construit et se mettent en quête des moyens d'en financer un second.

Un nouveau problème surgit quelque temps plus tard. Selon les prévisionnels établis, le projet est viable à la condition que le prix de l'hôtel ne dépasse pas 3,5 millions de francs[1]. Or, le chiffrage de l'architecte prévoit un prix de revient de 4,3 millions. Paul retourne voir son cousin pour lui demander de revoir ses plans en vue de faire des économies. Marc Fatus, qui connaît d'importantes difficultés financières, réagit avec une étonnante arrogance : « *Il n'en est pas question. Mon projet est parfait ! Si tu veux que je le modifie, tu dois d'abord me le payer.* » Étonné, Paul explique : « *Je ne peux pas te le payer, je n'ai pas d'argent ! Si l'hôtel est construit, je pourrai te payer, mais pour cela, il faut refaire les plans. Je ne vois pas d'autre solution. Tu ne peux pas tondre un œuf !* » Mais l'architecte reste inflexible : « *Tu ne me payes pas, je ne refais pas les plans !* »

Pour tenter de débloquer la situation, Gérard Pélisson et Maurice Simond font le déplacement jusqu'en Bretagne. Bien qu'ils déploient des trésors de diplomatie et promettent un heureux dénouement, la situation reste bloquée. En dernier recours, Paul Dubrule père fait le voyage en personne pour

---

1. L'équivalent de 4,2 millions d'euros en 2010, en valeur courante.

tenter d'user de l'autorité que son ascendance lui confère[1]. Têtu, Marc Fatus ne veut rien entendre. Devant tant d'insistance, il s'emporte et lâche : « *De toute façon, ce projet ne vaut pas un clou. Ton fils ne connaît rien à l'hôtellerie. Et puis, je ne lui fais pas confiance !* » Pour Paul Dubrule père, c'est plus qu'il n'en peut supporter. Il n'accepte pas d'entendre que son fils n'est pas capable de réussir. Outré, il rentre chez lui, bien décidé à prouver au jeune insolent qu'il se trompe.

De retour au foyer, il explique ses déboires à son épouse. Madame Dubrule, sensible aux difficultés que vit son fils et convaincue qu'il est capable de réussir, dit à son mari : « *Tu dois l'aider.* » Sous l'influence de sa femme et avec les conseils de Gérard Pélisson, Paul Dubrule père cède à son frère Marcel une part importante de ses participations dans l'usine de Breda et accepte d'en investir le revenu dans le projet de son fils. Pour autant, il ne lui prête pas cet argent. Soucieux de respecter l'équité entre ses enfants, il souhaite adopter un montage juridique original pour l'époque.

Avant de mettre son plan à exécution, il réunit ses enfants et beaux-enfants en conseil de famille. Assisté de Maître Prouvost, notaire à Roubaix, il leur propose de constituer d'une part une société civile immobilière — la SCI Modu[2] — dont Monsieur et Madame Dubrule seront les seuls actionnaires, mais dont les enfants seront plus tard les héritiers, à parts égales. Elle aura pour objet de faire l'acquisition du terrain et de supporter le financement de la construction immobilière. D'un autre côté, pour exploiter l'établissement hôtelier, il propose la constitution d'une société anonyme, la SML (Société du Motel de Lesquin), qui devra s'acquitter d'un loyer régulier auprès de la SCI Modu. En qualité de concepteur du projet, Paul reçoit de son père 25 % des parts de la SML et bénéficie d'une option, qui lui permet de lever dans les cinq ans, s'il le souhaite, à des condi-

____

1. Paul Dubrule père est le beau-frère du père des cousins, décédé quelques années plus tôt.
2. Contraction des mots « motel » et « Dubrule ».

tions fixées d'avance, les soixante-quinze autres pour cent. L'idée maîtresse qui a présidé au choix de ce montage repose sur un souci de protection de la famille. Le patriarche explique à ses enfants : « *Si l'affaire fonctionne bien, nous percevrons des loyers réguliers et, dans le cas contraire, il nous restera un immeuble que nous pourrons toujours revendre.* » Tous les enfants et leurs conjoints donnent leur aval pour ce montage.

Une réglementation contraignante

En complément du capital familial investi, Paul Dubrule sollicite plusieurs établissements bancaires, qui ne lui prêtent, comme d'habitude, qu'une attention distraite. Il sait cependant que le Crédit hôtelier[1] dispose de fonds importants à investir dans l'hôtellerie pour moderniser le parc des hôtels français. Immédiatement, avec le soutien et les conseils de Gérard Pélisson, il les sollicite pour compléter l'apport de son père et boucler le financement de l'hôtel. Avec l'acquisition du terrain, cela représente pas moins de 3 millions de francs de l'époque[2] qu'il faut réunir. Problème : non seulement les plans dessinés par l'architecte de Lorient dépassent le budget, mais ils ne satisfont pas non plus les normes françaises en vigueur à cette époque. Il est prévu un accès aux chambres comme aux États-Unis, par des coursives extérieures, chose inconcevable à cette époque en France par des dirigeants d'établissements financiers publics. Paul tente de convaincre les dirigeants de la banque : « *Avec ce type d'architecture, nous réduisons considérablement les coûts de construction. Nous pouvons créer un couloir technique qui sépare les chambres et dans lequel les gaines et les fluides trouveront facilement*

---

1. Fondé en 1923 par le gouvernement français pour financer le développement du secteur touristique français, il a ensuite étendu ses activités en devenant le Crédit hôtelier et industriel. En 1980, il fusionne avec la Caisse nationale des marchés de l'État et devient le CEPME, avant d'être renommé BDPME.
2. L'équivalent d'environ 3,8 millions d'euros en 2010 en valeur courante.

leur place. En plus, la maintenance est grandement facilitée et cela coûte aussi moins cher à exploiter. » Mais rien n'y fait. Les hauts fonctionnaires, usant de tout le pouvoir que leur confère leur position étatique, s'arc-boutent sur les normes et les règlements en vigueur. Il faut tout revoir, avec un accès par un couloir de circulation central entre les chambres.

Un nouvel architecte nordiste, Jean-Pierre Secq, est sollicité. Paul Dubrule, qui travaille quotidiennement sur les plans de l'hôtel, lui livre un dossier finalisé et lui demande de ne rien y changer. La place de l'escalier est indiquée, les chambres doivent mesurer précisément 4,10 mètres de long sur 3,50 mètres de large. La salle de bains mesure 1,60 mètre de large, juste de quoi loger la baignoire. Pas un centimètre de plus. Après avoir testé des centaines de combinaisons, Paul sait que c'est la meilleure. Surtout, il les a conçues sur le principe d'un modèle répétitif et dans une vision industrielle. L'idée de faire une chaîne d'hôtels tous identiques ne le quitte pas une minute. Sur ce sujet, c'est lui l'expert. Il n'est pas utile que l'architecte s'en occupe. « *Vous ne changez rien à l'organisation de l'hôtel, ni à la taille des chambres ou des couloirs. Je veux simplement que vous dessiniez la même chose en y ajoutant ce qui est nécessaire pour obtenir le permis de construire ainsi que les détails de construction pour les entrepreneurs. Surtout, je veux que vous respectiez le budget.* » Sur ces aspects techniques, Paul Dubrule père laisse carte blanche à son fils et à l'architecte.

Alors qu'un soir Paul et son père tergiversent autour de quelques sujets secondaires, Suzanne Dubrule intervient de nouveau : « *Quand vous aurez fini de vous chamailler, il faudra peut-être penser à prendre des décisions.* » Cette fois, le signal est clair et tout le monde est prêt. Le temps de l'action est enfin arrivé. Le permis de construire est accepté et, bientôt, les pelleteuses entrent en jeu. Pas pour longtemps. Une surprise de taille attend les entrepreneurs. Pendant des siècles, des galeries ont été creusées dans le sous-sol de la région pour en extraire des pierres calcaires destinées à la construction de bâtiments et notamment des fortifications Vauban. Véritables labyrinthes souterrains, ces galeries ont aussi servi d'abris aux Allemands durant l'Occupation. À quelques mètres de profondeur, les engins de chantiers mettent au jour des installations militaires abandonnées dans la débâcle de la défaite allemande. Impossible de construire un hôtel sur un terrain aussi fragilisé. Des experts sont nommés. Parmi les solutions envisagées, celle qui est retenue consiste à relier ensemble les parcelles de terrain solides par des poutres de béton horizontales. Le sous-sol de l'hôtel ressemble à une ancienne cave voûtée dont on aurait consolidé le sommet. Coût des travaux supplémentaires : 250 000 francs, soit près de 8 % du budget total. Engagées dans le dossier, les banques suivent et les travaux avancent à grande vitesse.

Une bouffée d'optimisme dans un monde d'idées reçues

À la même époque, un jeune homme de bonne famille est lui aussi de retour des États-Unis. André Motte est le fils de l'un des plus gros industriels du textile de Tourcoing. Chez les Motte, on se gausse : « Tu connais la nouvelle ? Un type est en train de construire un hôtel en plein champ, à cinq kilomètres de Lille ! Le monde ne manque pas d'idiots ! » Mais le jeune André s'étonne du jugement de son père, qui argumente : « *Déjà que Lille n'est pas une ville touristique, comment veux-tu qu'il ait des clients s'il n'est pas en face de la gare ?* » André Motte ne partage pas le point de vue de son père : « *Pourtant, je reviens des États-Unis et là-bas, des hôtels comme ça, j'en ai vu des quantités, j'ai même travaillé dans plusieurs d'entre eux. Je t'assure que ça marche très bien. Ce n'est peut-être pas si bête que ça !* » Le débat n'avance pas, mais le jeune André emprunte la 4L de sa mère et se rend sur le chantier où il rencontre Paul Dubrule, occupé avec l'entrepreneur, en charge du chantier, à rechercher des économies à réaliser.

Le chef d'entreprise se distrait quelques minutes de ses occupations pour accueillir le visiteur. André Motte lui déclare aussitôt : « *Je trouve que c'est un beau projet. Vous êtes bien situé par rapport à l'autoroute et à l'aéroport. Je suis sûr que ça va marcher !* » Paul Dubrule le regarde avec des yeux étonnés : « *Vous êtes le premier à me dire ça !* » Et André Motte ajoute aussitôt : « *C'est dommage que je n'aie pas d'argent à investir.* » L'entrepreneur saute sur l'occasion et avance une proposition : « *Cela vous intéresserait-il de prendre la direction de cet établissement ? Parce que, même si ça peut paraître une folie, j'ai l'intention d'en construire d'autres et j'ai besoin de gens comme vous pour les diriger.* » Mais le jeune homme décline la proposition : « *Je vous remercie, mais je ne souhaite pas rester dans le Nord, j'ai encore envie de voyager.* »

Une troisième société pour soutenir un grand projet !

Au printemps 1966, la décision de construire le premier Novotel ayant été prise de façon irréversible, plus rien ne doit désormais empêcher son ouverture programmée pour l'été 1967. Pour la première fois depuis longtemps, Paul Dubrule retrouve de l'assurance. En dépit de la promesse faite à son père de ne plus s'intéresser à d'autres dossiers, il ne peut s'empêcher de s'activer pour développer son projet de chaîne. Il rend visite à Gérard Pélisson et le confronte poliment : « *Vous m'aviez dit que vous aviez beaucoup d'amis qui seraient prêts à s'investir, dès qu'un premier établissement serait construit. Une fois que l'hôtel de mon père sera ouvert et qu'il marchera, je pourrai développer ma franchise seul. Si vous voulez qu'on le fasse ensemble, c'est le moment ou jamais.* » Très vite, les deux hommes s'entendent : la construction de ce premier établissement est le signal pour en lancer d'autres. Il n'est pas question d'attendre pour lancer la construction d'un deuxième hôtel. Il faut avancer avant que la concurrence ne s'en charge.

Jusqu'ici, Gérard Pélisson et son ami Maurice Simond avaient limité leurs investissements à l'augmentation de capital de la société Devimco, propriétaire de la marque Novotel, mais qui souffre aussi d'un lourd passif. Dans ces conditions, Gérard Pélisson estime qu'il est difficile d'utiliser une telle entreprise pour convaincre d'autres partenaires de s'y investir. Il propose à son associé de créer une troisième société. Paul Dubrule a plusieurs projets intéressants dans ses cartons. Il a déjà pris contact avec quelques Chambres de commerce, dont la plupart lui ont réservé un excellent accueil. Celle de Colmar propose un terrain à proximité de l'aérodrome, à des conditions avantageuses. Un petit restaurant y a déjà été construit. Monsieur Marchand, un commerçant alsacien, propose d'investir 20 % du capital nécessaire. Le Crédit hôtelier est disposé à financer 50 % du coût de construction de ce nouvel hôtel. Il reste à trouver les 30 % de capital manquant.

Gérard Pélisson rédige une brochure pour créer la société Novotel SIEH[1], qui aura pour objet de financer le Novotel de Colmar. Pour cela, il sollicite ses relations. La perspective de s'investir dans un projet d'hôtel en Alsace ne suscite cependant aucun enthousiasme et personne ne donne suite. Gérard Pélisson a alors une autre idée. Il rédige une nouvelle brochure dans laquelle il présente un plan de développement de vingt nouveaux établissements en dix ans. Accompagné de son ami et associé Maurice Simond, il présente le projet de la chaîne Novotel à quelques amis et relations professionnelles. Cette fois, Gérard, qui manie les chiffres avec une rare aisance et possède un remarquable esprit de synthèse, ne peine pas à les convaincre. Nombreux sont ceux qui le connaissent depuis suffisamment longtemps pour savoir qu'il ne s'aventurerait pas dans cette affaire s'il n'était pas convaincu de son succès. Entre Gérard et ses amis, la confiance règne et l'ancien chef de bande sait très bien s'y prendre pour emmener ses acolytes dans ce qu'il imagine déjà comme un excellent projet.

---

1. Société d'investissements et d'exploitation hôteliers.

Les investisseurs potentiels sont convaincus. Entre le printemps et l'automne 1966, Gérard Pélisson et Maurice Simond réunissent trente actionnaires, qui s'engagent chacun à souscrire au minimum 25 000 francs. Paul Dubrule, qui ne dispose d'aucun capital, achète une action à 1 000 francs. Ainsi naît le 9 février 1967, le jour du trente-cinquième anniversaire de Gérard Pélisson, la holding financière SIEH, au capital de 1 100 000 francs, dont Paul Dubrule devient le président. La société a pour objet social de rassembler des fonds, souscrire des emprunts, créer des filiales, acheter des terrains, construire de nouveaux établissements Novotel et les exploiter.

Paul peut désormais regarder l'avenir sereinement. Son père a accepté de financer le premier hôtel, signe de confiance majeur. Il sait aussi qu'il va pouvoir compter sur ses nouveaux associés. Après des années de travail et de persévérance, le projet Novotel devient réalité. Le jeune homme est enfin récompensé de ses efforts.

Le troisième homme

L'expérience de la construction de l'hôtel de Lesquin sert de première leçon aux nouveaux entrepreneurs. Paul et Gérard, qui travaillent de plus en plus souvent ensemble, comprennent vite que la maîtrise des aspects techniques est l'une des clés de leur dossier. Un surcoût dans la construction peut être la conséquence d'un simple détail oublié ou d'une mauvaise surprise. Gérard Pélisson calcule qu'en tenant compte du coût d'amortissement et des frais financiers, 10 % de dépassement de budget représente jusqu'à 50 % de la rentabilité, qui peut disparaître pendant plusieurs années. Les deux hommes savent que c'est inacceptable et qu'ils doivent y remédier. Fort de la longue étude qu'il a menée, Paul Dubrule connaît précisément l'architecture à développer et les dimensions des chambres, couloirs, salles de séminaires, etc. Son expérience lui a appris qu'on ne peut pas laisser carte blanche aux architectes pour le dossier technique.

Plus artistes qu'ingénieurs, leur talent pourrait conduire à des aberrations en termes économiques. Bien que Gérard Pélisson soit ingénieur de formation, il y a bien longtemps qu'il s'est désintéressé de la technique, lui préférant l'ingénierie financière et le commandement des hommes. Les deux associés décident de faire appel à un troisième homme, un ingénieur rigoureux, qui supervisera les dossiers de construction à venir.

Robert Larrivé est probablement le plus proche du directeur des études d'IBM. Amis d'enfance, ils ont aussi partagé la même chambre pendant leurs études à l'École centrale. Il est parmi les premiers à donner son accord pour souscrire au capital de la nouvelle société.

Gérard Pélisson propose une solution : « *Je connais l'homme de la situation. Robert Larrivé est un ami d'enfance. C'est aussi un ingénieur remarquable et particulièrement économe. Il est responsable des méthodes pour la compagnie Télémécanique à Lyon. Quand il me parle de son job, il me raconte comment il s'y prend pour concevoir des moteurs qui coûtent le moins cher possible. Il sait gratter trois grammes de fil électrique, deux grammes d'autre chose pour réduire ses prix de revient, sans que cela nuise aux performances. Je sais qu'il appliquera la même rigueur et le même souci du détail, de la qualité et de l'économie pour la construction d'hôtels.* » Paul Dubrule trouve l'idée intéressante et Robert Larrivé intègre la petite équipe. Sa première mission : construire Colmar avec un objectif précis : ne pas dépasser le budget fixé au prévisionnel, soit 70 000 francs par chambre. L'ami de Gérard Pélisson devient le premier collaborateur de Paul Dubrule.

IV

Expérience grandeur nature

Pour Paul Dubrule, le printemps 1967 apporte des préoccupations d'un nouveau genre. Dans quelques semaines, son hôtel de Lille ouvrira ses portes et il est temps de recruter le personnel nécessaire pour le faire tourner. Convaincu que la restauration n'est pas un élément stratégique de son produit, Paul envisage de s'en passer et propose à Jean Loisier, l'inventeur du concept Courtepaille — qui a déjà plusieurs restaurants ouverts au public — de s'installer à côté de son Novotel. Le restaurateur décline la proposition et le nouvel hôtelier se résigne à offrir aux clients une restauration minimale. Dans le même temps, il commence à acquérir du matériel et du mobilier. La nouvelle ne tarde pas à se répandre parmi les représentants et, bientôt, l'un d'eux, un vendeur d'aspirateurs, se présente sur le chantier. Après avoir conclu un nouveau marché, Eugène Cœugniet s'intéresse au projet Novotel. Il confie alors à son client que son jeune frère, André, qui a fait l'école hôtelière de Strasbourg, n'est pas satisfait de ses conditions de travail et qu'un poste à Lille pourrait l'intéresser. Pressé de trouver un responsable pour le grill de l'hôtel, Paul Dubrule propose de le rencontrer.

Première recrue

Originaire du Pas-de-Calais, André Cœugniet a fait ses classes à l'école hôtelière de Strasbourg dont il est sorti avec le BTH[1]. À l'issue de son service militaire, il débute comme serveur à l'hôtel-restaurant Bristol de Colmar. Après quatre ans de bons et loyaux services, déterminé à s'extraire d'une façon ou d'une autre de la condition ouvrière dont sa famille a souffert, André demande à son employeur s'il peut espérer une promotion. L'hôtelier, un peu surpris par la démarche cavalière de son employé, lui répond : *« Vous comprenez qu'il va vous falloir attendre que le maître d'hôtel parte d'abord en retraite pour éventuellement pouvoir espérer une promotion. »* Et, de fait, les jeunes diplômés d'une école hôtelière dans les années 1960 se demandent où trouver un emploi. Sauf à s'expatrier, mieux vaut renoncer à tout espoir de carrière. Dans ces conditions, la proposition du chef d'entreprise nordiste est une aubaine que le jeune homme ne veut pas laisser passer.

Paul Dubrule et André Cœugniet se rencontrent pour la première fois sur le chantier de l'hôtel de Lesquin en juin 1967. Le bâtiment principal, avec ses soixante chambres sur deux niveaux, est presque achevé. Après une rapide visite du chantier, l'entrevue se poursuit dans un petit réduit qui fait office de bureau. Les plans de l'hôtel en construction sont affichés sur le mur. En bon professionnel, forgé par son expérience, André Cœugniet se permet assez vite quelques questions : *« Pour les chambres, cela me paraît très bien. Mais vous m'avez parlé d'une salle de restaurant, d'une salle de symposium, est-ce que vous pouvez me montrer sur les plans à quoi cela ressemblera ? »* *« Bien sûr*, lui répond Paul Dubrule. *Ce sera ici, regardez… »*

Le jeune homme, habitué à l'architecture conventionnelle des hôtels-restaurants français, s'étonne de découvrir un espace de 2,5 mètres de large sur quinze mètres de long : *« J'imagine que*

____

1. Brevet de technicien hôtelier, équivalent d'un baccalauréat professionnel.

ce que vous me montrez est le couloir d'accès à la salle de restaurant, mais celle-ci, où est-elle ? » Un peu agacé de devoir se justifier, le chef d'entreprise répond un peu sèchement : « *Ce n'est pas un couloir ! C'est la salle de restaurant. Enfin le grill, si vous préférez. On y installera un bar et tout le long de la baie vitrée quelques tables pour deux personnes. Vous ne vous rendez pas compte ? Le mètre carré coûte cher à construire !* » Perplexe, André Cœugniet change de sujet : « *Et la salle de symposium, où sera-t-elle ?* » L'entrepreneur désigne de son index un endroit du plan pendant que le candidat recherche l'échelle : « *C'est ça ! Mais ça ne fait que trente mètres carrés !* » Piqué au vif, mais séduit par la franchise de ce candidat, le jeune patron répond du tac au tac : « *Puisque vous avez l'air de vous y connaître, vous allez vous en occuper !* »

Les préparatifs de l'ouverture

Le mois suivant, alors qu'à Lesquin les plâtriers s'affairent encore, André Cœugniet quitte l'Alsace et commence comme gérant du grill d'un hôtel qui ouvre ses portes au public trois mois plus tard. Une autre surprise l'attend. Ce que son patron appelle la « cuisine » contient en tout et pour tout un réfrigérateur, une plaque à snacker et une petite friteuse. Le jeune homme se demande comment il va bien pouvoir servir des repas avec un matériel à peine suffisant pour un bistrot de quartier. On lui explique alors qu'il ne s'agit pas de faire de la grande restauration, mais de servir des repas simples et économiques aux clients qui le souhaitent, à tout moment, de 10 heures à minuit. Un jour, alors qu'il s'arrange pour cuire des pommes de terre à la vapeur, il se fait vertement remettre en place : « *Je vous vois venir ! Vous commencez avec des patates et vous allez bientôt me faire de la grande restauration !* » Les deux hommes ne sont pas d'accord. Ils s'accrochent sur plusieurs sujets. Par exemple, Paul Dubrule ne veut pas que le personnel cire les chaussures des clients. Il met à leur disposition une machine à cirer dans laquelle il faut introduire une pièce de 1 franc. André Cœugniet soutient que les clients sont très mécontents et qu'ils risquent de faire une mauvaise publicité. Après de nombreuses discussions, Paul Dubrule concède que la machine soit gratuite, mais continue à interdire que le personnel cire les chaussures des clients.

Paul Dubrule, qui s'est longuement inspiré de son expérience américaine, pense que la restauration n'est qu'un mal nécessaire et qu'il faut la limiter au strict nécessaire. Pour André Cœugniet, formé aux traditions de l'hôtellerie française, c'est tout le contraire. Il sait que les clients français sont attachés à un service plus attentionné. Mais le chef d'entreprise, qui a longuement mûri son projet, ne l'entend pas ainsi. Il explique à son maître d'hôtel : « *André, nous faisons une chaîne. Si à Lesquin, vous ne respectez pas les normes, un client qui irait ensuite dans un autre établissement ne comprendrait pas qu'ici ce soit différent de là-bas.* » Ce à quoi André Cœugniet, tenace, lui répond : « *Vous avez raison. Je comprends que les normes doivent être les mêmes ici, comme ailleurs. Mais, moi, je pense que dans ce cas, il faut modifier certains points dans la norme que vous avez fixée.* » Finalement, après de nombreuses discussions, le concept Novotel se précise.

En laissant progressivement ses collaborateurs proposer des aménagements à son concept, il découvre que cela les rend plus autonomes. « *On ne peut pas demander au personnel de faire preuve d'autonomie en lui demandant en même temps d'obéir aveuglément* », se dit-il. Et cela l'arrange bien. Parce que, dans le fond, sa préoccupation est ailleurs. À l'occasion de l'inauguration de Lille-Lesquin, il a convoqué la presse pour annoncer : « *Cet hôtel est le premier établissement d'une chaîne qui en comptera bientôt cent ! Je suis fier de vous annoncer que, déjà, un deuxième établissement est en chantier et ouvrira bientôt ses portes à Colmar.* » En effet, depuis quelques semaines, il se rend deux fois par mois en Alsace pour superviser avec Robert Larrivé le chantier du deuxième établissement sous enseigne Novotel. Gérard Pélisson, resté un peu en retrait, demeure silencieux. Mais en son for intérieur, il se dit : « *J'es-père que nous en ferons bien plus que cent. Mais mieux vaut rester discret pour le moment. Je ne tiens pas à ce qu'on nous prenne pour des idiots.* »

Les premiers clients

Un nouveau défi démarre dès le lendemain : la petite équipe recrutée par Paul Dubrule doit relever un double pari : attirer de nombreux clients et faire tourner cet hôtel correctement. Outre André Cœugniet, le registre du personnel compte trois réceptionnistes, deux femmes de chambres, un cuisinier, trois serveurs et un homme d'entretien, qui se relaient de l'aube aux aurores, sept jours sur sept. Paul Dubrule confie à sa sœur Brigitte, âgée de 22 ans, le soin de trouver des clients. Bénéfi-ciant d'une première expérience dans une agence de commu-nication, la jeune femme ne manque pas d'ingéniosité. Pour réaliser les publicités, elle demande au personnel de poser devant la piscine en plein hiver. Faute de moyens, elle met ses amis à contribution pour qu'ils distribuent des prospectus. Elle fait réaliser des panneaux indiquant la direction de l'hôtel et les installe aux croisements stratégiques. L'après-midi, Paul se poste régulièrement avec son jeune frère Régis à la station-service de Ressons, au bord de l'autoroute inachevée qui relie Lille à Paris, pour y distribuer les publicités conçues par sa sœur. Pragmatique, il choisit les véhicules immatriculés en Belgique ou aux Pays-Bas, imaginant qu'ils ont plus de chances de chercher un hôtel près de Lille. Le soir du premier jour, il appelle l'hôtel : « *Nous avons distribué une cinquantaine de pros-pectus. Combien de clients avez-vous reçu ?* » Brigitte, qui attend les clients derrière le comptoir de la réception, est désolée de devoir répondre : « *Pour le moment, il n'y a qu'un seul client.* » Le lendemain, il n'y en a aucun. Le surlendemain, de nou-veau, une seule chambre est louée. L'angoisse saisit progressi-vement la petite équipe.

Comme les résultats tardent à arriver, Paul et Brigitte Dubrule inaugurent ce que les experts de la communication appelleront des années plus tard le marketing direct. Prenant leur plus belle plume, ils écrivent à tous les notables que compte la région :

« Monsieur,

Vos nom et adresse m'ont été communiqués par un ami commun qui m'a dit aussi que vous utilisiez fréquemment l'aéroport de Lille. Peut-être aurez-vous la curiosité de visiter le Novotel Lille Aéroport, premier hôtel neuf construit à Lille depuis cinquante ans, dont je vous joins un dépliant ? Dans ce cas, n'hésitez pas, demandez-moi à la réception et je vous le ferai visiter dans ses moindres détails.

Certes, l'utilisation de mon hôtel ne vous concerne pas directement, mais j'ai pensé qu'il vous intéresserait d'être informé de son ouverture toute récente. Si vous avez des amis ou des relations qui viennent à Lille, soit par avion, soit par la route, vous pourrez nous les envoyer en toute quiétude. Ils seront bien reçus et trouveront à un prix raisonnable une chambre vaste et confortable très silencieuse, dans un cadre que je pense très réussi.

J'ai aussi un grill où vous pourrez prendre depuis l'assiette Novotel à 3,50 francs jusqu'au repas chaud de toute première qualité pour une quinzaine de francs, et ceci, de midi jusqu'à minuit. Le bar est petit, mais confortable, et la salle de réunion peut accueillir des banquets de trente personnes.

À bientôt le plaisir de vous recevoir, ainsi que vos amis.

Paul J. Dubrule, directeur »

Heureusement pour les comptes du petit hôtel, les équipages d'Air Inter et d'Air France, qui assurent chaque jour la liaison avec Paris, Lyon ou Londres, trouvent dans cet établissement un confort et une proximité qui leur conviennent parfaitement. Ils apprécient particulièrement de pouvoir prendre un verre autour de la piscine après leurs longues heures de vol et deviennent les premiers clients réguliers de Novotel. Or, un équipage en 1967, c'est un commandant de bord, un pilote, un mécanicien radio et trois ou quatre hôtesses de l'air. Soit sept à huit personnes et autant de chambres, de dîners et de petits déjeuners. Deux équipages dans l'hôtel et c'est déjà 25 % des chambres louées. Une aubaine pour les affaires de ce premier Novotel.

Un accueil et des méthodes surprenants

Très inspiré de ce qu'il a vu aux États-Unis, Paul Dubrule pose autoritairement des règles inhabituelles dans l'hôtellerie traditionnelle : ni voiturier, ni bagagiste, pas plus que de cireurs de chaussures. Les clients remplissent eux-mêmes leur fiche de police et montent leurs bagages dans leur chambre. Bien qu'attirée par la curiosité, la clientèle habituée des hôtels trois étoiles est surprise par cette absence de service. Un célèbre animateur de radio se présente un jour à l'hôtel et dépose les clés de son véhicule à la réception. Courtoisement, la réceptionniste, lui dit : « *Bonjour Monsieur, comment vous appelez-vous ?* » L'animateur fétiche de nombre de Français est très étonné : « *Comment ! Vous ne m'avez pas reconnu ?* » Sans relever, la jeune femme le prie de remplir sa fiche de police et lui redonne les clés du véhicule. Furieux, la star hausse le ton : « *Vous ne croyez quand même pas que je vais remplir moi-même cette fiche ! Et je vous prie de ranger mon véhicule et de faire porter les bagages dans ma chambre !* » Embarrassée, la réceptionniste répond : « *Mais Monsieur, je regrette, nous n'avons pas de bagagiste dans l'hôtel.* » N'en croyant pas ses oreilles, l'animateur part furieux en quête d'un établissement doté d'un service plus traditionnel. D'autres personnes célèbres réagiront avec le même étonnement, mais accepteront parfois de se plier aux conditions étonnantes de ce nouvel hôtel, trouvant dans son éloignement du centre-ville une discrétion bien pratique.

En novembre 1967, un événement marque enfin le démarrage de l'hôtel : du 24 au 26, l'UNR, parti fondé par le général de Gaulle tient ses assises à Lille. Les rares établissements du centre de Lille affichent tout de suite complet. Pour nombre de ministres, de députés et de sénateurs, Novotel offre un refuge inespéré. Parmi les clients se trouvent André Malraux[1] et Albin Chalandon[2]. Paul Dubrule se demande : « *Pour cette clientèle, peut-être devrais-je quand même accepter qu'on porte les bagages ?* » Il hésite et finalement, décide de ne pas prendre de risques. Exceptionnellement, un bagagiste est recruté. Pour la première fois, l'hôtel est complet. Entre deux meetings politiques, les personnalités échangent : « *Savez-vous que nous avons dû nous réfugier dans un hôtel à la périphérie de la ville ? Figurez-vous qu'il y a un confort incroyable. C'est très moderne, avec un grand parking. Chaque chambre a même sa propre salle de bains, comme dans les palaces !* » L'équipe Novotel ne sait pas où donner de la tête. L'hôtel complet, ils ne s'y étaient pas encore bien préparés. Sans réaliser exactement l'enjeu de cet événement, Brigitte Dubrule profite de l'occasion pour rencontrer les journalistes qui viennent à la rencontre des personnalités politiques. Elle fait remettre à chacun des prospectus de l'hôtel.

Un besoin évident d'organisation et de gestion

Trop occupé au développement de sa chaîne, Paul Dubrule confie rapidement à André Cœugniet la mission de diriger l'établissement en son absence. Le jeune maître d'hôtel, qui rêvait de devenir hôtelier avant ses 30 ans, est ravi et s'acquitte avec brio de ses nouvelles responsabilités. Mais, le tournant de l'année fait apparaître un nouveau besoin, d'autant que la clientèle commence à se faire plus nombreuse : il devient indispensable de tenir à jour la comptabilité et de faire les déclarations sociales et fiscales qui s'imposent. Dans l'urgence, le chef d'entreprise délègue cette mission à un cabinet

---

1. Écrivain et ministre d'État chargé des Affaires culturelles par le Général de Gaulle de 1959 à 1969.
2. Ministre de l'Équipement et du Logement de 1968 à 1972.

comptable. Mais cette solution ne le satisfait pas. Il souhaite avoir un comptable à demeure, d'autant que l'ouverture de Colmar s'annonce pour dans quelques semaines. Pas question d'attendre que le cabinet travaille de longues semaines pour avoir les chiffres dont il a besoin. Pressé, Paul Dubrule fait paraître une annonce dans la presse locale.

Gérard Levêque, titulaire d'un simple BEC du second degré[1], mais fort de dix ans d'expérience comptable, souffre des comportements autoritaires du patron de la PME familiale qui l'emploie depuis quelques années. Soucieux de trouver une meilleure situation, il répond à l'annonce. Quelques jours plus tard, il reçoit un télégramme : « *Urgent. Veuillez vous présenter chez Novotel à Lesquin mardi à 9 heures pour entretien avec Paul Dubrule.* » Et le mois suivant, le jeune comptable prend son service chez Novotel. Ce qu'il découvre le stupéfait. Si Paul Dubrule, fort de son passage chez NCR, s'est bien équipé d'une caisse enregistreuse, les hôtesses d'accueil, recrutées sans aucune expérience, acceptent aussi bien les chèques en francs français, qu'en francs belges et même ceux qui sont libellés en Deutsche marks. Le plan comptable mis en place par le patron est si détaillé que le gros sel et le sel fin ont des comptes séparés. Sur certaines fiches de paie, les repas sont offerts au personnel et, sur d'autres, ils sont décomptés du salaire versé. Une grande pagaille règne entre les comptes de la SML et ceux de la SCI Modu. Face à ce chaos, Gérard Levêque cherche des solutions. Il s'arrache les cheveux, consulte les syndicats hôteliers, visite d'autres hôtels pour se renseigner sur leurs méthodes comptables, calcule précisément le loyer que la SML doit verser chaque année à la SCI et met finalement de l'ordre dans les comptes. Pour corser encore l'exercice, quelques années auparavant, un jeune inspecteur des finances, Maurice Lauré, avait fait une invention bien contraignante : la

---

1. Le BEC était autrefois le Brevet d'études commerciales. La mention du second degré indique que son titulaire a suivi en complément l'option comptabilité. En 2009, le diplôme équivalent qui s'en rapproche le plus est le baccalauréat professionnel de comptabilité.

Taxe sur la Valeur Ajoutée (TVA). Gérard Levêque développe beaucoup d'énergie pour bien comprendre ce mécanisme et éviter que l'exploitation de l'hôtel ait à souffrir de cette nouvelle taxe mal maîtrisée.

La reconnaissance de la conscience professionnelle

De temps à autre, le père de Paul Dubrule passe à l'hôtel, pour s'assurer que tout va bien. Considéré comme un sage, il est très respecté par le personnel pour sa courtoisie et son amabilité exemplaires. Homme accessible, doté d'une forte dimension humaine, il est le premier à repérer le profond dévouement et la grande loyauté du jeune comptable. Il recommande à son fils de s'appuyer sur lui sans réserve. À cette même époque, Gérard Pélisson et Maurice Simond profitent souvent de leurs week-ends pour rendre visite à Paul Dubrule. Leurs réunions se tiennent sur la mezzanine de l'hôtel, juste au-dessus de la réception, ou parfois dans une chambre. Régulièrement, Gérard Levêque et André Cœugniet sont invités à présenter les difficultés qu'ils rencontrent. Interrogé sur le mécanisme de la TVA, Gérard Levêque explique tout ce qu'il a compris des principes du nouvel impôt qui s'applique depuis peu de temps aux entreprises de services et suggère de tenir une comptabilité hors taxes et d'appliquer la TVA sur les ventes en sus sur les factures clients. Ses employeurs sont immédiatement frappés par la perspicacité de ce comptable à l'apparence pourtant si discrète.

Paul Dubrule travaille de plus en plus étroitement avec Gérard Levêque pour lui expliquer précisément ce qu'il attend. Surtout, il initie l'homme des chiffres aux bases de la gestion qu'il a apprise en Suisse et qui était un monde inconnu de Gérard Levêque. Ensemble, ils établissent finalement un nouveau compte d'exploitation pour l'hôtel. Mois après mois, étape par étape, le jeune Gérard, soutenu dans ses efforts par son nouveau patron, pose les bases de ce qui est progressivement devenu le système de gestion commerciale, financière et sociale des hôtels Novotel. Il s'ensuit un premier modèle de gestion administrative et un plan comptable qui seront ensuite utilisés dans tous les autres hôtels exploités sous enseigne Novotel.

Bien que le patron soit souvent en voyage, c'est bien la conscience professionnelle qui anime la jeune équipe de collaborateurs. Un jour, un client cherche une salle pour organiser un séminaire de cinquante personnes et André Cœugniet les reçoit dans la petite salle de réunion et organise le déjeuner pour les participants dans le hall de l'hôtel. Comme ils ont tous choisi des côtes d'agneau et que la cuisine ne dispose pas d'une plaque de cuisson suffisamment importante, la moitié d'entre eux auront dans leur assiette une viande cuite dans la friteuse. Si les moyens sont réduits, la volonté des collaborateurs, leur débrouillardise et l'envie d'avancer font la différence.

Les premiers pas d'un jeune manager

À ce stade de sa vie d'entrepreneur, Paul Dubrule, animé de la fougue de la jeunesse, n'applique pas toujours des méthodes appropriées avec le personnel, qu'il rudoie parfois un peu trop. Un beau matin, il entre furieux dans le bureau du comptable et lui ordonne : « *La secrétaire ne fait vraiment rien de bon ! Débrouillez-vous, mais je ne veux plus la voir demain !* » Une autre fois, il reproche au comptable de passer trop de temps dans son bureau : « *Mais qu'est-ce que vous faites toujours dans votre bureau ? Vous passez trop de temps sur vos chiffres ! Promenez-vous dans l'hôtel, rencontrez les clients. Vous devez vous imprégner, respirer l'atmosphère de la maison !* » Mais le comptable préfère les paisibles colonnes de chiffres et l'aridité des calques de comptabilité à cette atmosphère tumultueuse.

Un jour où les quatre serveurs de l'hôtel menacent de se mettre en grève, André Cœugniet ne parvient pas à les apaiser. Il sollicite son patron qui va à leur rencontre pour écouter leurs revendications. Les jeunes gens lui expliquent qu'ils ne sont pas d'accord avec sa façon de gérer les pourboires. Le jeune chef d'entreprise les écoute calmement et leur répond qu'il va y réfléchir, avant de leur demander de reprendre le service. Il leur promet qu'ils se reverront l'après-midi pour trouver une solution. Le patron met à profit l'intervalle pour y réfléchir avec le jeune responsable : « *Sur les quatre, le leader, c'est vraiment une tête de lard. Les autres sont plus dociles. On a deux solutions : soit on le vire et les trois autres nous ficheront la paix, soit on donne une promotion au leader et il devra assumer ce qu'il dit. J'ai envie de lui donner une promotion. Que ce gars nous défie, ça me plaît. Il a du caractère et je pense que c'est un atout.* » Et c'est ainsi que, l'après-midi même, Jean-Michel Beyrat est promu maître d'hôtel. Charge à lui de proposer une nouvelle formule de répartition des pourboires. André Cœugniet, qui occupait ce poste jusque-là, est promu directeur adjoint.

Un événement aux conséquences inattendues

Mai 1968. La France se met en grève. Alors que l'hôtel de Lille a mis de longs mois à trouver une rentabilité encore fragile, les industriels prennent peur et cessent de voyager. La fréquentation de l'hôtel est en chute libre. À la même période, celui de Colmar ouvre ses portes à la clientèle, qui se fait attendre. Paul Dubrule est très inquiet : « *Décidément, ce n'est pas vrai ! J'ai la guigne ! Après les difficultés à trouver les capitaux, les tracas administratifs et les trous dans le terrain, voilà maintenant une révolution !* », se plaint-il à qui veut l'entendre. Contre toute attente, la catastrophe est évitée. Contrairement aux autres établissements, les salariés de Novotel ne se mettent pas en grève. Seul hôtel ouvert, il accueille les quelques hommes d'affaires qui ne peuvent pas reporter leur voyage. Les chambres sont même louées la journée comme espaces neutres où les négociations entre patrons et syndicats peuvent se dérouler plus paisiblement. Les compagnies aériennes, contraintes de laisser leurs avions aux parkings, affrètent des autocars entre Paris et Bruxelles ou Amsterdam. Paul Dubrule saisit l'opportunité et négocie avec les chauffeurs pour qu'ils fassent halte dans son établissement. Le petit grill d'André Cœugniet tourne à 300 % de sa capacité et compense le chiffre d'affaires qui faisait défaut à l'hôtel. Le jour de repos du cuisinier, André Cœugniet demande à l'homme d'entretien qui vient de finir son service de se mettre aux fourneaux pour continuer à servir les clients, qui arrivent en bus chaque demi-heure. De bonne volonté, mais épuisé par plus de dix-sept heures de travail sans pause, l'homme s'endort devant les fourneaux et c'est André Cœugniet qui le remplace pour cuire les frites et les grillades commandées par les clients qui s'impatientent.

À cette même période, Gérard Pélisson est immobilisé dans son petit appartement parisien par les grèves. Impossible de trouver de l'essence pour se déplacer. Trépignant d'impatience, il en profite pour rédiger une nouvelle brochure pour augmenter le capital de Novotel SIEH, au minimum à 5 millions de francs. Il compte la distribuer à quelques amis aisés et à quelques institutionnels dès que la crise sera passée : « *Maintenant que la révolution est passée, investissez dans un projet d'avenir. Novotel : une entreprise à la mesure de vos ambitions.* » Dans ses échanges téléphoniques avec Paul Dubrule, Gérard Pélisson apprend avec étonnement le succès inespéré du grill. Il se met à réfléchir et propose une nouvelle idée : « *Puisqu'à l'origine l'idée était de faire des hôtels sans restaurants, et qu'on découvre qu'il y a une vraie demande pour la restauration, on pourrait peut-être envisager de faire des restaurants sans hôtels ?* » Les deux hommes décident d'y réfléchir sérieusement.

Vers le milieu du mois de juin, toutes les entreprises se remettent au travail et cherchent à rattraper le temps perdu. L'hôtel est désormais connu dans le milieu des affaires. Il affiche complet tout l'été et rattrape toutes les pertes qu'il avait accumulées depuis l'ouverture. À partir de septembre, il connaît une exploitation de plus en plus rentable, avec des taux moyens d'occupation supérieurs à 80 %, alors que la moyenne du secteur atteint difficilement 60 %. Dix-huit mois plus tard, un nouveau concept est testé : dans la galerie marchande du centre commercial Auchan Englos, à quelques kilomètres au nord-ouest de Lille, un nouveau restaurant baptisé Novogrill ouvre ses portes au public. On y sert une restauration simple, à des prix très abordables, pour une clientèle de passage, à l'image de ce qui a été mis en place au Novotel de Lesquin.

Parmi les mesures mises en place à la suite des événements de mai 1968, un texte passé presque inaperçu contribue au succès grandissant du concept Novotel. Les entreprises ont dorénavant l'obligation de consacrer 1 % de leur masse salariale à la formation des salariés. Mais, pour dispenser des formations, il faut des salles. Et en 1968, hormis quelques arrière-salles de bistrots, personne ne dispose de lieux pouvant accueillir des stagiaires. Paul Dubrule y voit immédiatement le parti à tirer de cette nouvelle loi et propose la salle de banquet de l'hôtel en location à la journée. Le succès est immédiat. Les plans des nouveaux hôtels sont modifiés et prévoient de grandes salles modulaires de formation ou de réception. Bientôt, toutes les entreprises connaissent Novotel pour son concept hôtelier innovant comme pour sa capacité d'accueil de séminaires ou même de petits congrès. La restauration, qui a d'abord été conçue comme un mal nécessaire, y gagne sur les deux tableaux et devient un élément important du compte d'exploitation de la nouvelle chaîne. Cerise sur le gâteau, progressivement, les formations passent d'une à plusieurs journées. Les clients commandent désormais une salle, des chambres et des repas. Le parking et son importante capacité d'accueil de véhicules automobiles finissent de convaincre les plus sceptiques. Le succès est considérable.

V

Du talent
et des ambitions

Depuis leur première rencontre, Paul Dubrule, Gérard Pélisson et leurs collaborateurs cherchent à prouver que le concept Novotel est viable et peut séduire le panel de clients qu'ils ciblent. Mais les deux hommes savent que pour connaître le succès qu'ils escomptent, il va leur falloir faire preuve d'une très grande rigueur sur tous les plans. Les investissements s'annoncent colossaux et la rentabilité serrée. C'est à Robert Larrivé que la mission de maîtriser le dossier technique est confiée. Paul et Gérard lui expliquent : « *Notre problème est simple : une augmentation de 10 % du coût de construction et au final, c'est 50 % du bénéfice de l'hôtel qui s'envole pour plusieurs années. Le temps de construction d'un hôtel est une période sans retour sur investissement. Un retard de quelques semaines pour l'ouverture, et ce sont des intérêts à payer sans recettes en face. Il faut tout faire pour que les coûts soient les plus bas possible et que les délais de construction soient respectés. Il en va de notre crédibilité et de notre avenir.* »

La maîtrise de la construction hôtelière

Face à l'urgence, pour le chantier de Colmar, le nouveau directeur technique de Novotel n'a pas le choix. Il faut aller vite. Il ne dispose donc pas du temps nécessaire pour analyser en profondeur toutes les données techniques de la construction de l'hôtel. D'autant qu'il travaille encore pour la société Télémécanique à mi-temps et ne peut consacrer au projet Novotel qu'un second mi-temps, rallongé de quelques nuits et de ses weekends. Il choisit de lancer un appel d'offres auprès de plusieurs entreprises de construction et choisit celle qui lui semble la plus sérieuse et qui propose un prix respectant le budget fixé. Mais, bien qu'il faille aller vite, pas question de bâcler le travail. Robert Larrivé attache une grande importance à la définition du cahier des charges et surtout au résultat attendu. Il travaille avec Monsieur Ballereau, l'architecte à qui Paul Dubrule a déjà demandé de déposer le permis de construire, pour décrire avec une précision minutieuse chaque élément. Il formule à l'architecte des directives d'une extrême précision : les prises de courant doivent se situer à telle distance du sol et à un endroit très précis dans chaque pièce. Les salles de bains sont dessinées avec rigueur, sur la base des plans fournis par Paul Dubrule. La dimension des fenêtres et leur position dans chaque pièce sont précisées au millimètre près. Obsédé de précision et de rigueur, l'ingénieur formé aux méthodes d'analyse de la valeur[1]

---

1. Méthode de calcul des prix de revient très en vogue dans les années 1960 à 1980 et enseignée avec force dans les écoles d'ingénieur. Il s'agissait de décomposer finement chaque élément du prix de revient d'un produit et de lui attribuer un coefficient d'importance dans la valeur commerciale finale de ce produit. Par exemple, pour un produit destiné à être vendu en grande distribution, l'emballage peut avoir une valeur importante et justifier de représenter une proportion conséquente du prix de revient total. En revanche, pour une pièce détachée commandée sur catalogue dans le milieu industriel, l'emballage doit représenter un coût conforme à la faible valeur qu'il représente pour le client. Robert Larrivé explique ici qu'il a appliqué cette méthode de calcul pour construire ses hôtels. La salle de bain, par exemple, bénéficie d'un

est très surpris de découvrir que, chez les hôteliers comme chez les architectes, les considérations de sécurité ne sont pas prises très au sérieux. L'ami et associé de Gérard Pélisson sait cependant qu'il s'agit là d'une donnée essentielle pour la réussite d'une chaîne d'hôtels. Si un accident mortel survenait dans l'un de leurs établissements, ce serait un drame humain et la fin de leurs grands projets. Il exige donc de l'architecte le respect scrupuleux des normes incendie, sans concession. Le livre rouge des pompiers est même annexé à toutes les commandes passées aux entreprises. Bien que son temps soit compté, il assure ensuite le suivi de chantier en collaboration étroite avec l'architecte, qu'il supervise avec considération et courtoisie. Et lorsqu'un entrepreneur se trompe dans l'exécution, le directeur technique est impitoyable. Il fait refaire les travaux tels que la commande et le cahier des charges le stipulent, sans pour autant nourrir de rancœur. Les entrepreneurs comprennent vite que ce qui anime l'ingénieur, c'est le respect des normes, des délais et des coûts avec le professionnalisme qui s'impose. Ceux qui voient la construction hôtelière comme une entreprise fantaisiste sont priés de passer leur chemin.

Quatre pieds sur l'accélérateur

Colmar sort à peine de terre que déjà Paul Dubrule et Gérard Pélisson réfléchissent au troisième établissement. Puisque le premier a été construit à Lille, le suivant sera à Marseille. À cette époque, Novotel SIEH commence à se structurer juridiquement. L'assemblée générale des associés a nommé des administrateurs et un commissaire aux comptes. Les deux entrepreneurs les réunissent et exposent leur nouveau projet. Le conseil réagit immédiatement : « *Pourquoi pas ? Cela semble être une bonne idée. Mais Lille est seulement en train*

coefficient de valeur important pour le client, alors que le système de climatisation doit simplement remplir la fonction pour laquelle il a été conçu.

de démarrer, Colmar est encore en construction. Mieux vaut être prudent. Commencez par faire une étude de marché sérieuse. » Les deux jeunes hommes ne croient pas une minute à l'intérêt d'une telle étude. Paul se souvient de ses expériences à Genève, lorsqu'il en effectuait pour arrondir ses fins de mois. Quant à Gérard, il y voit seulement une perte de temps. Ils conviennent cependant d'obtempérer et confient une étude de faisabilité à la Chambre de commerce et d'industrie (CCI) de Marseille. Quelques semaines plus tard, le compte-rendu leur parvient. Les conclusions affirment que le pari est très risqué et qu'il serait dangereux de construire un établissement de plus de quarante chambres. Les deux hommes se moquent de ces conclusions frileuses et décident de construire à Marignane un troisième Novotel de quatre-vingts chambres. Sans plus attendre, ils acquièrent un terrain proche de l'aéroport et mandatent un nouvel architecte pour déposer une demande de permis de construire.

Pour Robert Larrivé, plus question de partager son temps avec Télémécanique. Il quitte son ancien employeur pour se consacrer à plein temps à Novotel. Sur le plan géographique, c'est le grand écart. Comment superviser la construction du chantier alsacien et lancer celui de la cité phocéenne ? Les horaires d'avion ne sont pas adaptés à son organisation. Sur place, il a besoin de son véhicule. Il n'a pas d'autre solution que de se lancer deux fois par semaine sur les routes. Robert quitte un chantier en fin d'après-midi, saute dans sa Peugeot 504 et roule toute la nuit pour être sur le second dès l'aube, où il reste deux ou trois jours avant de revenir s'occuper du premier. Neuf cents kilomètres séparent les deux chantiers. Une longue nuit de route pour ce cadre de 37 ans. Et ce n'est que le début ! À peine les fondations de l'hôtel de Marignane sont-elles coulées, que déjà le chantier de Metz est sur les planches à dessin. Un certain Monsieur Paturle souhaite développer le concept Novotel sous franchise en Lorraine. Pour Paul Dubrule, c'est la preuve que sa vision était juste et une première consécration. La chaîne Novotel peut se développer par le biais du concept de la franchise, pourtant inconnue des Français en 1968. Le premier contrat de franchise qui tient sur trois pages a été élaboré pour l'hôtel de Lesquin qui bénéficiait d'une dispense de royalties pendant cinq ans pour avoir été le site pilote. Reprenant cette idée, Novotel SIEH adapte ce contrat et propose au second franchisé une réduction de 50 %. Une remise de 30 % est déjà prévue pour le suivant. Dans le montage financier, Novotel SIEH est minoritaire et le patron est un indépendant. Le permis de construire est rapidement déposé. Pour Robert Larrivé, il s'agit de terminer Marseille et de commencer Metz simultanément. D'autres Novotel sont dans les cartons… L'ingénieur ne dispose d'aucun moment de répit. Il faut aller vite, avancer, conquérir l'espace resté trop longtemps inoccupé par l'hôtellerie française.

Un cercle vertueux

Soutenu par la confiance retrouvée dans l'avenir de son projet, Paul Dubrule oublie très vite les affres des années précédentes. Porté par les premiers succès, il prend sa plus belle plume et écrit aux maires et aux présidents des CCI des plus importantes agglomérations françaises. La France a besoin d'un réseau hôtelier moderne et nombreux sont ceux qui répondent favorablement. Jacques Chaban-Delmas, alors maire de Bordeaux et Premier ministre, lui répond personnellement et l'invite à prendre contact avec son premier adjoint. Immédiatement, le jeune patron se met en route pour la capitale de l'Aquitaine, où il est particulièrement bien reçu par Jacques Valade, qui lui présente le projet de Bordeaux-Lac, où une nouvelle foire commerciale est déjà en construction. Les deux hommes se mettent d'accord. Un Novotel sort de terre deux ans plus tard.

Dans l'entourage des entrepreneurs, l'enthousiasme est grandissant. Quelques amis proposent de donner un coup de main pour identifier des terrains. Ainsi, Bernard Hugounenq, capitaine dans l'armée et ami de Gérard Pélisson, offre bénévolement ses services pour repérer des opportunités de développement. Il accompagne Paul et Gérard, lorsqu'ils rencontrent Jean Taittinger, maire de Reims, propriétaire de la marque de champagne du même nom et hôtelier : « *Monsieur le maire, un projet d'autoroute est en cours d'étude. Pensez-vous qu'un motel près de l'aérodrome de Reims Champagne aurait un intérêt ?* » Le maire, qui ne croit pas un instant que ce projet ait une quelconque chance de succès les encourage : « *Mais bien sûr, c'est une excellente idée !* » Lorsqu'ils se rendent sur le terrain convoité, les deux associés comprennent vite qu'il n'y a rien à y faire d'intéressant. « *Ce terrain est loin de tout. Cet aérodrome n'accueillera jamais une clientèle d'hommes d'affaires. Il n'y a aucune entreprise, même pas une sortie d'autoroute* », confie Paul à Gérard. Sur la route du retour, ils passent devant le supermarché Goulet-Turpin, qui borde le chantier de la future autoroute, sur la commune de Tinqueux. En face, les deux hommes repèrent un terrain qui semble beaucoup plus avantageux que celui de l'aérodrome. Paul Dubrule, qui se souvient avoir rencontré chez Bernardo Trujillo Monsieur Goulet, un commerçant rémois, appelle le patron et lui demande à qui appartient ce champ. « *Je crois que c'est à un paysan, Jacques Fayet* », répond le commerçant.

Un agriculteur à la ville

Jacques Fayet est agriculteur. À la mort de son père, il n'a que 15 ans lorsqu'il reprend avec ses frères l'exploitation familiale. Rapidement, il comprend que s'il ne veut pas finir pauvre, il lui faut trouver autre chose. Sa première entreprise est modeste : un parking couvert collectif de quatre-vingts places, dont il a monté lui-même les murs, le week-end, avec un copain maçon. Quelques années plus tard, alors qu'il est en quête d'un nouveau projet, il apprend que l'autoroute de l'Est doit passer à proximité de ses champs, à Tinqueux, dans la périphérie de Reims. Un de ses amis lui conseille d'y construire un hôtel. Jacques Fayet y réfléchit, sans bien savoir comment s'y prendre pour construire un tel établissement et encore moins pour l'exploiter. C'est à ce moment que Paul Dubrule prend contact avec lui. Rendez-vous est pris dans les jours qui suivent.

Paul Dubrule envisage d'abord de faire l'acquisition du terrain des Fayet. Mais la réponse de l'agriculteur est sans appel : *« Moi, je suis paysan, je ne vends rien ! En revanche, on peut réfléchir pour construire l'hôtel ensemble. Mais, je vous préviens, vous avez affaire à un homme qui a quitté l'école à 15 ans et qui n'a qu'un CAP agricole, mais qui a du courage et veut y arriver. »* Après une heure d'échanges, ils se serrent la main et le patron de Novotel déclare qu'il viendra bientôt les revoir, accompagné de son associé, Gérard Pélisson.

Pendant quelques semaines, les réunions de mise au point se succèdent. Tantôt à Reims, tantôt à Lille. Lors de sa première visite dans la capitale des Flandres, l'agriculteur troque ses bottes de paysan et son bleu de travail contre des souliers vernis et un costume. Avec sa femme, ils font la route jusqu'à Lesquin, où le premier Novotel est déjà ouvert depuis plus d'un an. Arrivés en avance, ils déjeunent au grill et attendent patiemment de rencontrer Paul Dubrule. Avec son franc-parler qui le caractérise, l'agriculteur s'adresse sans détour au chef d'entreprise : *« On a bien mangé, mais qu'est-ce que c'est cher ! »* L'hôtel est plein et la rencontre a lieu sur la mezzanine, en bout d'escalier, dans un petit dégagement avec une table et quelques chaises.

Paul et Gérard sont rapidement séduits par cet homme franc, direct, audacieux et courageux. À eux trois, ils s'entendent sur tous les points. Il ne reste plus qu'à trouver l'argent. Gérard Pélisson réunit le beau-père de Jacques Fayet, un vigneron, sa mère et le notaire, dans la cuisine de la ferme. Sans préliminaires, il leur déclare sur un ton solennel : *« Ce gamin est sérieux. Il est courageux, il a de bonnes idées. Vous devez l'aider ! »* Impressionnés, ils acceptent de s'investir aux côtés de Jacques pour constituer le capital nécessaire. Paul Dubrule va trouver pour la cinquième fois le Crédit hôtelier afin d'emprunter l'argent nécessaire au bouclage du dossier. Jacques Fayet confie alors à sa femme : « *Ces gars-là sont intelligents. Ils sont aussi sérieux et courageux. Ils ne font pas de baratin, ils agissent vite et bien. Il faut leur faire confiance.* » À partir de là, Paul Dubrule et Gérard Pélisson confient le futur hôtelier aux bons soins de Robert Larrivé. Un an plus tard, le sixième Novotel est inauguré en présence de Jean Taittinger, maire de Reims et de Paul Dubrule, président de Novotel SIEH.

Dans les méandres administratifs des organismes financiers

Au Crédit hôtelier, Paul Dubrule commence à être connu. C'est le septième dossier de financement qu'il y dépose pour un hôtel. Or, dans l'établissement, cette boulimie d'investissements a de quoi surprendre. Les chargés d'études ne sont pas habitués à voir passer plusieurs fois dans la même année le même entrepreneur pour des dossiers différents. Nombreux sont ceux qui frappent à leur porte pour financer une chambre froide ou une petite extension. Quant aux constructions neuves, elles sont aussi rares que la neige au mois d'août. Stanislas Rollin est en charge du dossier Novotel. Il est tout de suite frappé par la vision et l'ambition de cet entrepreneur. Il ne s'encombre pas des détails auxquels sont souvent attachés les patrons de PME. Il vient chercher un financement et les arcanes des dossiers administratifs ont le don de l'exaspérer.

Lorsque, pour remplir ses dossiers de demande de prêt, le jeune conseiller lui repose à chaque fois les mêmes questions : « *Y a-t-il des bidets dans les salles de bains ? Combien coûte la robinetterie ?* », le chef d'entreprise se fâche : « *Vos exigences ne sont pas cohérentes. Je ne veux pas financer des parpaings ou des robinets, mais des hôtels complets, tels qu'ils doivent être pour recevoir des clients et gagner de l'argent. Pourquoi voulez-vous que je perde mon temps à compter les robinets ?* » Lorsque le jeune conseiller, respectueux des consignes internes, demande : « *Avez-vous bien une salle de bains accessible à chaque étage, conformément à ce qu'exige la norme des hôtels trois étoiles ? »*, Paul Dubrule s'insurge : *« Mais pourquoi diable voulez-vous que je dépense de l'argent pour installer une salle de bains à chaque étage, alors que j'en ai déjà une dans chaque chambre ? C'est un investissement qui ne servira strictement à rien ! Si une salle de bains est en panne, nous ne louons pas la chambre. C'est aussi simple que cela. »* Mais la rigidité de la banque est à l'égal de son vieil âge. Les premiers Novotel seront donc équipés d'un bidet dans chaque salle de bains et d'une salle de bains supplémentaire à chaque niveau, faute de quoi, impossible d'obtenir l'agrément du ministère du Tourisme pour pouvoir afficher les trois étoiles revendiquées par Novotel. Les femmes de ménage y trouveront leur compte. Elles se serviront de ces salles de bains inutiles pour y ranger leurs balais et autres aspirateurs.

Nouveau défi

Trouver l'argent pour construire plusieurs hôtels par an est déjà un exploit. Les construire dans des délais ultracourts, avec des budgets serrés, en est un autre. Pourtant, un autre défi se présente aux fondateurs de Novotel : il leur faut recruter et former le personnel pour exploiter ces établissements qui ouvrent à la cadence d'un par trimestre. Pour Colmar, Monsieur Marchand a le même problème que Paul Dubrule à Lille : il n'a ni expérience, ni formation d'hôtelier. Avec Paul Dubrule, ils passent une annonce dans la presse. Plusieurs candidats se présentent pour chaque poste à pourvoir. Bernard Mignard est recruté en qualité de directeur adjoint. Comme André Cœugniet, il est issu de l'école hôtelière de Strasbourg, qui jouit d'une excellente réputation. Il a passé quelques années comme steward chez UTA. Il a pour mission de seconder le patron de l'hôtel alsacien. Paul Dubrule lui demande de venir quelques semaines à Lille pour se former aux méthodes de la maison.

Une difficulté inattendue se présente : Novotel Colmar vient d'ouvrir. Deux fois par mois, Paul Dubrule prend la ligne ferroviaire Calais-Bâle, qui passe par Lille et Colmar, pour visiter l'hôtel et payer les factures. Au troisième voyage, il comprend vite qu'à ce jeu-là, il sera rapidement fatigué. Toujours aussi pragmatique, il fait ses comptes : s'il refacture chaque mois les coûts de ses déplacements et l'équivalent de quatre jours de son modeste salaire au petit établissement de trente chambres, les bénéfices s'envoleront. Il évoque le sujet avec Gérard Pélisson. Les deux hommes ne voient qu'une solution : limiter les visites d'inspection à une ou deux par an et donner une procuration sur le compte bancaire au directeur de l'hôtel. Ainsi, le patron pourra consacrer son temps à des choses plus utiles : le développement de la petite chaîne.

Candidature spontanée

À Marseille, l'hôtel appartient à 100 % à SIEH. Il faut donc recruter un directeur. Charge à lui d'embaucher son personnel. Lors de l'inauguration, d'une seule voix, Paul Dubrule et Gérard Pélisson annoncent fièrement que ce troisième établissement ouvre la voie à une importante chaîne hôtelière de plus d'une centaine d'établissements. Le magazine *Prestige de l'hôtellerie* leur consacre une double page. Un jeune diplômé, frais émoulu de l'école hôtelière de Paris, tombe sur l'article. Georges Le Mener est le fils d'un couple de restaurateurs parisiens. Ses parents lui ont proposé de prendre leur succession, mais le jeune homme a d'autres ambitions. Il écrit à Paul Dubrule : « *J'ai lu avec grand intérêt l'interview que vous avez donnée au journal* L'hôtellerie. *Votre projet me paraît passionnant. Je suis à la recherche d'un poste dans l'hôtellerie et serais ravi de vous rencontrer pour en discuter.* » Paul Dubrule lui répond et lui propose une première entrevue avec Bernard Mignard, qui vient d'être nommé responsable de l'exploitation de tous les Novotel, en charge notamment du recrutement des nouvelles équipes. Georges Le Mener est aussitôt engagé pour seconder Jacques Chenet, le directeur de Marseille. Il profite de cette occasion pour faire montre de sa compétence et se faire remarquer par les dirigeants, ce qui ne tarde pas à porter ses fruits. Impressionné, à chaque rencontre avec les présidents, il consigne dans un petit carnet les grandes idées managériales des deux hommes. *« Si vous devez vous séparer de collaborateurs, c'est parce que vous n'avez pas réussi à trouver ce qu'ils aiment faire et le domaine dans lequel ils excellent. Un licenciement est toujours une preuve d'incompétence du management ! Si vous ne déléguez pas assez, vos collaborateurs s'ennuieront dans leur travail et vous serez débordés. »* Etc.

À Lille, les bourgeois qui avaient copieusement raillé le jeune Paul, changent de point de vue. Ils réalisent que le jeune homme avait vu juste. Si la plupart adoptent un profil bas ou préfèrent continuer à prédire cyniquement une catastrophe, certains cherchent à rattraper leur retard. Joseph Lepoutre, fils d'une grande famille d'industriels du textile, propose de s'investir avec quelques amis dans un nouveau projet Novotel à Lomme, à l'ouest de Lille. S'inspirant de l'expérience de Paul Dubrule, il propose d'en assumer la direction dans le cadre d'un troisième contrat de franchise. La Société du Motel de Lesquin prend une participation de 50 % dans cette nouvelle entreprise baptisée Société des Motels du Nord. Tony Dewavrin, fils d'un industriel du textile, rend visite à Paul Dubrule. Séduit par Novotel, il souhaite y effectuer un stage, à l'issue duquel, accompagné de son père, il propose d'ouvrir un établissement à Pau.

Preuve de motivation

Pendant ce temps, Bernard Mignard, que ses camarades surnomment TWA — « un départ toutes les dix aminutes dans toutes les directions » —, recrute à tour de bras pour doter en personnel les hôtels qui ouvrent dans toute la France. Bordeaux-Lac, septième Novotel, vient d'ouvrir et Robert Larrivé en a sept autres en construction partout en France. Des annonces de recrutement passent dans tous les journaux nationaux, notamment dans *L'hôtellerie*, la gazette de référence du secteur. Un jeune

Montalbanais fraîchement sorti de l'école hôtelière de Toulouse, brevet professionnel en poche, répond à une annonce pour le poste de sous-directeur du Novotel de Lomme. Claude Moscheni est aussitôt convoqué à Paris pour un entretien avec le responsable de l'exploitation. Lorsqu'il se présente au rendez-vous, après une longue route en voiture, « TWA » est déjà parti ailleurs ! Claude appelle le siège à Lesquin, qui lui demande de poursuivre sa route jusqu'à Lille. Déterminé à saisir sa chance, il parcourt les deux cent trente kilomètres supplémentaires. Arrivé à Lesquin, il est reçu par Christian Lameloise et Paul Dubrule en personne. Le patron cherche à l'impressionner en lui annonçant qu'il projette de construire une centaine d'hôtels en France. Loin d'être affolé, le candidat se dit que ce serait une aventure extraordinaire et il confirme sa motivation.

Paul Dubrule lui explique son concept et insiste sur un point : *« L'important, c'est que la promesse au client soit respectée. Contrairement à l'hôtellerie traditionnelle, chez Novotel, nous ne portons pas ses bagages, nous ne garons pas sa voiture ni ne cirons ses chaussures, le client est assez grand pour s'en charger lui-même. En revanche, pour ce qui est de la qualité des autres prestations, pour lesquelles le client ne peut rien — comme le couloir qui doit être propre, la chambre qui doit être en ordre, ou l'accueil qui doit être impeccable —, il ne doit pas avoir un seul reproche à nous faire. Sur ces aspects, je serai d'une intransigeance absolue. Vous devez compenser les petits avantages que proposent les concurrents par la qualité de votre accueil et la propreté des chambres. Vous verrez que les clients apprécieront la différence et préféreront venir chez Novotel. »* Claude Moscheni est convaincu. Il signe sans réfléchir plus longtemps. Seul détail, l'hôtel dont il doit prendre la sous-direction n'est pas encore ouvert. Pour patienter, il commence par s'occuper du Novogrill, ouvert quelques semaines plus tôt.

Lorsque le moment de prendre ses fonctions de sous-directeur est enfin arrivé pour le jeune Claude, Joseph Lepoutre, le directeur de l'hôtel, tombe malade. Paul Dubrule annonce à sa nouvelle recrue qu'il va lui falloir s'occuper seul de l'ouverture, mais qu'il sera aidé par André Cœugniet. Et il ajoute : « *À moins que vous ne sachiez le faire seul ?* » Du tac au tac, le jeune Gascon lui répond avec une pointe de fierté : « *Oui, bien sûr que je peux le faire seul !* » Et il se retrouve catapulté directeur du septième Novotel, en charge du recrutement du personnel et de l'ouverture. Quelques mois plus tard, Joseph Lepoutre, rétabli, est de retour et l'hôtel tourne comme une horloge. Claude se demande ce qu'il va devenir. Il s'en ouvre à Janine Honnaert, l'assistante de Paul Dubrule, et lui confie qu'il a beaucoup aimé s'occuper de l'ouverture. Puisque l'entreprise ouvre sans cesse de nouveaux hôtels, il se dit qu'il aimerait bien devenir responsable des ouvertures. La secrétaire, qui est une femme d'expérience, lui répond que c'est une excellente idée et lui conseille d'écrire à Paul Dubrule, pour le lui faire savoir. Ce dernier donne immédiatement son accord et annonce par retour du courrier sa prochaine affectation : « *Vous allez partir à Reims, pour aider notre nouveau franchisé, Jacques Fayet, à mettre son hôtel en route.* »

À partir de là, le projet Novotel prend toute sa dimension et l'effet de chaîne joue rapidement. Les hommes d'affaires comprennent immédiatement tout l'intérêt de ces établissements confortables et sans surprises à quelques pas des aéroports régionaux. D'autres y trouvent un agrément à la mesure de leur besoin : les équipages Air Inter, qui ont commencé par apprécier la qualité et le confort de l'hôtel de Lille, sont ravis de pouvoir dormir le lendemain dans un établissement en tous points semblables à l'autre bout de la France. Cette fois, la machine Novotel est en marche !

Un dévouement récompensé

Quelques mois après son ouverture, le Novotel de Metz, premier franchisé du groupe, montre des signes de difficultés. L'équipe mise en place par le propriétaire ne donne pas satisfaction et

Paul Dubrule propose au gérant de reprendre la main pour redresser l'affaire. Il appelle aussitôt Georges Le Mener pour lui demander de faire ses valises. Sa nouvelle mission : prendre la direction de l'établissement lorrain. Il y reste quelques mois, le temps de redresser les comptes de l'hôtel et de former un sous-directeur capable de prendre sa succession.

À l'occasion d'un déplacement à Lille, Paul Dubrule, Gérard Pélisson, Robert Larrivé et Maurice Simond réunissent les membres du personnel pour les féliciter : « *Vous avez fait du bon boulot. Bravo. Il faut continuer sur cet élan. Il faut absolument que cet hôtel continue de marcher parfaitement. C'est comme cela que nous réussirons à convaincre les investisseurs et que nous pourrons construire les autres établissements. On compte sur vous pour l'exploitation de l'hôtel. Nous devons nous occuper du développement de la chaîne.* » Se sentant considérés aux yeux de leurs patrons, stimulés par le projet de développement, estimant que leur avenir est en jeu, tous jouent le jeu. Bien qu'il reste le patron officiel de Lille-Lesquin, Paul Dubrule délègue de plus en plus de responsabilités à André Cœugniet, qu'il nomme directeur, sans prendre le temps de lui rédiger un nouveau contrat de travail. Les deux hommes commencent à se connaître. Ils se font confiance.

À peine a-t-il réussi à mettre de l'ordre dans les comptes que Gérard Levêque doit recruter et former un nouveau comptable pour l'hôtel de Lille. Gérard Pélisson lui demande de tenir la comptabilité de la nouvelle société Novotel SIEH, qui a déjà commencé à exploiter l'hôtel de Colmar, termine la construction de Marseille Marignane et démarre celle du premier Novotel à Lyon, ville natale de Gérard Pélisson. Un comptable de confiance, rigoureux et qui a déjà travaillé avec le patron est indispensable. Pour le jeune Gérard, c'est toute une aventure à laquelle il ne s'est pas préparé. Six mois après avoir été engagé, il prend l'avion, recrute d'autres comptables, les forme, les supervise. Jamais il ne s'était imaginé que sa carrière progresserait aussi vite.

Dans le même temps, une première extension de l'hôtel de Lesquin est mise en chantier. Quelques mois plus tard, André Cœugniet a sous sa responsabilité quatre-vingt-dix chambres, trois cents mètres carrés de salles de réunion et, ce dont il est le plus fier, une vraie cuisine de banquet, avec tout le matériel professionnel dont il a besoin. Enfin, faisant preuve de persuasion et ayant prouvé ce dont il était capable, André obtient de ses patrons qu'ils investissent dans un restaurant bien équipé. Une seconde extension est construite dans une véranda. Le restaurant « La Serre » ouvre ses portes au public avec vue sur la piscine. Il devient un lieu de rencontre très prisé des chefs d'entreprises et autres commerciaux pour leurs déjeuners d'affaires.

Second tour de table

Pour la SIEH, chaque projet, qu'il soit porté en propre ou franchisé, est l'occasion de facturer des honoraires d'études et de conseils, équivalant à ceux des architectes. Chaque hôtel construit génère un chiffre d'affaires immédiat de 200 000 francs. De quoi commencer à payer le président et les quelques collaborateurs salariés de la holding, tout en laissant un bénéfice suffisant pour donner envie aux investisseurs de se mouiller. Les licences d'exploitation alimentent ensuite régulièrement le chiffre d'affaires de la petite holding, dont les prévisionnels d'exploitation s'annoncent déjà prometteurs. La société Devimco revend à Novotel SIEH la marque Novotel dont elle était propriétaire, empochant une plus-value qui lui permet d'assainir ses comptes.

En quelques mois, de nombreux projets d'implantations de Novotel affluent de partout. Rennes, Lyon, Bordeaux, Toulouse, Strasbourg… Toutes les grosses métropoles de France veulent leur Novotel. Ni les capitaux de Novotel SIEH, ni ses premiers bénéfices ne permettent un tel développement. Paul Dubrule décide de lever l'option que son père lui avait octroyée lors de la création de la SML. Il en détient désormais 100 %. Gérard Pélisson se lance dans une nouvelle tournée pour réaliser un second tour de table. Cette fois, il ne trouve devant lui aucune résistance. Il peut présenter les premiers résultats des hôtels en exploitation, accompagnés de bilans et de comptes d'exploitation tirés au cordeau. Sa force de persuasion et la confiance qu'il inspire font naturellement le reste. Déterminé à lever les capitaux nécessaires, persuadé de la réussite du projet Novotel, Gérard n'hésite pas à user de toute son influence pour entraîner avec lui famille, amis et connaissances dans l'aventure Novotel. Il parvient même à convaincre son patron, Bill Christensen, président d'IBM Europe, d'investir à lui seul 300 000 francs. Bien qu'elle ait été plusieurs fois sollicitée, pour la première fois une banque se mouille : la Société Générale investit 100 000 francs. En quelques mois, Gérard Pélisson réunit plus de nouveaux actionnaires que les associés n'osaient l'espérer. Le capital de la SA Novotel SIEH passe à 6,25 millions de francs[1], de quoi financer l'acquisition de nouveaux terrains et les apports pour constituer de nouvelles sociétés hôtelières.

À la même période, la Société des Motels du Nord rencontre des difficultés financières. Le taux d'occupation de l'hôtel d'Englos est insuffisant et sa rentabilité en souffre. Les actionnaires se tournent vers le créateur des Novotel, associé à hauteur de 50 % : « Que nous proposez-vous maintenant ?». Paul Dubrule hésite. S'il n'intervient pas, il perd son investissement. Redresser la société est un projet incertain. Après réflexion, il se décide à sauver la SMN en reprenant les engagements financiers de la société à son compte, puis organise sa fusion avec la Société du Motel de Lesquin. Joseph Lepoutre, P-DG de la SMN, se voit confier le développement régional et André Coeugniet l'exploitation de tous les établissements de la SMN. Un Novotel est inauguré l'année suivante à Hénin-Beaumont. D'autres, à Valenciennes et Neuville-en-Ferrain suivent rapidement.

____

1. Environ 7 millions d'euros en 2010 en valeur courante.

Une soif d'action communicative

Un matin de 1969, Paul Dubrule reçoit un appel. Au bout du fil, il reconnaît la voix de Stanislas Rollin, son conseiller auprès du Crédit hôtelier : « *Monsieur Dubrule, il faut que je vous voie. Quand pourriez-vous passer ?* » L'entrepreneur, un peu surpris, imagine un problème sur le financement d'un dossier en cours. Il propose de passer à Paris trois jours plus tard. Après quelques préambules, Stanislas Rollin explique à son client qu'il s'apprête à quitter ses fonctions au sein du Crédit hôtelier. « *Et vous allez où ?* », lui demande Paul Dubrule. « *On me propose une promotion dans un autre établissement bancaire de renom. Vous comprenez qu'il m'est difficile de refuser.* » Immédiatement, saisissant l'opportunité, Paul répond : « *Est-ce que par hasard une place dans notre maison pourrait vous intéresser ?* » Le jeune conseiller financier, qui n'attendait que cela, demande si la proposition est bien sérieuse. « *Mais bien sûr. J'ai besoin de quelqu'un comme vous pour développer notre affaire. Il faut juste que j'en parle à mon collègue, Gérard Pélisson. Et puis je voudrais aussi expliquer ma proposition à vos directeurs, parce que nous aurons encore besoin du Crédit hôtelier et je ne voudrais pas qu'ils en prennent ombrage.* »

Dès le lendemain, Stanislas Rollin déjeune avec Gérard Pélisson dans un petit restaurant parisien du quartier Saint-Honoré, proche du siège d'IBM. Le courant passe tout de suite entre les deux hommes, qui échangent une poignée de mains pour marquer leur accord. Gérard Pélisson ajoute : « *Nous allons travailler ensemble. On va se revoir très souvent.* » Quelques jours plus tard, Paul Dubrule rencontre le patron du Crédit hôtelier pour lui expliquer qu'il aimerait recruter un de ses collaborateurs. Adroitement, Paul Dubrule explique : « *Vous serez doublement gagnant : vous aurez chez nous quelqu'un qui vous est dévoué alors que c'est nous qui le paierons !* » En janvier 1970, Stanislas Rollin intègre les effectifs de Novotel SIEH, en qualité de directeur financier. Son premier bureau est installé dans l'une des chambres du Novotel de Lesquin.

Paul Dubrule lui dit dès le premier jour : « *Je suis très heureux que vous soyez là. Nous avons de nombreux dossiers sur le feu et je n'ai pas le temps de m'en occuper. Votre mission est simple : monter les dossiers de prêt pour financer les hôtels. Et puis vous superviserez aussi la comptabilité avec Gérard Levêque, qui vous répondra à partir de maintenant.* »

Une incursion dans la restauration rapide

Depuis qu'il s'est investi dans l'aventure Novotel, Gérard Pélisson s'est donné pour mission de doter l'entreprise naissante des moyens nécessaires pour connaître un développement digne de ses ambitions. Il n'a eu de cesse d'élargir son cercle de relations dans les milieux financiers. Renaud d'Elyssagaray, camarade de promotion de Maurice Simon à Polytechnique et directeur financier de la banque Dreyfus, croit très vite au projet et s'investit personnellement. Surtout, il leur présente Jean Pinchon, le directeur général de la Société Louis Dreyfus, actionnaire de la banque du même nom. L'homme d'affaires est tout de suite séduit. Il mise sur une croissance importante du concept Novotel et s'investit de façon significative. Sa participation n'est pas que financière. Il n'hésite pas à donner de son temps pour échanger avec les deux patrons et les introduire auprès de ses relations. Au fil des mois, une amitié naît entre Paul Dubrule, Gérard Pélisson et Jean Pinchon. Un soir que les trois hommes dînent ensemble, les deux entrepreneurs confient à leur associé et ami que le projet Novogrill, qui compte trois restaurants implantés dans des centres commerciaux, ne semble pas viable. Ils lui annoncent qu'ils ont décidé de renoncer à ce projet, à contrecœur. Jean Pinchon, qui a une longue expérience des affaires, les invite à prendre du recul : « *Ce n'est pas parce que cette expérience se solde par une déception qu'il faut renoncer à la restauration. Regardez aux États-Unis le succès de McDonald's ! La même chose finira par arriver en France.* » Aussitôt, le ton de la discussion change. Deux heures plus tard, la décision est prise : ils vont se lancer dans un concept de fast-food adapté au marché français. Quelques mois plus tard, le premier restaurant Dinocroc propose aux consommateurs français de croquer dans le premier hamburger « *made in France* ». Une petite équipe est constituée autour de Jean-Pierre Joncat, un collaborateur de Jean Pinchon, pour s'occuper de cette aventure. Deux nouvelles ouvertures sont aussitôt programmées.

Les pieds dans la boue, la tête dans les étoiles

Pour Robert Larrivé, chaque projet annonce un nouveau défi. Il comprend vite que, s'il veut respecter l'objectif qui lui a été fixé, avec le nombre de nouveaux dossiers qui s'empilent sur son petit bureau, il doit avoir un complet contrôle de la situation. Dans le monde du BTP, les défis se présentant au directeur technique sont surhumains. Pour les projets de Colmar, Marseille et Metz, Robert a opté pour une distribution de lots auprès d'entreprises qui ont remporté son appel d'offres. Ce mode de fonctionnement traditionnel montre cependant vite ses limites. Difficile de travailler en complète transparence avec des entreprises qui ont été sélectionnées à la suite d'une sévère mise en concurrence. Pour les autres chantiers, il décide de s'y prendre autrement : jour et nuit, il étudie les dossiers et les documentations techniques. Il consulte sans répit les professionnels, se renseigne, pose de nombreuses questions. Il se fixe un objectif : construire un hôtel de cent chambres en moins de neuf mois, à partir de la réception du permis de construire, tout en respectant scrupuleusement le budget fixé. Pour atteindre cet objectif ambitieux, celui que les exploitants surnomment déjà « Bob la truelle » décortique méticuleusement chaque sous-ensemble. Il recrute deux nouveaux collaborateurs, les frères Richet. Ensemble, ils décomposent complètement la construction d'un hôtel en une succession d'éléments simples et étudient avec une précision d'horloger suisse les données techniques des murs, de la toiture, de l'électricité, de la plomberie comme de la peinture, de la moquette ou du carrelage. Sur chaque dossier, ils comparent les méthodes de mise en œuvre, les prix de revient, les délais, les contraintes. Petit à petit, peaufinant à chaque nouvelle construction un peu plus leur analyse, capitalisant sur leur expérience, ils élaborent un cahier technique complet d'un hôtel standard. Ce cahier, transmis aux fournisseurs, sert ensuite de référentiel pour répondre aux demandes de prix. Quand Robert Larrivé commande à un entrepreneur l'édification des fondations, il le fait avec des éléments techniques précis, en référence aux normes en vigueur dans l'hôtellerie et en précisant les contraintes techniques propres à Novotel, figurant à telle ou telle page dans le cahier de référence technique. Il lui demande de commencer à intervenir à partir de telle date et exige qu'il ait terminé à telle autre date, sous peine de pénalités et avec le risque de ne plus se voir confier de nouveau chantier.

Surtout, Robert comprend que pour bien commander des entrepreneurs, il faut avant tout comprendre, voire connaître leur métier. Et quand il se rend sur un chantier, ce n'est pas pour jeter un rapide coup d'œil, mais pour poser des questions précises : « *Pourquoi avez-vous posé ce type de câble ? Pour le béton, vous pensez que c'est mieux de le couler avant ou après telle autre opération ? Pourquoi vous y prenez-vous ainsi ?* » Avec les maçons, il parle de maçonnerie, avec les électriciens, d'électricité, et avec les plombiers, de plomberie. Il ne cherche pas à manager de loin, mais s'implique sur le terrain aux côtés de ceux qui font le travail et demande à ses collaborateurs de faire de même. En plus de la compétence, Robert se rend compte que sa méthode crée progressivement des liens de confiance et nourrit une forme de reconnaissance mutuelle. Petit à petit, les fournisseurs qui commencent un nouvel hôtel le précédent à peine terminé, deviennent de véritables partenaires. Robert décide d'aller encore plus loin dans sa relation avec chacun d'eux.

L'intelligence collective
plutôt que des appels d'offres stériles

Pour les nouveaux chantiers, il organise des réunions avec chacun de ses partenaires. L'objectif qu'il leur fixe est de réduire encore les coûts, sans pour autant devoir limiter leur marge bénéficiaire. Il se mêle de la gestion, de la politique tarifaire : *« Ce câble-là, vous le payez combien ? Vous l'achetez où ? Et si vous l'achetiez plutôt chez un autre fabricant, vous le paieriez combien ? Et votre prix, vous le calculez comment ? »* Certains entrepreneurs le prennent mal et rompent la relation. D'autres, tels que la SAE[1], perçoivent rapidement l'avantage d'une telle collaboration et acceptent de s'ouvrir sur leurs mécanismes internes : *« Cette marge correspond au coefficient de perte des appels d'offres. Vous comprenez, répondre à un appel d'offres prend du temps, coûte de l'argent et on n'est jamais sûr d'être retenu ! »* Vif à comprendre, Robert propose une autre solution : *« Si je vous passe commande systématiquement, à des conditions établies, vous n'avez plus besoin de répondre à des appels d'offres et ne risquez plus d'y passer du temps pour rien. Je vous propose de retirer cette marge de sécurité de votre prix, et moi, je m'engage à vous confier tous les chantiers que vous serez capable de prendre. »*

Plus qu'un accord gagnant-gagnant, c'est une véritable union de coopérateurs que met en place Robert Larrivé. Une forme d'intelligence collective, qui dépasse les frontières de l'entreprise et dans laquelle chacun investit son temps, son énergie et ses compétences, pour résoudre les problèmes et en tirer profit mutuellement. Sur les chantiers, Robert fait montre d'autorité et bénéficie du respect conféré par les ouvriers comme les conducteurs de travaux. D'expérience en expérience, de chantier en chantier, les délais sont respectés et souvent inférieurs à neuf mois. Les budgets ne sont jamais dépassés. Et les sous-traitants, souvent au départ de modestes entreprises du BTP, sont débordés de travail, recrutent et forment de nouveaux

---

1. Société Auxiliaire d'Entreprise.

personnels, grandissent. À partir de la construction du Novotel de Reims, plus aucun dossier ne fera l'objet d'un appel d'offres. Novotel et ses entrepreneurs partenaires travaillent main dans la main sans pour autant se faire de cadeaux. Lorsqu'un entrepreneur fait une erreur, « Bob la truelle » est impitoyable. Il faut démolir et recommencer, sans dépasser le délai fixé pour autant. De projet en projet, l'expérience remplace les erreurs. Les chantiers s'achèvent de plus en plus rapidement.

Lorsque la délivrance du permis de construire est contrariée par des tracas administratifs, Robert Larrivé, manifestement ennuyé, va trouver Paul Dubrule et Gérard Pélisson. Décaler un chantier reviendrait à retarder les suivants, comme des dominos qui se poussent en tombant les uns sur les autres. Inacceptable pour l'ingénieur, qui met un point d'honneur à respecter les délais qui lui sont fixés. Ensemble, les trois hommes analysent : « *Que risque-t-on ? Le permis peut-il être refusé ou est-ce seulement un problème de lenteur administrative ?* » Après mûre réflexion, les trois hommes décident de lancer les travaux sans attendre. C'est ainsi que certains hôtels sont livrés sept mois seulement après l'obtention officielle du permis de construire. Avec Novotel, c'est une myriade de sous-traitants qui tirent profit et grandissent au soleil d'une croissance qui s'annonce extraordinaire.

VI

Le tournant
de la réussite

Le succès appelle le succès

Dès la fin de l'année 1970, la presse s'empare du succès grandissant de Novotel. Alors que la petite chaîne d'hôtels ne compte que six établissements en exploitation, dix autres sont déjà programmés ou en construction. Cette révolution hôtelière française commence à intriguer la profession. Dans le même temps, les grands hôtels de luxe sont édifiés à l'ouest de Paris. Les chantiers du Méridien, de Sofitel Sèvres et Concorde s'activent. En novembre 1969, un promoteur parisien prend contact avec Paul Dubrule pour lui annoncer que la mairie de Bagnolet a un projet d'hôtel de mille chambres. Il lui demande si cela peut intéresser Novotel. Sans se démonter, Paul répond : « *Mais bien sûr !* » Il appelle aussitôt Gérard pour l'en informer. Ensemble, ils se penchent sur le dossier. Pour la petite entreprise qui n'a pas encore trois ans d'existence, ce projet est colossal. Les cinq Novotel en exploitation totalisent à peine trois cents chambres. Les premières estimations font état de plus de 80 millions de francs d'investissement alors que, jusque-là, ils n'ont investi que six petits millions de nouveaux francs.

Sur le plan technique, les deux hommes voient les choses avec simplicité : « *Il suffit d'empiler une dizaine de Novotel les uns au-dessus des autres !* » Mais Robert Larrivé regarde ce dossier sous un angle plus technique : « *Comment dimensionner les fondations ? Et les normes anti-incendie ? Quid des ascenseurs ? Sans parler du calcul de la climatisation centralisée…* » Ignorant ses appréhensions bien légitimes face à ce dossier vertigineux, la petite équipe sent qu'elle tient là une occasion unique de passer à la vitesse supérieure et décide de se lancer dans cette nouvelle aventure. Pendant que Gérard Pélisson entame une course aux capitaux, Paul Dubrule part avec Robert Larrivé aux États-Unis pour visiter des hôtels de mille chambres à New York, Chicago ou Miami. Paul Dubrule fait un détour par Dayton pour y retrouver Bernardo Trujillo et lui annoncer que son projet se développe à grande vitesse. Son ancien patron se réjouit de cette bonne nouvelle. Heureux de voir son ancien collaborateur réussir grâce à ses enseignements, il l'invite à dîner et le félicite chaleureusement de s'être lancé dans cette belle aventure.

Un défi technique et financier

De retour des États-Unis, Robert Larrivé planche sur le dossier technique. Son objectif est clair, mais loin d'être simple : tenir un budget de 90 000 francs par chambre tout compris. L'achat du terrain, les parkings, les aménagements extérieurs, les parties communes, les cuisines, tout entre dans le prix de revient moyen de la chambre. « *Comment faire ?* », se demande l'ingénieur. Il propose à ses associés de travailler étroitement avec la SAE sans consulter d'autres entrepreneurs. Robert a déjà travaillé avec eux et eu l'occasion d'apprécier leur sérieux. Le deal est simple : on étudie tout ensemble, on gagne ensemble ou on perd ensemble. Pas de commission d'étude, pas de prime de dédit. En contrepartie, pas de concurrence. La SAE, qui croit en l'avenir du projet Novotel, accepte. Les deux entreprises montent un bureau d'étude en commun. Pierre-Yves Cochin, l'architecte, se joint à l'équipe, en acceptant de renoncer à l'essentiel de ses honoraires si le dossier ne se fait pas. En complément de cette association de compétences, Robert Larrivé a recours à un ingénieur consultant, Serge Sylvian, un expert en matière de physique. C'est lui qui propose l'idée de construire l'hôtel sur des fondations glissantes. Ce principe, particulièrement complexe, permet d'absorber les mouvements du terrain et les dilatations thermiques sans avoir recours à des renforts de structure onéreux. Jour et nuit, l'équipe travaille sous le commandement de Robert pour trouver des solutions à chaque point du dossier et tenir le budget fixé.

Pour l'air conditionné, les méthodes traditionnelles représentent 10 % du prix de revient d'une chambre. Robert demande à son équipe de trouver une solution pour que cela ne représente que 6 %. Des calculs savants de mécaniques des fluides et de déperditions calorifiques sont réalisés. Résultat : c'est possible, à condition que les fenêtres ne fassent pas plus d'un mètre carré et ne s'ouvrent pas. En complément, Serge Sylvian préconise des compresseurs tournants plutôt que les machines à pistons habituellement utilisées, moins performantes. Consulté, un directeur d'hôtel fait une remarque judicieuse : « *Vos fenêtres, puisqu'elles ne s'ouvrent pas. Comme va-t-on les nettoyer ?* » Résultat, les chambres sont équipées de fenêtres ouvrantes, dont la poignée est démontée. Les clients ne peuvent pas les ouvrir, mais la femme de ménage a la clé pour pouvoir les nettoyer.

Lorsqu'il s'agit de faire des économies, Paul Dubrule n'est jamais loin. Traditionnellement, les systèmes de téléphonie des hôtels nécessitent des matériels très coûteux spécialement conçus pour cet usage. Or, l'homme qui aime tout prendre à contre-pied refuse cette situation monopolistique. Avant même de construire son premier hôtel à Lesquin, il avait réussi à convaincre le patron de la RTN[1] d'adapter un standard téléphonique de bureau aux besoins d'un hôtel. Robert Larrivé

____

1. Réseaux et Téléphonie du Nord.

reprend cette idée et la généralise dans tous les nouveaux établissements. Mieux, alors qu'il faut trois mois pour équiper un hôtel complet, la RTN propose de précâbler tout le matériel dans ses ateliers et de terminer l'installation sur place en seulement quelques semaines, ce qui permet d'ouvrir Bagnolet avec quelques semaines d'avance. Reconnaissant, Robert Larrivé leur confiera tous les chantiers téléphoniques de tous les hôtels qui seront construits à l'avenir. Joli coup de poker pour ce patron, qui revendra son entreprise dix ans plus tard avec un joli marché dans la corbeille de la mariée.

Des lambris et des Gitanes

Pour boucler le financement d'une telle opération, une augmentation significative du capital est nécessaire. Cette fois, plus question de frapper aux portes de particuliers, même fortunés. Seuls des institutionnels ont les moyens d'investir de telles sommes. Gérard Pélisson et Paul Dubrule consultent les états-majors de l'*establishment*. À chaque fois, ils expliquent avec un discours bien rodé : « *Le fonctionnement très artisanal du marché de l'hôtellerie est une réelle opportunité. Alors que presque tous les hôteliers tiennent une gestion occulte, nous sommes parmi les seuls à présenter des comptes prévisionnels d'exploitation et des comptes de résultats entièrement transparents. Nous pouvons vous présenter des prévisionnels fiables, parce qu'ils sont le fruit d'une expérience réelle et d'une gestion pointue. Le marché a besoin de neuf. L'économie se développe à grande vitesse et les hommes d'affaires ont besoin d'hôtels pratiques, confortables et sans surprise. C'est ce que nous leur apportons avec Novotel.* » Cette fois, le désert traversé par Paul Dubrule semble bien loin. Les établissements financiers sont nombreux à leur ouvrir leurs portes, jusque sous les lambris dorés de leur salle du conseil. Comme nous l'avons vu, la Société Générale est la première à les suivre. Maurice Lauré, son président, qui s'est déjà fait remarquer en inventant la TVA, y met cependant deux conditions. La première : que le dossier de Bagnolet soit restreint à six cents chambres au lieu de mille. La seconde : que Gérard Pélisson quitte toutes ses fonctions au sein de la compagnie IBM pour s'investir entièrement dans le projet Novotel. La Société privée de gestion financière, la banque Dreyfus, les Chargeurs Réunis entrent eux aussi au capital de Novotel. Au total, ce sont 22 millions de francs que les deux associés parviennent à lever en quelques mois. Au passage, leurs actions initialement souscrites à 100 francs sont valorisées à 275 francs. Une juste reconnaissance pour avoir osé un pari fou et travaillé sans relâche. Robert Larrivé présente un prévisionnel de 56 millions pour six cent dix chambres. Il faut encore emprunter 30 millions. Le Crédit hôtelier renouvelle sa confiance et finance 50 % avec un nouveau prêt de développement hôtelier. Le crédit national lui emboîte le pas. Le dossier financier est bouclé.

Mais les deux entrepreneurs gardent la tête froide. Ils n'acceptent de prendre un nouveau risque qu'après s'être assurés qu'il ne mettra pas en péril l'édifice tout entier. Ils mesurent tout l'enjeu du pari du Novotel de Bagnolet. Gérard se souvient des leçons que sa famille a tirées des événements douloureux du début du siècle : « *Les lendemains ne sont jamais sûrs. Il faut toujours prévoir des solutions au cas où le pire se présenterait.* » Si Bagnolet ne marche pas comme ils l'espèrent, il leur faudra puiser dans les bénéfices de quinze autres hôtels pour compenser les pertes de celui-là. Si la construction met trois ans au lieu de deux, les agios pèseront lourdement sur les comptes de la PME. Pour protéger le projet global, ils décident d'accélérer encore la construction d'autres Novotel standard. Bagnolet ne doit pas empêcher Novotel de se développer. Au contraire. Il faut encore accélérer. En cas de coup dur, la multiplication des petits hôtels pourra soutenir les éventuelles difficultés du gros-porteur. Ils confient à Stanislas Rollin le soin de lever les fonds pour les autres projets. Ne pouvant suivre seul tous les dossiers, Stanislas demande à Christian Lameloise, un collaborateur de la première heure, de le seconder.

Un détail de taille reste encore à régler. Il faut convaincre la mairie de Bagnolet que Novotel est le bon cheval et lui faire accepter une réduction de taille : passer d'un projet de mille chambres à seulement six cents. Corollaire immédiat : la valeur du terrain chute d'autant. La municipalité avait nourri de nombreux projets avec les 10 millions qu'elle escomptait tirer de cette opération. Sans parler des revenus fiscaux ultérieurs. Sans se démonter, les deux entrepreneurs proposent 5 millions. La moitié du prix ! Les réunions se succèdent à l'hôtel de ville et Gérard Pélisson troque ses cigarettes blondes contre des Gitanes : *« Il faut être Romain à Rome ! »*, lance-t-il à son associé qui s'en étonne. Dans le bureau de Jacqueline Chonavel, député-maire communiste de Bagnolet, les deux compères ne tarissent pas d'arguments : *« Nous recruterons exclusivement du personnel de Bagnolet ! »*, s'engage Gérard Pélisson. *« L'hôtel attirera des entreprises qui viendront s'installer à Bagnolet »*, ajoute Paul Dubrule. Finalement, le conseil municipal donne son aval au projet Novotel et le maire communiste de la ville cède le terrain pour 6 millions de francs, moyennant une petite réduction de sa superficie.

Le pacte de Fontainebleau

À ce stade, Paul Dubrule et Gérard Pélisson n'ont pas encore marié totalement leurs intérêts. Chacun contrôle des sociétés différentes qui exploitent une même marque et un même concept. Pourtant, une séparation reste encore possible. Paul est l'initiateur et l'architecte du concept Novotel dont il a peaufiné chaque détail. Gérard est plutôt un actionnaire très impliqué, mais sans fonction officielle de dirigeant. L'expérience aidant, il a acquis une confiance absolue en Paul. Il a l'intuition qu'ensemble, ils sont capables de bâtir une affaire importante. Pour avancer plus loin à l'unisson, une question attend encore sa réponse. Comment diriger à deux d'une même voix et dans une seule direction ? C'est Gérard qui met le premier le sujet sur la table : *« Paul, si je quitte IBM, comment va-t-on vivre les choses ensemble ?* » Point par point, ils discutent, échangent leurs positions parfois très contrastées, se chamaillent sur la valeur de la contribution de chacun. À deux, ils débattent des règles et des principes de leur association. Leur franc-parler les amène parfois à des discussions houleuses, mais finalement, sur chaque point, ils trouvent un accord !

Les deux hommes partagent une même ambition. Ils savent qu'ils vont devoir se confronter à des enjeux financiers sans cesse croissants. Ils savent aussi que de la cohérence de leur binôme et de l'image que les tiers auront de leur association dépend une bonne partie de leur réussite. Donner durablement le sentiment aux partenaires et aux collaborateurs que leur vision est commune et que leurs éventuels différends s'effaceront dans un même partage de valeurs est essentiel. Surtout, les deux hommes ne veulent pas donner le « change » et porter un masque qui illusionnerait leur entourage. Ils se projettent trop loin dans l'avenir et savent que l'illusion ne durerait qu'un temps. Leur défi, c'est d'être unis, durablement, et avec une sincérité qui ne prête pas le flanc aux doutes.

Paul et Gérard ressentent le besoin de s'isoler pour en parler. Loin du bureau et de l'agitation frénétique de Novotel. Régulièrement, ils se rendent en forêt de Fontainebleau pour échanger leurs points de vue. La plupart du temps, c'est Gérard qui propose une règle. Parfois, c'est l'inverse. À chaque fois, ils en parlent, se l'expliquent, lui donnent un sens. Par exemple : *« Paul, le principe de base de notre association doit être l'égalité. Une égalité stricte en tous points. Si ce n'est pas le cas et que l'un de nous prend le dessus sur l'autre, nous nous retrouverons au centre de jeux de cour qui nous perdront. Tant que nous sommes à égalité, nous serons à l'abri des flagorneries. »*

Chaque point est abordé, sans tabou. Quel salaire ? Quelles responsabilités ? Quels avantages ? Quels pouvoirs ? Paul et Gérard se mettent d'accord. Sur tous ces aspects, ce sera la stricte égalité. Ils seront coprésidents, avec le même salaire[1] et les mêmes avantages. Même taille de bureau. Même nombre d'actions de la société, la citation des noms en fonction de l'ordre alphabétique, etc. Et les conséquences ne se font pas attendre. Si leurs avis sont souvent contrastés, ils apprennent à se mettre d'accord. Lorsque, certains soirs, il leur arrive de se disputer, ils trouvent toujours une règle édictée d'un commun accord pour les réconcilier. Au prix de frustrations parfois importantes pour l'un ou pour l'autre, il en résulte une harmonie extraordinaire dans les choix et la façon de les mettre en œuvre. Les collaborateurs le comprennent vite. Et pour eux, voir Gérard ou Paul est égal. Chacun représente la présidence avec autant de légitimité.

Pour le reste, leur feuille de route est claire : foncer, occuper le terrain, devancer la concurrence. Il n'y a plus qu'à le faire. Pour assouvir les ambitions des deux associés, vingt-quatre heures sur vingt-quatre et trois cent soixante-cinq jours par an ne seront pas de trop.

Cap Novotel

Pour Gérard Pélisson, le temps est venu de quitter IBM. Lorsqu'il annonce à ses collaborateurs son départ de la fameuse compagnie pour rejoindre une petite société qui exploite quelques hôtels, il ne manque pas de susciter l'étonnement : « *Ce n'est quand même pas pour devenir hôtelier que cet homme quitte une situation aussi enviable !* » Sûr de son fait, Gérard n'écoute pas le chant de ces sirènes. En bon joueur de poker, il abat ses cartes et s'ouvre à sa hiérarchie de son projet de se lancer

---

1. Dans un souci de vérité historique, il convient de préciser qu'il faudra attendre quelque temps pour que cet équilibre soit complet. Bien qu'il ait accepté de réduire Même deux tiers la rémunération qu'il percevait chez IBM, en 1971, Gérard Pélisson perçoit une rémunération deux fois supérieure à celle de Paul Dubrule, dont le salaire sera aligné sur celui de son associé l'année suivante.

dans l'aventure Novotel. Ses patrons, qui savent qu'il s'agit d'un choix mûrement réfléchi, réagissent avec intelligence : « *Nous vous regretterons. Votre projet ne nous fait pas concurrence. Et puis, nous avions bien compris que votre décision était prise.* » La séparation est négociée à l'amiable et, en homme d'engagement, Gérard Pélisson met un point d'honneur à transmettre tous ses dossiers en cours avec tous les détails utiles. Ses camarades sont d'autant plus surpris qu'en intégrant Novotel en qualité de coprésident il réduit sensiblement son salaire. Mais cela n'a pas d'impact sur lui. Il est convaincu qu'avec Paul ils vont réussir à construire une grande entreprise et c'est cela qui l'anime. Il est décidé à se consacrer au développement de leur chaîne d'hôtels en France et en Europe. Une part de lui se met tout de suite à rêver à d'autres continents. Et pourquoi pas l'Amérique ? Paul comme lui n'ont qu'une envie : retourner sur le nouveau continent, mais la prochaine fois, ce sera en tant que conquérants et non plus comme étudiants.

Depuis la création de Novotel SIEH, et bien qu'il en soit officiellement le président, Paul Dubrule n'en détient qu'une seule action. Il possède 50 % de Devimco, qui exploite la marque Novotel, et 80 % de la SMN, qui possède les fonds de commerce des hôtels de Lille, Hénin-Beaumont, Valenciennes et Lomme. Gérard Pélisson possède 10 % de Devimco et détient avec ses amis associés 10 % de Novotel SIEH. Les deux hommes font leurs comptes et décident que les valeurs cumulées des apports sont équivalentes.

C'est au pied du mur qu'on juge le maçon

Sur le plan opérationnel, Paul et Gérard sont focalisés sur le dossier de Bagnolet, qui leur prend beaucoup de temps. Pour faire tourner les établissements déjà ouverts, ils s'en remettent aux équipes opérationnelles. Robert Larrivé et son équipe suivent les autres dossiers en phase d'étude ou de construction. Stanislas Rollin se débrouille avec ses collaborateurs pour trouver les financements nécessaires et superviser la gestion de tous les hôtels en exploitation. Alors qu'il sollicite de plus en plus souvent les établissements financiers pour de nouveaux investissements, le Crédit national finit par s'en étonner : *« Vous n'arrêtez pas de nous solliciter pour de nouveaux financements ! Jusqu'où voulez-vous aller ? Comment allez-vous trouver les ressources ? Présentez-nous un plan de développement si vous voulez qu'on continue à vous suivre ! »* Le directeur financier sait que pour poursuivre la croissance et trouver les financements corollaires, un tel document est fondamental. Complètement gagné par l'ambition de l'entreprise, il rédige un plan à cinq ans dans lequel il présente la croissance de Novotel, avec cinquante nouveaux établissements avant fin 1977. Craignant de s'aventurer seul dans cette voie, il présente son dossier à Paul Dubrule, qui réagit aussitôt : *« Stanislas, on ne vous a pas recruté pour écrire des dossiers et encore moins pour nous les faire lire ! Puisque c'est le Crédit hôtelier qui le réclame, qu'ils le lisent eux-mêmes ! C'est votre boulot. Moi, je n'ai pas de temps à consacrer à ça ! »* Stanislas obtempère et présente son document aux dirigeants de la banque. Pour s'assurer de la fiabilité de ce plan, le directeur de l'établissement de crédit demande à Maurice Simond, qui siège au conseil d'administration de Novotel, de lui donner son avis. Aussitôt, l'administrateur et ami de Gérard Pélisson lui remonte l'information. Surpris, Gérard convoque son directeur financier : *« Mais Stanislas, qu'est-ce qui vous a pris ? Écrire qu'on va construire cinquante nouveaux hôtels en cinq ans, vous voulez qu'on nous prenne pour des idiots ? »* Le responsable financier se justifie : *« La tendance est bien au-dessus de ce que j'ai présenté. Je crois que ce rapport est plutôt prudent. »* Gérard lui rétorque : *« Ce n'est pas une raison. On n'est pas crédible. Je sais qu'on fera beaucoup plus que cinquante hôtels, mais ce n'est pas une raison pour le crier sur les toits ! »* Stupéfait par les réactions très différentes de ses deux patrons, Stanislas en conclut qu'il n'a plus qu'à se débrouiller tout seul.

Robert Molinari, un camarade de Paul Dubrule, ancien commissaire de bord du paquebot France, est recruté pour diriger le développement et les ressources humaines. André Cœugniet est confirmé comme directeur de Lille Lesquin. Georges Le Mener et Claude Moscheni enchaînent les ouvertures. Pour tous ces hommes, c'est une occasion formidable de montrer ce dont ils sont capables et chacun d'eux se démène pour accomplir sa mission au mieux et satisfaire les patrons, qui leur font entièrement confiance. Jouissant d'une très large autonomie, ce sont leurs qualités entrepreneuriales qu'ils révèlent ainsi. Une chance qu'aucun d'eux n'a envie de laisser passer.

En 1971, Claude Moscheni est à Reims depuis trois mois pour aider la famille Fayet à démarrer son Novotel lorsqu'il reçoit un appel de Gérard Pélisson : « *On ouvre Lyon le mois prochain. Vous savez que c'est ma ville natale ! On a besoin de quelqu'un d'expérimenté pour faire l'ouverture. C'est un gros hôtel : cent chambres. On a pensé à vous. Dépêchez-vous de terminer avec Fayet. Vous faites vos bagages et vous partez pour Lyon.* » À peine arrivé, Claude recrute le personnel, dont le futur directeur, qu'il va former personnellement. Trois mois plus tard, c'est Lyon Nord qui est ouvert et c'est encore Claude Moscheni qui s'occupe de l'ouverture. Pour la cérémonie d'ouverture, faute de moyens importants, il joue l'économie. Il appelle Jacques Fayet : « *On a besoin de champagne pour l'ouverture. Pourrais-tu m'avoir quelques bouteilles gratuites ?* » Aussitôt, Jacques Fayet, qui a ses entrées au sein des grandes maisons champenoises, appelle le directeur de Laurent-Perrier : « *Je vous offre une occasion inespérée de prendre un gros marché avec Novotel. Il faudrait que vous m'envoyiez deux cent cinquante bouteilles de champagne au Novotel de Lyon Nord.* » Tous les directeurs d'hôtels et fournisseurs sont invités à l'inauguration, qui se termine très tard dans la nuit. Les deux cent cinquante bouteilles vidées, Jacques Fayet, qui ne manque jamais d'imagination, s'arrange pour faire servir dix-huit bouteilles de Laurent-Perrier Grand Siècle aux derniers convives, sans bourse déliée.

Des initiatives encouragées et des résultats récompensés

À la même époque, Georges Le Mener termine l'ouverture de Rennes. Paul Dubrule l'appelle : « *Nous avons un hôtel en face du siège social à Évry. Il affiche toujours complet et on a décidé de l'agrandir. Comme vous avez fait du bon boulot, avec Gérard on a pensé à vous pour en prendre la direction. Dépêchez-vous de boucler Rennes. On vous attend ici avec impatience.* » Le jeune homme comprend rapidement qu'il tient là une formidable occasion de côtoyer quotidiennement ses patrons et de montrer ce dont il est capable. L'extension est aussitôt programmée. En 1972, le Novotel d'Évry est le plus important en activité, avec cent quatre-vingts chambres. Georges le fait tourner à la perfection. L'hôtel est très vite rentable. Fort de ce succès, il se voit confier la supervision des hôtels de Fontainebleau et de Troyes, dont le béton est à peine sec. En qualité de directeur délégué, il est chargé d'épauler et de coacher les jeunes directeurs récemment promus.

Cette même année, Claude Moscheni est de retour dans sa région d'origine pour ouvrir Toulouse, vingt et unième établissement de la chaîne Novotel. Il sait qu'au développement il y a plus de vingt dossiers sur les tables de travail. Intuitivement, il comprend que cela va poser un gros problème : où trouver les directeurs d'hôtels ? Comment les former correctement quand les ouvertures s'annoncent à raison de deux par mois ? Il propose à Robert Molinari de monter un stage pour les futurs directeurs d'hôtels, en les recrutant par avance, pour partie à l'extérieur et pour partie en interne. Il demande aux directeurs d'hôtels déjà en fonction de lui envoyer leurs collaborateurs à potentiel. Robert Molinari le soutient immédiatement : « *Bonne idée. Allez-y !* » De retour à Évry, il passe voir Georges Le Mener : « *Claude Moscheni a eu une excellente idée. Je crois que vous devriez aller faire un tour à Toulouse pour vous en inspirer.* » Contrairement à l'habitude, le Novotel de Toulouse est ouvert avec une dizaine d'aspirants directeurs. Plus qu'une formation, Claude Moscheni y place un enjeu majeur : la validation des compétences de ces jeunes recrues. Pas question de promouvoir des personnes bien vues de leur directeur, mais dépourvues des compétences requises ou d'épaules assez larges pour assumer une future direction. Le principe : pas de formateur. Chaque candidat doit expliquer à ses pairs son point de vue et ses méthodes sur l'hébergement, la restauration, la réception ou la gestion. Résultat : ceux qui souffrent du syndrome de l'imposteur sont tout de suite démasqués alors que les éléments les plus brillants sont mis en lumière.

Un processus de sélection par les pairs

À l'issue du stage, Claude Moscheni reçoit individuellement chaque candidat. Ceux qui ont passé la semaine avec brio se voient félicités : « *Bravo. Votre stage s'est très bien passé. Je vais faire mon feed-back à la direction et, s'ils sont d'accord, vous serez bientôt nommé directeur d'un Novotel.* » Gilles Honegger, responsable du grill d'Évry depuis trois mois, est de ceux-là. Quelques semaines plus tard, après avoir entendu le rapport de Claude, Robert Molinari le nomme directeur de l'hôtel de Bordeaux. Il n'a que 27 ans. Aux autres, il explique : « *Cela n'a pas bien fonctionné cette fois-ci. Il vous manque de l'expérience et surtout de l'assurance. Retournez sur le terrain pour mieux vous former et on en reparlera peut-être plus tard.* » Parmi les candidats, Claude en a remarqué un qui s'est particulièrement distingué. Didier Gros vient d'être recruté par Robert Molinari, qui le pressent pour le poste de directeur du Novotel de Strasbourg, dont l'ouverture est imminente. Claude Moscheni le reçoit : « *Vous nous avez impressionnés. J'ai déjà appelé les présidents qui m'ont donné leur accord. On vous confie Strasbourg. Vous commencez lundi !* » Sur la route du retour, Didier est aux anges. Son rêve vient de se réaliser. Titulaire d'un simple brevet de l'école hôtelière, âgé de 26 ans seulement, il est directeur d'un hôtel. Ses surprises ne s'arrêtent pourtant pas là. Robert Molinari lui confie la mission de recruter personnellement son équipe et lui donne la signature sur le compte en banque de la société. Didier croit rêver. « *Ces gens me font entièrement confiance. Je ne peux pas les décevoir. »* Il se sent des ailes lui pousser dans le dos.

Un mois après l'ouverture, Gérard Pélisson lui rend visite. Didier, qui a été prévenu de la sensibilité du patron sur les chiffres, lui présente aussitôt le compte d'exploitation de son établissement, tiré au cordeau. Son patron l'analyse avec soin, puis lui dit : « *Bon, c'est bien. Vous n'avez besoin de rien ?* » Didier répond : « *Si, justement. Il nous manque quelques tables et quelques chaises pour mettre sur la terrasse, parce que je ne les ai pas reçues.* » Gérard Pélisson acquiesce : « *Achetez-les, soyez raisonnable, ne faites pas de dépenses inutiles. Je compte sur vous.* »

Après avoir déjeuné ensemble, Gérard Pélisson prend congé en saluant le personnel et poursuit sa route vers un nouvel établissement à inspecter. Didier réunit son équipe : « *Les patrons comptent sur nous. Ils nous font confiance. Moi je compte sur vous pour que cet hôtel marche le mieux possible.* »

Huit mois plus tard, une réunion au sommet a lieu à Colmar, en présence des deux présidents et de l'ensemble de l'équipe en charge des opérations. Tous les directeurs de la région sont présents, au garde-à-vous. Au cours de la réunion, les résultats de tous les hôtels sont passés en revue. Paul Dubrule pointe son doigt en direction de Didier Gros et lui demande de sortir de la salle. Dans le couloir, il lui dit : « *Comme vous avez fait du bon boulot à Strasbourg, alors qu'ici ça patine, vous allez devenir directeur délégué et superviser Colmar pour aider le directeur à s'améliorer. Bien sûr, vous conservez votre direction à Strasbourg. Cela vous convient ?* »

Une modélisation spontanée

Fin 1972, Novotel a cinq ans et déjà vingt-trois établissements en exploitation. Sept nouveaux permis de construire sont déposés. Bagnolet est en construction et doit ouvrir au printemps 1973. Douze nouveaux terrains sont en cours de négociation et vingt nouveaux sites sont étudiés. L'organisation opérationnelle, centrée sur un directeur d'exploitation, à qui reportent des dizaines de directeurs d'hôtels, a vécu. La première solution mise en place consiste à nommer des directeurs délégués qui supervisent un ou deux établissements en plus de celui qu'ils dirigent. Sans pouvoir hiérarchique, ces patrons d'hôtel qui ont fait leurs preuves sont chargés de coacher les plus jeunes ou ceux en difficulté. Mais ce n'est pas suffisant. Devant la croissance qui s'annonce, une organisation en région devient indispensable. Le directeur de l'exploitation propose à la direction générale de couper la France en quatre : la moitié Nord serait confiée à André Cœugniet, qui dirige Lille ; la moitié sud à Jacques Chenet, qui dirige Marseille. La région parisienne, qui rassemble un grand nombre d'établissements, est traitée à part. Claude Moscheni est proposé pour le nord et l'ouest parisien et Georges Le Mener pour le sud et l'est de la capitale et de sa périphérie. Paul Dubrule et Gérard Pélisson, qui ont pu juger personnellement des qualités et du dévouement de ces collaborateurs, donnent immédiatement leur accord.

Georges et Claude ne se connaissent presque pas. Tout au plus se sont-ils croisés lors de quelques inaugurations. Le seul dossier sur lequel ils ont travaillé de concert est celui de la formation des aspirants directeurs, à Toulouse, un an plus tôt. Pourtant, intuitivement, les deux hommes sentent qu'ils ont des choses à faire ensemble. Ils ont en commun d'avoir partagé l'ouverture d'une dizaine d'établissements aux quatre coins de la France. Ils se réunissent pour en parler. *« Puisque nous exerçons nos responsabilités sur des zones géographiques très proches, peut-être pourrions-nous optimiser nos organisations et mettre en commun certains moyens ? »* Au fil des mois, les deux hommes élaborent une organisation commune. Un an plus tard, ils décident de partager leurs équipes. Un seul directeur financier pour les deux zones, un seul responsable marketing, un patron pour la technique de tous les hôtels de la région parisienne, etc. Leur sensibilité personnelle y trouve l'occasion d'un épanouissement professionnel. Georges Le Mener supervise les ressources humaines et la formation, tandis que Claude Moscheni se concentre sur les opérations commerciales.

Les résultats ne se font pas attendre. La situation procurée par cette organisation originale est très stimulante et les équipes se démènent, d'autant plus qu'elles ont deux patrons sur le dos. Cerise sur le gâteau, cette organisation coûte moins cher que deux organisations séparées et permet plus de moyens, des personnels plus compétents et mieux payés. Un cercle vertueux ne tarde pas à s'initier, qui attire l'attention de la direction générale, laquelle n'avait pas été mise au courant. Paul Dubrule et Gérard Pélisson découvrent avec amusement et satisfaction que leurs lieutenants se sont inspirés de leur propre mode de fonctionnement pour élaborer le leur. Ils encouragent les deux hommes en ce sens et leur font d'autant plus confiance. Ce sera le début de deux carrières extraordinaires pour ces deux hommes aussi intelligents que dévoués. Après avoir partagé la responsabilité de la région parisienne, dès 1974, ils se partagent très vite la France, puis le monde, avec le développement de Novotel hors de l'Hexagone. Bientôt, leurs collaborateurs et même certains franchisés, devenus des partenaires fidèles, les surnomment « Claude Moschener et Georges Le Meni ».

La fête du travail

Pendant les deux ans que dure le dossier de Bagnolet, chez Novotel, il y a un peu deux équipes. D'un côté, certains poursuivent ce que Paul et Gérard ont mis en route, avec une autonomie qui effraierait nombre de chefs d'entreprise. Partout en France, les lieutenants des présidents investissent, construisent, recrutent, forment, exploitent de plus en plus de Novotel. L'année 1973 est l'une des plus fertiles dans l'histoire de la chaîne. Vingt nouvelles ouvertures sont déjà planifiées. Deux par mois ! Au total, c'est quarante-cinq hôtels à l'enseigne bleue qui accueilleront leurs clients avant Noël.

De l'autre côté, l'état-major de l'entreprise se concentre sur Bagnolet. Il faut tenir le budget, les délais. Il faut recruter, inventer une organisation pour cet immense paquebot. Compte tenu de l'enjeu, les présidents décident qu'ils doivent garder le contrôle direct des opérations de cet hôtel. Ils décident de recruter un directeur général, Henri Perret, qui leur répondra directement, sans intermédiaire.

C'est à Jean-François Lehodey, nommé directeur d'hébergement, que revient la lourde tâche de recruter et de former les deux cent cinquante personnes dont l'hôtel a besoin pour fonctionner. Des réceptionnistes, des femmes de chambre, des cuisiniers, des serveurs, des maîtres d'hôtel, des gardiens. Pour les postes à responsabilité, fidèle aux habitudes prises par les présidents, Jean-François se tourne vers les écoles hôtelières, ravies de trouver des débouchés pour leurs élèves. Pour les autres emplois, Gérard Pélisson rappelle qu'il s'est engagé auprès de la mairie de Bagnolet à recruter parmi la population de la ville. Pendant tout l'hiver, Jean-François reçoit des centaines de femmes de ménage, de manœuvres, de femmes au foyer, d'hommes d'entretien, de chômeurs. Convoqués à l'entrée du chantier, les candidats sont invités à chausser des bottes en caoutchouc pour se rendre jusqu'aux baraquements, où se déroulent les entretiens. Seul critère de sélection : la volonté de travailler et le courage indispensable pour l'accompagner. Pour le reste, Jean-François organise des formations entre les grues et les pelleteuses. Il s'agit d'apprendre le métier de serveur, de femme de chambre ou de cuisinier. Mais il s'agit aussi d'apprendre à se tenir correctement, à se présenter avec une tenue appropriée, pour les femmes à se maquiller, pour les hommes à se nettoyer les ongles. Des jeux de rôles sont organisés : « *Un client en colère s'adresse à vous. Comment lui répondez-vous ?* » Pour la pédagogie, Paul Dubrule donne des consignes claires : « *Il ne s'agit pas de critiquer ces personnes, mais de leur expliquer pourquoi ce que nous demandons est important.* » Se sentant pris en considération, chacun collabore, fait de son mieux, s'applique dans son nouveau métier.

Quelques éclats de rire permettent aux nouvelles recrues de comprendre que si les exigences de travail sont bien réelles, l'ambiance sera conviviale. Conséquence inattendue, pour la plupart de ces personnes, c'est la première fois qu'elles se sentent investies d'une vraie responsabilité. Au fil des mois, l'image que ces personnes ont d'elles-mêmes évolue. Lorsque Gérard Pélisson repasse pour les rencontrer, il est stupéfait. *« Jean-François, vous les avez transformées »,* confie-t-il au directeur d'hébergement.

Mardi 1ᵉʳ mai 1973, jour de la fête du travail, l'hôtel ouvre officiellement ses portes. Robert Larrivé a réussi l'exploit de tenir le délai avec un mois d'avance : vingt-trois mois au lieu de vingt-quatre. Pour le budget, il a accompli un miracle. Alors que la concurrence, le Sofitel de Sèvres, filiale de la Banque de Paris et des Pays-Bas, s'achève avec un an de retard et 40 % de dépassement de budget, ici, à Bagnolet, on a gagné deux millions sur le budget initial. La facture finale est de 54 millions de francs au lieu des cinquante-six prévus ! Fête du travail oblige, les premiers clients doivent attendre le lendemain pour déposer leurs valises dans leur chambre. Une semaine plus tard, Paul et Gérard organisent l'inauguration de leur vaisseau amiral. Collaborateurs, fournisseurs, élus, actionnaires, architectes, partenaires, franchisés, tout le monde est convié à une grande fête. Lorsqu'il reprend la route vers Strasbourg, Didier Gros, qui dirige l'hôtel alsacien depuis quelques mois, se sent une immense fierté d'appartenir à cette entreprise. Seul dans sa petite voiture, il mesure toute sa chance. L'ambiance très détendue, l'accessibilité du management, l'humeur joyeuse des présidents et les dimensions de l'hôtel de Bagnolet lui ont procuré un incroyable sentiment d'appartenance. Il pense à l'avenir. Dans ses rêves, il imagine que d'autres opportunités incroyables ne tarderont pas à se présenter.

Les leçons de l'expérience

La première expérience de formation du personnel a eu lieu à Toulouse, en 1972, lors du séminaire de formation et de sélection des aspirants directeurs. Rapidement, pour le management de Novotel, le principe de formation devient une évidence. À mesure que l'entreprise grandit, les besoins en matière d'apprentissage augmentent. Les présidents sont mis à contribution. Tantôt Paul Dubrule est invité à expliquer son concept ou son style de management. Tantôt Gérard Pélisson est invité à expliquer ce qu'est un compte d'exploitation, à parler de ses convictions humanistes. Parfois, ils viennent ensemble.

En matière de management, Paul Dubrule mobilise, responsabilise : « *À l'école hôtelière, pendant vos stages, on vous a appris que la seule méthode de commandement efficace est le coup de pied aux fesses. Eh bien c'est faux. Et surtout, ce n'est pas efficace. Vous devez expliquer à vos collaborateurs ce que vous attendez d'eux et surtout les convaincre que votre méthode est la bonne. Mais s'ils ont des idées intéressantes, vous devez aussi les écouter.* »

Gérard Pélisson explique à son tour : « *Le bénéfice qu'on peut escompter d'un hôtel qui marche bien dépend de trois facteurs principaux. Le premier est le résultat brut d'exploitation. Le suivant est le coût de la construction. Et le troisième est le taux d'intérêt avec lequel l'hôtel a été financé. Vous qui êtes directeur d'hôtel ne pouvez rien faire pour le coût de construction ni le taux d'intérêt. Il est trop tard, c'est déjà fait. Selon qu'on a bien fait notre boulot ou pas, le bénéfice changera. En revanche, le résultat brut d'exploitation est votre responsabilité.* » Et pour mieux se faire comprendre, il va au tableau et fait un schéma. « *Ici, ce sont vos ventes. Là, vos achats. En dessous, vos frais de personnel. Après, vous avez vos consommations d'énergie. Et à la fin, vous avez le résultat brut d'exploitation : le RBE. Il s'ajoute à ce que nous avons fait lors de la construction de l'hôtel. Vous êtes responsable du RBE* », insiste-t-il pour être sûr d'être bien compris. « *Si vous augmentez vos recettes et que vous baissez vos charges, vous augmentez le*

RBE. » Pour tous les directeurs d'hôtels, cet instant est une révélation. Ils comprennent instantanément que ce que l'on attend de chacun d'eux est d'atteindre au minimum le point d'équilibre, situé à 34 % du chiffre d'affaires. Un directeur qui sort un RBE à 40 % est cité en exemple. Celui qui se situe sous la barre des 30 % a intérêt à rester discret.

Novotel, une machine à former !

Le message passe si bien qu'au lendemain d'un séminaire un directeur augmente ses tarifs de 10 %. En pleine période de contrôle des prix, la société se retrouve à l'amende. Stanislas Rollin est effondré. Il s'en plaint à Gérard Pélisson, qui lui répond : « *N'oubliez pas que dans la société, les bacheliers se comptent sur les doigts d'une seule main ! Ces hommes sont dévoués à l'entreprise et c'est une grande qualité. Pour le reste, il nous suffit de les former. C'est votre boulot de leur expliquer. Vous ne pourrez jamais les empêcher de faire des erreurs. Arrangez-vous seulement pour qu'ils ne fassent pas deux fois les mêmes.* »

Avec la croissance vertigineuse de l'entreprise, il devient impossible aux présidents de continuer à jouer les professeurs. Une équipe de formation est recrutée. Équipée d'une camionnette et de matériel audiovisuel, elle se déplace d'hôtel en hôtel pour dispenser des cours de restauration, d'accueil des clients, de gestion, de sécurité, de management ou sur les nouvelles normes d'hébergement. Petit à petit, la formation devient un élément clé de l'entreprise. Le soir, les directeurs d'hôtels rentrent chez eux et expliquent à leur épouse ou à leurs enfants ce qu'ils ont appris. Ils vivent Novotel, dorment Novotel, rêvent Novotel.

En réaction, les épouses se rebiffent. Elles n'en peuvent plus d'entendre parler de Novotel et de son RBE à la maison. Quelques-unes se réunissent et organisent le RBF, le « ras-le-bol des femmes » ! Elles organisent des réunions entre elles pour faire la fête. Bientôt, les conjoints s'y invitent et même la hiérarchie est conviée à des week-ends complets de détente et de plaisanteries bon enfant. L'idée est contagieuse et peu de temps après, les comptables organisent eux aussi leurs petits week-ends festifs. Comprenant qu'il s'agit d'un vrai besoin du personnel et aussi d'une magnifique occasion de renforcer la cohésion, Paul Dubrule et Gérard Pélisson décident d'organiser les conventions annuelles de Novotel. Cela tombe à pic : le rythme effréné des ouvertures ne permet plus de rassembler les collaborateurs à chaque nouvelle inauguration. Or les deux patrons ressentent le besoin de parler à leurs équipes. La première édition des « Conventions Novotel » a lieu à Reims, dans le Novotel de la famille Fayet. Avec un mélange d'humour et de sérieux, Gérard Pélisson rappelle l'importance du RBE. Pour changer, Paul Dubrule parle de salles de bains. Les épouses et la bonne humeur sont invitées à ces grandes fêtes annuelles.

Ces séminaires procurent aux collaborateurs un sentiment de puissance, voire d'invulnérabilité. Un stand avec des têtes à l'effigie des présidents est improvisé. Chaque collaborateur est invité à leur jeter des pommes de terre. Paul et Gérard passent devant. Surpris, ils rient de bon cœur. Il faut bien se détendre ! Rien ne peut plus arrêter ces hommes, sortis pour la plupart d'une simple école hôtelière de province. Progressivement, le corps des directeurs d'hôtels prend une importance considérable, au point de devenir en quelques années un véritable État dans l'État.

Au fil des ans, la formation devient un élément majeur de la culture du groupe. L'expérience de l'équipe itinérante rencontre un immense succès. Une seconde équipe est formée et dotée elle aussi d'une camionnette. Puis une troisième. L'idée d'un vrai centre de formation, basé au siège, à Évry, s'impose progressivement. Paul Dubrule, qui croit que la formation est un vecteur de performance et d'estime de soi pour les collaborateurs, s'y implique avec énergie, secondé efficacement par Georges Le Mener, passionné par le sujet. Progressivement, les besoins de formation au management se font de plus en plus sentir. Des stages spécifiques au management hôtelier sont mis au point. Pendant plusieurs années, les deux hommes, entourés d'une équipe de formateurs internes et de consultants indépendants, portent ensemble sur les fonts baptismaux ce qui deviendra quelques années plus tard l'Académie Accor.

Longue vie à Courtepaille

Deux ans ont déjà passé depuis le lancement des trois premiers fast-foods Dinocroc. Lors de la seconde assemblée générale, le bilan n'est pas très positif : le concept semble trop innovant pour le marché français, qui le boude. Pour devenir compétitif, il faudrait augmenter considérablement le nombre de restaurants et créer une centrale d'achat de produits frais. Autour de la table, le constat est unanime : mieux vaut renoncer plutôt que de s'entêter dans une aventure dont personne n'entrevoit clairement l'avenir. Pourtant, un problème préoccupe Gérard Pélisson : « *Arrêter une affaire est une chose. Mais que vont devenir ces collaborateurs qui se sont investis sans compter dans cette aventure et qui ne sont pas responsables de cet échec ?* » Chacun réfléchit à une issue possible. Pourquoi ne pas leur proposer d'intégrer les équipes Novotel ? Dans les échanges, une autre idée apparaît. Depuis sa première rencontre avec Paul Dubrule, Jean Loisier, le patron de la petite chaîne de restaurants Courtepaille, a bien développé son affaire. Quatorze restaurants sont déjà implantés sur le territoire français, essentiellement le long des routes nationales qui sillonnent le pays. Autour de la table, chacun sait que Courtepaille est une entreprise saine, qui a réussi à trouver une clientèle fidèle et surtout une rentabilité récurrente. Gérard Pélisson se propose de prendre contact avec le patron de la petite chaîne de restaurants.

Alors, Gérard appelle Jean Loisier : « *Je dois rendre visite à ma mère à Lyon et j'aurais grand plaisir à m'arrêter pour vous revoir.* » Quelques jours plus tard, avec son épouse Suzanne, Gérard se rend spécialement à Avallon (Yonne), au siège de l'entreprise de restauration. Ce que le chef d'entreprise sait, c'est que Jean Loisier ne souhaite plus développer son affaire, de crainte de ne plus pouvoir la contrôler.

Honorés par la visite du coprésident de Novotel, Arlette et Jean Loisier lui proposent de dîner chez eux, plutôt que dans leur restaurant. Dès l'apéritif, Gérard se lance sans détour : « *Vous avez là une bien belle affaire. Votre produit est excellent. Ce serait dommage de ne pas la développer. De notre côté, nous avons besoin de restaurants à proximité de nos hôtels. Pensez-vous que nous pourrions envisager un rapprochement ?* » Le patron de la PME répond immédiatement : « *Merci pour vos compliments, mais, comme vous le savez, mon affaire se porte très bien et n'est pas à vendre.* » Le dîner se passe et les quatre convives conversent de sujets sans importance. À la nuit tombée, Jean Loisier propose à Gérard Pélisson et à son épouse de dormir chez eux, plutôt que de reprendre la route vers Lyon à une heure aussi avancée.

Le lendemain matin, au petit déjeuner, le patron bourguignon revient sur le sujet de l'avenir de son affaire : « *J'y ai bien réfléchi et en ai longuement parlé avec mon épouse cette nuit. Votre proposition pourrait nous intéresser, mais pas à moins d'un milliard*[1] *!* » Des négociations sont aussitôt engagées et quelques mois plus tard, Novotel SIEH et la Société Louis Dreyfus créent une nouvelle filiale pour prendre le contrôle de la chaîne Courtepaille. La transaction porte sur 80 % du capital pour 8 millions de francs. Jean Loisier, prudent, conserve 20 % du capital et le restaurant d'Avallon en propre, au cas où l'association mènerait la chaîne qu'il a créée dans l'impasse. Gérard Pélisson, Jean Pinchon et Paul Dubrule confient à Jean-Pierre Joncat et

---

1. Il s'agit d'un milliard d'anciens francs ou d'un milliard de centimes de l'époque, soit 10 millions de nouveaux francs. Le passage au nouveau franc est alors encore récent et beaucoup de personnes comptent toujours en ancien francs, surtout pour les sommes importantes.

à sa petite équipe la mission de développer la chaîne Courtepaille sur le territoire national, sans changer quoi que ce soit au concept : « *Votre mission est de copier à l'identique, sans aucune innovation. Avec les mêmes petites maisons, le même emplacement pour la table d'hôtes, la même carte. Tout doit être exactement à l'identique. Même l'emplacement du cendrier sur la table ne doit pas changer. Parce que personne parmi nous ne sait ce qui fait qu'un restaurant marche ou ne marche pas !* »

Cette fois, l'équipe de Jean-Pierre Joncat a enfin l'occasion de prouver ce dont elle est capable. Aussitôt, le développement des restaurants Courtepaille passe à la vitesse supérieure. Tous les deux mois, un nouvel établissement est inauguré. Partout en France, les petites maisons rondes au toit de chaume deviennent le symbole d'une restauration économique et chaleureuse, avec ses grillades au feu de bois.

VII

À toute vapeur

Lorsqu'ils ne sont pas en voyage, Paul Dubrule et Gérard Pélisson se réunissent quotidiennement. Leurs bureaux respectifs sont mitoyens. De temps en temps, l'un passe la tête par l'entrebâillement de la porte de l'autre et, presque comme dans une forme de rituel complice, ils partagent leurs idées du jour. Les deux hommes peuvent être satisfaits de leur réussite : cinq ans après l'ouverture du premier hôtel à Lesquin, le drapeau Novotel flotte sur vingt-trois établissements. Plus de cinq cents collaborateurs contribuent quotidiennement au succès de l'entreprise, en tirent revenus et fierté. Des dizaines de milliers de clients y ont trouvé le repos, le calme et le confort. L'équipe Novotel pourrait légitimement s'en satisfaire et ralentir sa croissance vertigineuse.

Une soif de conquête

L'expérience que Gérard Pélisson a accumulée chez IBM, lorsqu'il y était directeur des études et de la planification leur évitera cette tentation. Au sein de la compagnie informatique, le cycle de vie des produits avait fait l'objet d'études très poussées. Les ingénieurs en avaient tiré un modèle : la « *learning curve* ».

Selon ce modèle, le lancement d'un produit sur un territoire donné est assez lent (1). Cette première phase est l'occasion de

perfectionner le produit et de vérifier que le marché réagit posi-
tivement. Dès que cette phase est achevée, il faut mettre toute
la puissance pour prendre le plus vite possible une importante
longueur d'avance sur la concurrence (2). Enfin, lorsque le territoire est occupé, le cycle commence à redescendre (3).

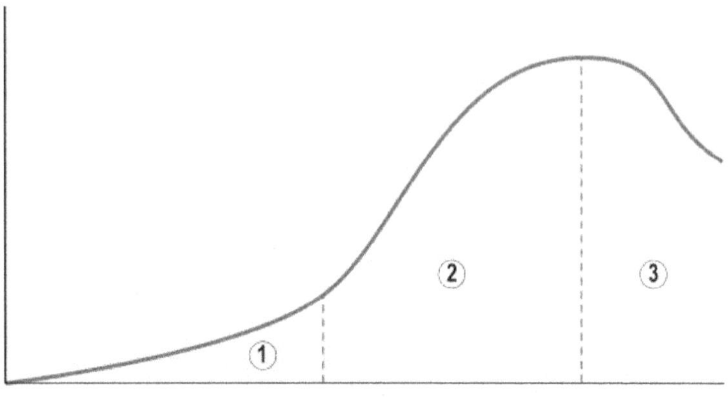

La « learning curve »

La construction des Novotel en France obéit parfaitement à
cette loi : un établissement en 1967, un autre en 1968, un troisième en 1969, quatre en 1970, sept en 1971, vingt en 1972
et 1973, dix-neuf en 1974. Dès 1975, les premiers signes de
ralentissement apparaîtront. À partir de 1978, la croissance
de la chaîne Novotel chutera à moins de dix ouvertures en
moyenne par an.

L'ancien directeur du plan d'IBM Europe a eu plusieurs fois
l'occasion de vérifier que, pour maintenir une activité globale
en croissance, il fallait lancer de nouveaux produits dès la fin
de la première période. Ainsi, la croissance en phase 2 de la
nouvelle génération compense la décroissance en phase 3 de
la précédente. Paul et Gérard comprennent très vite qu'ils ne
pourront pas construire toujours plus de Novotel en France.
Pas question pour autant de ralentir la croissance de l'entreprise. Pour poursuivre leur développement, dès le début,
les fondateurs de Novotel réfléchissent à deux solutions :

l'international ou une seconde chaîne d'hôtels deux étoiles. Ils s'interrogent : « *Par quoi va-t-on commencer ?* » Chacun avance des arguments en faveur de l'une ou l'autre des deux options. Finalement, ils optent pour une option audacieuse : « *Nous n'avons qu'à faire les deux !* »

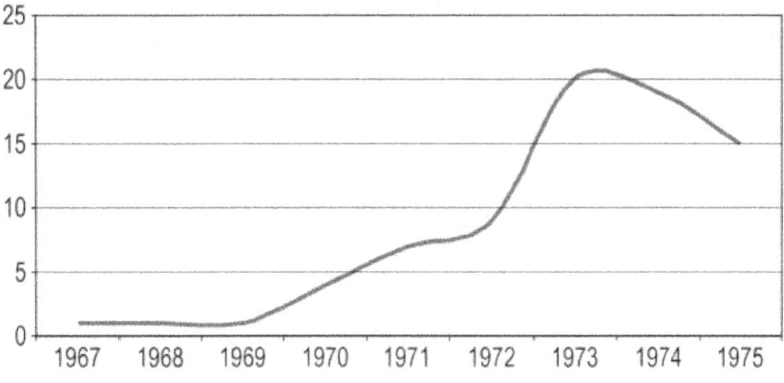

Courbe des ouvertures de Novotel en France de 1967 à 1975

Les débuts chaotiques de Novotel International

Dès 1970, les entrepreneurs se tournent vers l'Europe pour y trouver de nouveaux débouchés. Compte tenu des contraintes drastiques du contrôle des changes[1], il est impossible de financer des investissements significatifs hors de l'Hexagone. Le beau-frère de Paul, Pierre Allain, est résident en Suisse. Il suggère aux deux patrons d'y créer une seconde holding. Gérard Pélisson rédige pour l'occasion une troisième brochure pour tenter de rassembler de nouveaux actionnaires. La crédibilité de Novotel SIEH et de ses deux cofondateurs leur permet de les convaincre facilement. Quelques mois plus

---

1. À cette époque, le gouvernement français interdisait aux entreprises françaises d'investir plus de 1 million de francs à l'étranger sans demander préalablement une autorisation, qui pouvait parfois mettre des mois, voire des années à arriver.

tard, la société Novotel International est créée. Son siège est basé à Fribourg, en Suisse, et Novotel SIEH n'en possède que 5 %. Une première expérience à Neuchâtel tourne au fiasco. Comme à l'accoutumée, l'hôtel est construit à proximité de la sortie d'une autoroute en construction. Problème, la construction de l'autoroute est abandonnée, faute de crédits. Il faudra vingt ans pour que cet hôtel trouve sa rentabilité ! En Belgique, un problème écologique stoppe la construction du premier Novotel de Bruxelles. Avec l'indemnité versée par le gouvernement belge, un autre hôtel est construit à proximité de l'aéroport. En Grande-Bretagne, un correspondant anglais, Peter Charles, offre ses services de prospecteur aux dirigeants de Novotel. Il leur propose tout d'abord de s'associer à un ancien boxeur fortuné. Les trois hommes ne s'entendent pas et la catastrophe est évitée de justesse. Malgré les difficultés, les deux fondateurs de Novotel sont persuadés qu'il faut persévérer. Ils sont déterminés à réussir, même si, comme le déclare Gérard : « *Contrairement au dicton, il n'y a jamais que dans son propre pays qu'on peut jouer au prophète.* »

Les deux coprésidents sollicitent leurs amis et relations pour trouver des options de développement en dehors de l'Hexagone et même de l'Europe. En Italie, ils s'associent à un homme d'affaires qui leur promet de grands développements. Ils prennent 65 % du capital et construisent un premier Novotel à Bologne. L'association ne fonctionne pas et Novotel rachète finalement la participation de son associé. C'est aux Pays-Bas que le premier succès de Novotel International voit le jour. Une riche famille d'industriels propose une association à 50/50 pour y développer le concept. La croissance y est rapidement importante et les taux de remplissage sont excellents. À la même époque, Pierre Allain, qui possède un petit avion, propose ses services pour explorer le continent africain. Il en revient avec un contrat de management pour gérer, à la demande du gouvernement camerounais, le Sheraton de Yaoundé, ainsi qu'un projet de Novotel à Pointe-Noire au Congo. Le gouvernement congolais en assure le financement.

Être créatif, rester sage et continuer de croire au Père Noël

Yves Bertrand, qui connaît le Brésil, propose à Paul Dubrule de s'y rendre. Il est persuadé que Novotel peut s'y implanter et se développer. Un voyage est organisé et Paul visite plusieurs implantations possibles. À son retour, il explique à Gérard : « *C'est trop compliqué. Je ne vois pas comment on pourrait réussir à se développer là-bas avec une telle distance.* » Les deux associés en sont convaincus. Il y a probablement un potentiel, mais c'est trop loin et ils ne voient pas à qui ils pourraient confier le développement de Novotel dans cette région du monde. Ils décident de refermer le dossier Brésil et de se concentrer sur des régions plus accessibles.

Une semaine plus tard, un cadre dirigeant de la Société Générale, administrateur de Novotel, appelle les présidents : « *J'ai dans mon bureau Jean Larcher, un jeune homme de 35 ans, polytechnicien, avec une bonne expérience du Brésil, qui cherche de nouvelles opportunités. Je lui ai parlé de Novotel et il aimerait bien vous rencontrer.* » Les deux présidents le reçoivent sur-le-champ et décident de lui faire confiance. À peine une semaine après avoir été refermé, le dossier Brésil est rouvert. Quelques mois plus tard, un projet de Novotel est à l'étude à São Paulo. Deux autres suivent rapidement. Il sera impossible de les amener à la rentabilité, à cause de l'inflation galopante de ce pays. La catastrophe est évitée grâce à une nouvelle association avec la société Louis Dreyfus, bien implantée dans cette région du monde.

La stratégie habituelle des coprésidents — « on fonce et on fait le tri plus tard » — est mise à rude épreuve. Les déceptions sont plus nombreuses que les réussites. Les opportunités sont bien réelles, mais les difficultés immenses, même si de temps en temps, un succès inespéré vient les galvaniser. Sagement, ils comprennent que la réussite à l'international reste accessible, mais qu'il leur faudra plus de temps qu'ils ne l'avaient espéré. Face à ces épreuves, Paul et Gérard envisagent une troisième option : la croissance externe. À cette époque, de nombreuses petites chaînes d'hôtels fleurissent un peu partout en Europe. C'est le cas de Sofitel, une chaîne d'hôtels quatre étoiles, filiale de la Banque de Paris et des Pays-Bas[1]. Elle ne compte qu'une poignée d'hôtels haut de gamme, dont le premier a été inauguré à Strasbourg en 1964. Mais, à ce stade de leur croissance, les moyens dont dispose Novotel sont encore limités et les présidents ne se sentent pas prêts à se lancer dans une telle acquisition. Les tentatives de rapprochement ne sont suivies d'aucun projet. Ils envisagent une joint-venture avec les hôtels Méridien et contactent la direction d'Air France, qui répond qu'elle préfère garder le contrôle complet de ses établissements.

À la même époque, le gouvernement polonais, sous régime stalinien, décide de faire du tourisme un nouvel axe stratégique. Le ministre polonais du Tourisme sillonne les routes occidentales et visite de nombreux hôtels. Il est séduit par le concept Novotel, qu'il découvre à Nantes. À l'occasion d'une visite officielle, il rencontre Robert Molinari à Paris et lui annonce qu'il est acheteur de la marque et du concept. Robert appelle aussitôt ses patrons : « *Vous me payez le billet d'avion ?* » Gérard Pélisson répond : « *Je ne crois plus au Père Noël, mais si tu penses que c'est sérieux, c'est d'accord.* » Quelques mois plus tard, une invitation officielle du gouvernement polonais arrive au siège de Novotel. Cette fois, Gérard Pélisson prend la proposition au sérieux et accompagne son collaborateur à Varsovie, où ils sont reçus avec tous les honneurs.

Le ministre leur explique : « *Nous souhaitons développer un tourisme intérieur, mais également ouvert aux visiteurs des pays communistes voisins, ainsi qu'aux touristes occidentaux. Nous avons visité deux de vos établissements et souhaitons construire dans les plus brefs délais six Novotel dans les principales villes de Pologne, à*

---

1. Qui a fusionné avec la Banque Nationale de Paris pour former le groupe BNP-Paribas.

l'identique de ceux que nous avons visités en France. Le gouvernement nous donne tous les moyens pour réussir ce projet. Vous devez choisir les implantations, nous fournir les plans et amener avec vous les entrepreneurs, leurs ouvriers, les matériaux, les équipements, le sable et les brouettes. Tous les moyens du pays sont consacrés à la défense et aux industries lourdes, mais nous avons des crédits exceptionnels pour développer le tourisme. Il faut aller très vite. »

Dix-huit mois plus tard, six Novotel sont en construction sous la direction des équipes de Robert Larrivé. La formation, l'assistance au management et même les ouvertures sont confiées aux équipes de Novotel. Payé rubis sur l'ongle en dollars américains, Novotel International compense avec le dossier polonais les pertes subies dans d'autres pays.

Nouveau défi

Dès 1972, en même temps qu'ils font leurs premières expériences à l'international, les coprésidents envisagent de se lancer à l'assaut de l'hôtellerie deux étoiles. Les entrepreneurs en sont persuadés : si les hommes d'affaires et les chefs d'entreprises recherchent le confort des trois étoiles, les voyageurs de commerce et les particuliers préfèrent des solutions plus économiques. Or, le marché n'offre rien de plus fameux que sur le segment des trois étoiles, avant que Novotel ne s'en occupe. La décision est prise de concevoir un nouveau concept. Comme d'habitude, l'idée est simple : le marché propose des prestations de mauvaise qualité pour des tarifs inférieurs de 30 à 50 % à une chambre dans un Novotel. Le but est d'offrir à cette même clientèle des prestations de qualité pour un prix diminué du tiers. En résumé, il s'agit de concevoir des chambres un tiers plus petites, avec une étoile en moins pour un prix 33 % plus faible, tout en conservant un haut niveau de qualité.

Avant de se lancer dans cette nouvelle aventure, un sérieux problème reste à solutionner. Les normes de l'hôtellerie en vigueur imposent qu'un bidet soit installé dans 70 % des chambres d'un hôtel deux étoiles. Or, Paul sait très bien qu'il ne sera pas possible de loger un bidet dans une salle de bains dont la surface sera inférieure à celle des chambres de Novotel. La seule solution est d'obtenir que la norme soit modifiée. Il demande audience auprès de Marcel Antonioz, ministre du Tourisme et maire de Divonne-les-Bains, pour lui exposer son problème : « *Pour concevoir des hôtels deux étoiles économiques, il nous faut réduire l'espace sans nuire au confort du client. Or, la loi nous impose de mettre un bidet dans chaque chambre, alors que nous y mettons une baignoire. Ne pourrait-on pas assouplir la loi ou l'adapter ?* » Comme à son habitude, le chef d'entreprise ne se laisse pas impressionner par le statut de son interlocuteur. Il argumente, insiste, développe son point de vue. Excédé devant tant d'insistance, le ministre s'énerve : « *C'est hors de question. Personnellement, je me lave dans le bidet et, tant que je serai ministre, il y aura un bidet dans tous les hôtels !* »

Nouveau gouvernement, nouvel essor

Lorsque Jacques Médecin devient ministre du Tourisme, en 1974, Paul Dubrule lui demande aussitôt audience et défend une nouvelle fois son point de vue. Le ministre estime que modifier la loi sera long et compliqué. Il propose l'édiction d'une nouvelle catégorie : les « hôtels deux étoiles Nouvelle Norme ». Pour obtenir ce label, chaque chambre doit posséder sa propre salle de bains. En contrepartie, l'obligation d'avoir un bidet disparaît.

Cette fois, les coprésidents savent qu'ils peuvent foncer sur l'hôtellerie économique. Paul Dubrule y trouve l'occasion de revivre l'excitation de ses débuts avec Novotel. Mais, cette fois, un élément fait toute la différence. Il dispose d'un capital précieux : les années passées à étudier le concept Novotel lui ont apporté une connaissance globale du marché de l'hôtellerie.

Pour y travailler, il s'entoure d'une équipe d'experts de premier ordre. Robert Larrivé et Francis Mamet prennent en charge la composante technique. Yves Paulmier, qui vient d'intégrer le groupe, et Georges Le Mener, qui a enchaîné les ouvertures d'hôtels depuis trois ans, apportent leur expérience. Gérard Pélisson passe de temps en temps leur rendre visite. Il est impressionné par le professionnalisme de l'équipe qui travaille à ce nouveau projet avec une extrême minutie. Il distribue ses encouragements : *« C'est important, ne vous relâchez pas. Il faut travailler le produit jusqu'au bout, dans ses moindres détails. Nous pouvons et devons réussir aussi brillamment qu'avec Novotel. »*

Un pragmatisme à toute épreuve

Si l'idée qui préside à la création d'Ibis est simple, la mise au point du produit l'est déjà beaucoup moins. Une chambre 33 % plus petite ne signifie pas que tout sera plus petit. Passer d'une chambre de vingt-trois à seize mètres carrés est une chose. Mais la taille du lit ne peut pas être réduite. L'épaisseur des murs non plus. En matière d'isolation, l'équipe ne fait aucune concession : *« Si nous réduisons l'isolation, nous le paierons en chauffage. Ce n'est pas un bon calcul. »* Pas question non plus d'augmenter les nuisances sonores entre les chambres ou de réduire la taille du couloir qui y mène. Comment faire pour réduire le coût de construction de 30 % ? Autour de Paul Dubrule, la petite équipe s'agite.

Rapidement, les choix sont faits : impossible de financer un poste de comptable. La comptabilité sera centralisée. Pas de compte client. Il faudra réclamer le paiement à l'entrée de l'hôtel. Un central téléphonique coûte trop cher. Une cabine des PTT est installée dans le hall. Le mobilier des chambres est réduit au minimum indispensable. Résultat, en quelques mois, les grandes lignes du produit sont définies. Quel nom donner à cette nouvelle chaîne ? Paul précise : *« Les enseignes coûtent très cher. Il faut un nom court. Pas plus de quatre ou cinq lettres ! »* Ce sera Ibis. Gérard Pélisson ajoute que les points sur les deux « i » seront les étoiles.

Aller jusqu'au bout de ses idées

Mais Paul Dubrule n'est pas encore satisfait. Pour que l'exploitation soit simplifiée et que les coûts soient réduits, il veut automatiser au maximum. Il repart aux États-Unis, chez ses anciens collègues de la NCR : « *Vous m'aviez dit que vous prépariez une caisse enregistreuse automatisée dédiée à l'hôtellerie. Où en êtes-vous ?* » Mais chez NCR, l'hôtellerie est beaucoup moins stratégique que la distribution. Pas de caisse pour satisfaire les besoins d'Ibis. Toujours aussi tenace, Paul Dubrule poursuit ses investigations. SWEDA, un concurrent de NCR, aurait une caisse qui pourrait satisfaire ses attentes. Nouvelle surprise : il y a bien une caisse automatisée conçue pour les métiers de l'hôtellerie, mais le programme de la machine ne permet de gérer que vingt-cinq références. Paul donne à Georges Le Mener la mission de rentrer tous les produits Ibis dans la machine. Étonné, Georges répond : « *Ce n'est pas possible ! Il y a plus de cinquante références dans l'exploitation d'Ibis !* » Têtu, le patron rétorque : « *Ce sera forcément possible, puisqu'on n'a pas le choix. Il n'existe aucune autre machine avec plus de vingt-cinq références !* » Les deux hommes se mettent au travail pour rationaliser le catalogue des hôtels. Le choix des bouteilles d'eau se réduit à une seule demi-Évian. De cinq vins différents proposés à la carte, on passe à deux. Le petit déjeuner-buffet n'est plus qu'à un seul tarif. Plus d'options. Résultat, les besoins en formation des personnels sont réduits d'autant, le back-office se résume à compter les recettes, et la gestion de l'hôtel est d'une simplicité déconcertante. La rentabilité annoncée gagne d'autant. L'expérience montrera bientôt qu'elle sera supérieure à celle de Novotel, ce qui ne manque pas de réjouir Gérard Pélisson.

Pour les deux coprésidents, il reste une question épineuse à régler : à qui confier le développement de cette nouvelle chaîne ? Pour les exploitants de Novotel, c'est évident : « *Il faut continuer à réfléchir en région. Les directeurs régionaux de Novotel doivent prendre en charge le développement d'Ibis.* » Mais

Gérard Pélisson voit les choses autrement : « *Si nous mélangeons les deux marques, les directeurs régionaux développeront celle qu'ils préfèrent et délaisseront l'autre. Novotel a un gros capital affectif pour ces hommes. Ibis ne décollera pas. Il faut deux structures différentes et deux managements différents. En plus, ça permettra de les responsabiliser avec des objectifs clairs.* »

Yves Paulmier devient le premier patron d'Ibis. Il inaugure le premier établissement fin 1974 à Bordeaux. Le succès est immédiat. Comme pour Novotel, une société est spécialement constituée pour développer cette nouvelle chaîne. Problème : SIEH n'a pas les moyens de financer ce nouveau développement. Paul Dubrule et Gérard Pélisson recherchent de nouveaux investisseurs partenaires. Jean Lamey, président du groupe La Hénin, filiale de Suez, est passionné par le projet. Il propose la création d'une nouvelle société, baptisée Sphère, dans laquelle Novotel SIEH prend une participation de 10 %, avec une option pour quarante autres pour cent. À partir de 1975, Robert Molinari, longtemps patron de l'exploitation Novotel, devient président de la filiale chargée de promouvoir la marque Ibis. En quelques années, les ouvertures Ibis dépassent celles de Novotel, dont le rythme se maintient grâce aux implantations internationales.

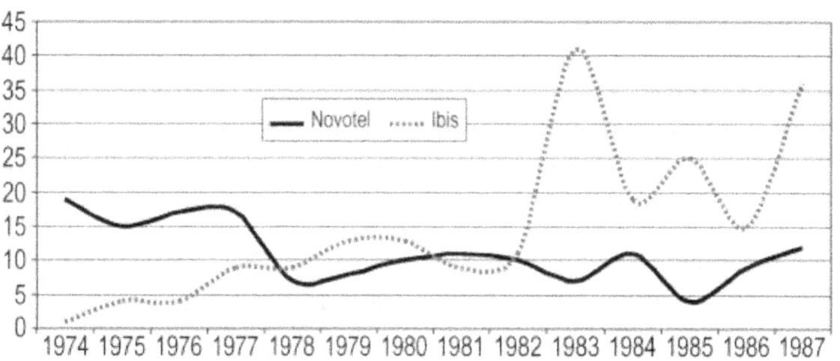

Courbe des ouvertures Novotel et Ibis de 1974 à 1987

Le Mercure chauffe

Le développement de Novotel International, la construction de Bagnolet, la conception d'Ibis… Chacun est affairé à gérer un dossier stratégique. Personne ne remarque qu'en coulisses un homme se prépare discrètement à faire cavalier seul. Un samedi soir de décembre 1972, Paul Dubrule invite quelques collaborateurs à dîner chez lui. Alors que le dîner s'achève, Bernard Mignard prend Paul à part et lui explique qu'il s'apprête à quitter Novotel pour fonder sa propre chaîne d'hôtels trois étoiles. Son projet est simple : construire des hôtels qui répondent mieux à sa vision, avec un décor plus soigné et une ambiance plus chaleureuse. Étonné, le patron fait promettre à son collaborateur de ne débaucher aucun personnel de Novotel. Paul appelle Gérard dès le dimanche matin pour le mettre au courant. Les deux présidents accusent le coup. Ils s'interrogent : *« Le marché est-il capable de supporter deux chaînes concurrentes sur le même segment ? »* Une inquiétude les saisit.

Le lundi à 10 heures, nouveau coup de théâtre. Gérard Pélisson découvre que Mignard a persuadé les deux frères Richet et Christian Lameloise de le suivre dans son aventure. Les deux présidents de Novotel se sentent trahis par ceux à qui ils avaient accordé leur confiance. Ils comprennent aussi que « TWA » partait dans toutes les directions avec un véhicule et du carburant appartenant à Novotel pour travailler à la création d'une société concurrente. Ulcéré par la méthode, Paul Dubrule pique une colère et ordonne à Bernard Mignard de rendre immédiatement les clés de sa voiture de fonction. Par la fenêtre de leur bureau, beaucoup s'étonnent de voir leur collègue repartir à pied, alors que le siège de Novotel est situé au beau milieu de la campagne francilienne.

Copiant le modèle de ses anciens patrons, Bernard Mignard s'associe avec Michel Vincent pour codiriger la chaîne d'hôtels Mercure. Le premier établissement est inauguré en grande pompe en mai 1973 à Survilliers, au nord de Paris. Juste en face du Novotel. Mais les deux hommes font une erreur. Ils méconnaissent le besoin de passer par une phase d'expérimentation avant d'accélérer. En deux ans, quatorze hôtels Mercure sont ouverts. Très rapide pour un nouveau concept ! Trop rapide. La clientèle n'a pas le temps de comprendre la différence. Surtout, le produit n'est pas assez fini. De nombreuses erreurs de conception handicapent son exploitation. Pour survivre, Mercure est contraint de livrer une bataille commerciale à Novotel. Le risque d'une guerre des prix plane dans les esprits. Au point que les patrons de Novotel commencent à s'en inquiéter très sérieusement. Gérard Pélisson tient à cerner la psychologie de son concurrent. Il connaît déjà Mignard et le sait capable de s'agiter. Qu'en est-il de son associé ? Il décroche son téléphone et appelle Michel Vincent : *« Nous sommes concurrents, mais aussi confrères. Pourrions-nous faire connaissance ? »* Dans la conversation, le coprésident de Novotel comprend que Michel Vincent est raisonnable, mais que la relation avec son associé est fragilisée. Pour parer à toute éventualité, il propose aussitôt à Paul de forcer la cadence des nouvelles ouvertures, pour pousser Mercure dans l'impasse.

Novotel en terres inconnues

À cette même époque, André Motte est directeur de la restauration chez PLM depuis quatre ans. Il sent que sa carrière piétine et se décide à chercher un nouvel employeur. Se souvenant des propositions répétées de Paul Dubrule, il l'appelle : *« Monsieur Dubrule, c'est André Motte. Vous vous souvenez de moi ? Votre proposition tient-elle toujours ? J'aimerais vous rencontrer. »* Rendez-vous est pris quelques jours plus tard. Après un bref entretien, le patron confirme au candidat que son profil l'intéresse : *« On a besoin de personnes comme vous. Il y aurait juste une petite formalité à accomplir. J'aimerais aussi que vous rencontriez Gérard Pélisson. »*

Quelques semaines plus tard, Gérard Pélisson appelle la nouvelle recrue : *« On a des soucis avec la restauration à Bagnolet. Ça ne marche pas du tout. Henri Perret est un patron formidable, mais en restauration, il n'y connaît rien. Il faudrait que vous vous en occupiez.* » Cette fois, André sait ce qu'il doit faire. À peine arrivé, il propose une organisation très différente et un nouveau concept. Il crée un nouveau restaurant baptisé « L'œuf et la poule », et en quelques semaines, les affaires reprennent ; la restauration redevient rentable. Encore quelques semaines et Paul Dubrule passe à Bagnolet pour saluer le jeune homme et lui annoncer : « *On a construit un hôtel en Tunisie et on cherche quelqu'un pour en assurer l'ouverture. Vous pouvez vous en occuper ?* »

Trois jours plus tard, André Motte est dans l'avion pour Monastir. Encore quelques mois et le jeune homme, qui aime voyager, est comblé : destination Pointe-à-Pitre pour ouvrir le Novotel qui vient d'y être construit. Au bout de quelques semaines, André est chargé d'ouvrir un second hôtel en Tunisie. D'autres suivront au même rythme et le nouveau collaborateur de Novotel devient en peu de temps le patron des hôtels de loisirs.

Heureux dénouement

Deux ans seulement après l'inauguration du premier hôtel, l'état-major de Mercure est inquiet. Comme l'avait prévu Gérard Pélisson, la guerre des prix se révèle une stratégie perdante. Les pertes sont abyssales et la confiance des actionnaires est ébranlée. Au sein de la direction générale, deux camps se forment et un fossé se creuse. Bernard Mignard, convaincu de la valeur de ses idées, s'obstine. Il refuse de regarder la réalité en face. Michel Vincent est plus réaliste. Analysant froidement la situation, il comprend que les jeux sont faits. Il s'interroge. Comment éviter le naufrage ? Bernard Mignard veut poursuivre la croissance. Entre les deux hommes, la relation est consommée. Plusieurs actionnaires refusent de poursuivre l'aventure Mercure. Parmi eux, les Caisses de mutualité agricole (CMA), également présentes au conseil de Novotel. André Colnel, représentant les

CMA, conseille à Michel Vincent de se rapprocher de Novotel. Il organise un rendez-vous avec Gérard Pélisson à l'Alpe-d'Huez. L'échange est bref mais suffisant pour que le coprésident de Novotel réussisse à convaincre son interlocuteur de sa volonté stratégique d'intégrer Mercure. Il s'engage à ce que les collaborateurs qui le souhaitent soient maintenus dans leurs fonctions. Les deux hommes tombent rapidement d'accord sur le procédé. Novotel se portera acquéreur de Mercure. Faute de disposer des moyens nécessaires, le paiement se fera par la création de nouvelles actions émises par Novotel SIEH, qui seront échangées contre des actions de Mercure. Gérard Pélisson propose un mode d'évaluation des deux entreprises qui satisfait tout de suite Michel Vincent.

De retour à Paris, Gérard Pélisson informe son associé du résultat de son entrevue avec le cofondateur de Mercure. Paul Dubrule est réticent. Il ne voit pas bien comment Mercure et Novotel pourraient cohabiter, d'autant que certains hôtels de chaque marque ne sont séparés que de quelques centaines de mètres ! Sa plus grande crainte est que le projet consiste à fusionner les deux marques, au risque d'y perdre leur identité. Gérard Pélisson tente de le rassurer : « *Nous recevons régulièrement des lettres de clients mécontents qui nous menacent de nous quitter pour aller chez Mercure. Et c'est la même chose de l'autre côté. Si les deux marques nous appartiennent, nous tiendrons plus facilement le marché. La guerre des prix sera immédiatement stoppée. En plus, nous allons faire l'acquisition de quatorze nouveaux hôtels pour un prix défiant toute concurrence, sans même avoir besoin d'emprunter un centime. C'est une occasion qui ne se présentera pas deux fois.* » Finalement, Paul se laisse convaincre, mais à la condition que les deux marques continuent de vivre séparément et que l'ensemble ne soit surtout pas fusionné. Au contraire, il propose que chaque marque poursuive sa propre stratégie de développement.

Le principe d'un rapprochement, guidé par le bon sens, ne pose pas de réelles difficultés. En revanche, six mois de négociations et de tractations sont nécessaires pour trouver un accord sur la valeur des actifs de chaque entreprise. Mercure dispose de quatorze hôtels, dont aucun n'a encore réussi à atteindre son seuil de rentabilité. Novotel en compte déjà soixante-dix-neuf et plus de la moitié sont déjà rentables. Dans chaque camp, les actionnaires tentent de défendre farouchement leurs intérêts, ou ce qu'il en reste. De nouveau, l'administrateur des CMA intervient en tant que médiateur et met tout le monde d'*Accor*.

Parmi les salariés de Mercure, les sentiments sont partagés. Rejoindre le camp ennemi ne va pas de soi. Si certains sont heureux de rejoindre Novotel, d'autres ont peur. Yveline Sacotte dirige l'hôtel Mercure de Reims. Depuis des mois, elle livre une guerre des prix impitoyable à Jacques Fayet, le franchisé de Novotel, situé à quelques kilomètres, de l'autre côté de la ville. Son préjudice est important. L'ancien agriculteur a juré d'avoir sa tête. Lorsqu'Yveline apprend la visite des présidents de Novotel, elle s'imagine déjà que c'est pour être renvoyée. Au contraire, Paul et Gérard se déplacent pour apaiser les esprits. *« On comprend bien que vous ayez eu des relations tendues avec Jacques Fayet, mais tout ça, c'est du passé. Nous remettons tous les compteurs à zéro. Bienvenue chez Novotel. »* La hache de guerre est aussitôt enterrée et, quelques semaines plus tard, les deux établissements s'envoient mutuellement des clients lorsqu'ils sont complets. Au fil des mois, Yveline et Jacques se lient d'amitié.

Dans l'état-major de Novotel, la question du traitement à accorder à ces nouveaux hôtels, dont le concept leur est étranger et qui n'ont rien de standard, pose problème. Lorsqu'un Mercure neuf est inauguré, son taux moyen d'occupation à l'ouverture est de 50 % quand celui d'un Novotel neuf dépasse systématiquement 65 %. Si bien que pour les directeurs d'exploitation, Claude Moscheni en tête, la solution s'impose d'elle-même : il faut débaptiser les Mercure et les mettre sous enseigne Novotel. Paul Dubrule s'y oppose : *« Non ! C'est formidable d'avoir une alternative. Il y a une clientèle pour Novotel et une autre pour Mercure. Maintenant que nous avons racheté cette marque, il faut investir pour la développer. Nous allons construire d'autres Mercure et, peu à peu, l'effet de chaîne jouera et les taux d'occupation s'amélioreront. En revanche, faites dorénavant en sorte qu'ils soient rentables et n'oubliez pas de compter les pieds de chaise. »*

Quelques mois plus tard, Yveline change de camp. Direction Novotel du Bourget, dont elle devient la directrice adjointe jusqu'à un vendredi soir, lorsque Claude Moscheni l'appelle pour lui demander de partir en Alsace : « *Nous avons un problème sérieux au Mercure de Mulhouse. Comme vous connaissez bien la marque, j'ai pensé que vous pourriez vous en occuper. Pourriez-vous en prendre la direction dès lundi matin ?* » Conquise par l'esprit Novotel, Yveline accepte immédiatement.

Un « grand bordel créatif »

En 1976, un jeune homme de 24 ans, à l'allure et aux comportements très « beaux quartiers de Paris », vient de terminer ses études de lettres à la Sorbonne. Christian Mure choisit Novotel SIEH pour y effectuer son stage de fin d'études, en qualité d'assistant ressources humaines. Sa mission : trouver un principe de conversion équitable pour adapter les systèmes de rémunération de Mercure à ceux de Novotel. Trois mois plus tard, séduit par l'atmosphère décontractée et libérale de l'entreprise, il postule au poste d'attaché des relations publiques. Il est immédiatement recruté par Jean-François Bourgois, directeur du marketing et des relations publiques.

À peine installé dans ses nouvelles fonctions, Christian se demande ce qu'il doit faire. Avant lui, il n'y a jamais eu de chargé de communication chez Novotel. Alors qu'il croise André Motte dans un couloir, il lui demande comment les choses se sont passées lorsqu'il a pris son premier poste. André raconte son histoire à son nouveau camarade, complètement subjugué. Stimulé, presque excité, Christian commence à plancher et propose assez vite des initiatives, telles que de nouvelles animations pour les bars des hôtels, des conférences organisées par le magazine *Le nouvel économiste*, ou le lancement d'un journal interne baptisé *Nouveau Monde*. À sa grande surprise, à chaque proposition, il s'entend répondre : « *Bonne idée, allez-y ! Foncez !* ». Christian est stupéfait, à la fois inquiet de se sentir livré à lui-même et ravi de jouir d'autant de liberté. Rapidement, il en déduit qu'il est là pour inventer son propre job et qu'il doit se débrouiller pour trouver les moyens nécessaires. Lorsque ce qu'il met en place a du succès, il est félicité ; quand ce n'est pas le cas, il trouve toujours quelqu'un pour lui expliquer sans détour qu'il doit revoir sa copie. Après quelques semaines au siège de Novotel, Christian a le sentiment que, dans cet univers qui s'apparente à un « grand bordel créatif », tout paraît possible. Un jour qu'il souhaite écrire un article sur la croissance de l'entreprise, il pose une question apparemment simple : « *Combien avons-nous d'hôtels ?* » Il reçoit des réponses étonnantes : les services techniques savent exactement combien d'hôtels sont en travaux. Les développeurs ont une certaine idée du nombre d'hôtels qu'ils vont mettre prochainement en chantier. Gérard Pélisson a des états financiers, avec les hôtels en exploitation. Dans chacune de ces trois catégories, on lui explique qu'il y a des hôtels en pleine propriété, d'autres en participation majoritaire, d'autres en participation minoritaire, d'autres encore en franchise. Et chaque semaine, un hôtel en construction passe en exploitation, pendant qu'un autre en participation minoritaire est racheté et passe en participation majoritaire. Impossible dans ces conditions de trouver des chiffres précis. Christian trouve un titre pour son article : « La croissance débridée de Novotel ».

Le jeune homme n'est pas au bout de ses surprises. Alors qu'il croit détenir un certain pouvoir sur les exploitants, du fait de son appartenance au siège, il s'aperçoit vite que chez Novotel c'est l'inverse. Le pouvoir est à la base. L'été 1976 est particulièrement chaud ! Le jeune chargé de communication a l'idée de lancer une campagne de communication pour promouvoir les « brochettes plouf ». L'idée est de servir des grillades autour de la piscine dont dispose chaque Novotel. Les directeurs d'hôtels se rebellent : « *On ne le fera pas. On n'a pas le temps de s'amuser à ça. De toute façon, on n'a pas de barbecue !* » Contrarié, Christian va trouver la direction qui lui répond : « *Pour tout ce qui touche à l'exploitation, il faut l'aval de Georges Le Mener et de Claude Moscheni.* » Christian cherche à les rencontrer, mais se rend vite compte que quand on vient du siège et qu'on n'est pas hôtelier, on n'approche pas aussi facilement ces deux hommes, élevés au rang de demi-dieux. Sans se démonter, sûr que son idée est bonne, le responsable de la communication se retrouve contraint de négocier hôtel par hôtel avec chaque directeur. Et, pour ceux qui refusent, il ne peut rien faire. Résultat, la brochure de promotion des « brochettes plouf » comporte un astérisque qui précise : « sauf au Novotel de Bagnolet, Novotel de Lyon aéroport, Novotel de Reims, etc. » ! Pour Christian, c'est une grande leçon. Alors qu'il croyait jouir d'une totale liberté, en l'absence d'une hiérarchie directive, il prend conscience que le vrai pouvoir est à la base de la pyramide. Les opérations sont un vrai contre-pouvoir, capables de faire fléchir les directeurs fonctionnels du siège. Chez Novotel, ce qui dirige les opérations, c'est le terrain, et ceux qui ont le pouvoir sont les opérationnels.

Une jeune stagiaire promise à un bel avenir

La même année, à Lyon, Dominique Colliat entre chez Novotel comme stagiaire. Avant même que son stage soit achevé, elle est recrutée pour le poste de réceptionniste de jour de l'hôtel. Quelques mois plus tard, Paul Dubrule et Gérard Pélisson se rendent dans l'établissement pour y rencontrer les collaborateurs. À peine arrivés, ils organisent une table ouverte. Ils demandent au directeur de s'installer à la réception, au responsable du restaurant de se tenir derrière le bar et réunissent le reste du personnel pour une rencontre improvisée. Comme à l'accoutumée, le personnel évoque son quotidien, ses problèmes de tous les jours, propose des améliorations. Au cours du repas, les présidents expliquent le développement du groupe, à l'étranger. Dominique est assise à la gauche de Paul Dubrule. En parlant de quelques projets en Amérique du Sud, celui qui a inventé le concept Novotel cherche à se souvenir du nom des capitales. À deux reprises, la jeune fille les lui souffle, ce qui lui vaut en retour un regard aussi étonné que reconnaissant.

À la fin du repas, Paul Dubrule prend la jeune réceptionniste à part et s'enquiert de ses ambitions. La jeune fille de 18 ans lui répond : « *J'aimerais travailler en Afrique, parce que quand j'étais plus jeune je rêvais de devenir missionnaire.* » Aussitôt, le coprésident de Novotel appelle Jean Wibaut, le directeur des ressources humaines : « *Je suis avec une jeune fille qui rêve de partir en Afrique. Vous auriez quelque chose pour elle ?* » Quelques semaines plus tard, Dominique est mutée à l'île de la Réunion. Gratifiée d'une évaluation très positive de son précédent directeur d'hôtel, elle se retrouve promue directrice adjointe, en charge de l'hébergement.

Faillite en perspective

Un vendredi, vers 17 heures, alors que tout le monde s'affaire sur les dossiers en cours, le directeur général de la Société Générale appelle Gérard Pélisson. Il a vérifié les comptes. Alors que le groupe dispose d'une autorisation de découvert de 10 millions de francs, les comptes sont dans le rouge de plus de 30 millions. Sans autre précaution oratoire, le banquier annonce que l'entreprise est en situation de cessation de paiement et qu'il ferme les robinets. Pour bien comprendre la situation, il faut se rappeler que la société a pris un essor considérable. Entre Novotel, Mercure et Ibis, plusieurs hôtels sont inaugurés chaque mois. Bien sûr, le remboursement par le fisc de la TVA payée aux fournisseurs est beaucoup plus lent. Entre six et dix-huit mois sont souvent nécessaires. Or les montants de TVA sont proportionnels aux investissements colossaux menés par le groupe. Ce décalage dans les flux de TVA pèse lourdement sur la trésorerie. Ébranlé par cette nouvelle catastrophique, Gérard Pélisson passe toute la soirée à y réfléchir, sans entrevoir de solution. Il tente de joindre son associé en déplacement, sans y parvenir. Il tente de contacter Stanislas Rollin, lui aussi est absent. La perspective du dépôt de bilan plane au-dessus de la tête de Gérard Pélisson, qui se sent bien seul.

Alors qu'il emprunte l'ascenseur, Gérard y croise Claude Moscheni : « *Claude, venez avec moi dans mon bureau. Il faut que je vous parle.* » En quelques minutes, le président expose la situation à son collaborateur : « *Si la banque ne nous renouvelle pas sa ligne de crédit, c'est la faillite ! Il faut qu'on trouve une solution.* » Claude ne sait pas comment aider son patron. En revanche, il se sent honoré de la confidence qui lui est faite. Sa loyauté, déjà importante, s'en trouve encore renforcée et il s'efforce de rassurer son patron. Progressivement, Gérard se détend. Retrouvant une certaine philosophie, il se dit qu'ils trouveront bien une solution la semaine suivante. Alors qu'il s'apprête à rentrer chez lui, son associé, qui a été prévenu par son épouse, le rappelle enfin. Avec une pointe d'humour, dès qu'il entend la voix de son partenaire et complice, Gérard, comme soulagé, lui annonce : « *Vous voulez savoir la bonne nouvelle ? Nous sommes en faillite. Alors écoutez, moi j'ai sommeil. Depuis 17 heures, je m'arrache les cheveux sur cette affaire. Maintenant c'est vous qui n'allez pas dormir ! Je vais me coucher.* »

Dès le lundi matin, l'état-major est rassemblé au grand complet. Objectif de la réunion : rassembler toute la trésorerie des filiales et trouver de nouveaux financements. Stanislas Rollin a une idée : « *Puisque la BNP a soutenu Mercure à l'origine, on pourrait les solliciter pour nous aider sur ce coup-là.* » Trois jours plus tard, le directeur financier de Novotel est reçu boulevard des Italiens, au siège de la Banque nationale de Paris. Trois de ses principaux dirigeants sont présents pour étudier le dossier de la PME, dont le succès vertigineux intrigue. Quarante-huit heures plus tard, la banque donne son accord pour accompagner le groupe hôtelier dans son développement. La faillite est évitée.

Sous le soleil d'Afrique

Depuis deux ans, André Motte a en charge l'exploitation de tous les hôtels loisirs du groupe. Ils ne sont encore qu'une poignée, mais répartis aux quatre coins du globe. De l'île d'Oléron à Pointe-à-Pitre, de Charjah[1] à Brazzaville, en passant par Val Thorens ou Abidjan. Pour gérer tous ces établissements, André saute d'un avion à l'autre en passant parfois par Paris pour saluer les présidents et passer quarante-huit heures avec sa famille. Difficile dans ces conditions d'être efficace. D'autant qu'à cette époque une concurrence entre chefs d'État africains fait rage. Chacun veut son ou ses hôtel(s) et les projets de partenariat avec Novotel affluent sur le bureau de Pierre Allain, directeur du développement en Afrique.

De passage à Paris, André Motte rend visite à Gérard Pélisson : « *On ne peut pas continuer comme ça. L'Afrique nous offre des débouchés prometteurs et, si on veut s'en occuper correctement, il faut nommer quelqu'un qui ne s'occupe que de cette région du monde. Pierre Allain a un gros programme de développement sur ce continent et je suis sûr qu'on va y sortir dix à quinze hôtels au cours des deux prochaines années. Cela nécessite la prise en charge de l'exploitation de ces hôtels par une personne à plein-temps.* » Gérard Pélisson émet quelques doutes : « *Parce que vous y croyez, vous, à l'Afrique ?* » André argumente : « *Pierre Allain a repris à Sheraton l'hôtel de Yaoundé. On a déjà deux autres contrats signés à Brazzaville et à Pointe-Noire et d'autres sont en phase de l'être. Ce que je sais, c'est que, pour que ça marche, il*

---

1. Charjah est l'un des sept émirats qui composent les Émirats arabes unis. Les six autres sont : Abou Dabi, Ajman, Dubaï, Fujaïrah, Oumm al Qaïwaïn et Ras el Khaïmah.

faut vraiment s'en occuper. À chaque ouverture, on doit ouvrir une école hôtelière, recruter des cadres expatriés et les convaincre de partir là-bas. La construction des hôtels est à chaque fois une aventure ! On doit faire acheminer les matériaux depuis la France par bateau, etc. Bref, c'est du boulot et on ne peut pas le faire sérieusement en étant un jour en Guadeloupe et le lendemain à Val-Thorens ! » Après quelques minutes, Gérard Pélisson interrompt son collaborateur et s'exclame : *« Puisque c'est si compliqué, vous n'avez qu'à vous en occuper ! On trouvera quelqu'un d'autre pour vos autres hôtels. »* En quelques minutes, celui qui est initialement entré dans l'entreprise pour s'occuper de la région lyonnaise devient le directeur général de l'exploitation des hôtels Novotel pour l'Afrique. Pas le temps de rédiger un avenant au contrat de travail. De nouvelles cartes de visite suffiront à marquer le changement de statut. En quelques années, Pierre Allain ouvre ou reprend cinquante hôtels dans dix-sept pays d'Afrique qu'André Motte aura à charge d'exploiter.

Jusqu'au bout de votre talent

Si la spontanéité règne dans les organisations Novotel, l'ambition, les défis et les objectifs audacieux ne manquent pas pour pousser toujours plus loin ceux qui s'en montrent capables. À mesure que les années passent, Paul Dubrule et Gérard Pélisson s'attachent à leurs équipes. Toujours sur le terrain, ils les incitent à se surpasser, quitte à les pousser parfois dans leurs derniers retranchements. Un jour que Georges Le Mener se félicite publiquement de ses bons résultats en présence de Paul Dubrule, le patron réagit et le recadre sans ménagement : *« Vous vous félicitez un peu vite, Georges. Vous avez beau avoir de bons résultats, vous avez aussi des hôtels en difficulté. Vous feriez mieux de vous en occuper ! »* Surpris, Georges Le Mener réagit et dit à son patron qu'il le trouve très dur et injuste. Paul Dubrule ajoute : *« Georges, je ne suis pas là pour vous faire des cadeaux. Les gens que j'estime, je les pousse.*

Vous êtes capable de faire beaucoup mieux et je ne vous laisserai jamais vous satisfaire de résultats tout juste bons. »

En 1979, le groupe compte plus de deux cents hôtels. Paul Dubrule et Gérard Pélisson, en partenariat avec Pakistan Airlines et le prince Faysal d'Arabie Saoudite, rachètent ensemble l'hôtel Roosevelt à New York. Ils déjeunent ensemble pour choisir quelqu'un capable de le transformer et de le mettre aux normes de Novotel. Immédiatement, ils pensent à Claude Moscheni. Gérard Pélisson l'appelle au grill d'Évry, où il déjeune. *« Claude, venez tout de suite, on vous attend. »* Le codirecteur des opérations au niveau mondial répond : *« D'accord. Je termine mon repas et j'arrive ! »* « Non, venez tout de suite, c'est urgent ! », insiste Gérard Pélisson. Dès qu'il arrive, les présidents lui annoncent : *« Vous n'avez encore jamais vu un hôtel de mille chambres ? On va vous en donner l'occasion. Nous reprenons l'hôtel Roosevelt de New York. L'idée est d'en faire un Novotel haut de gamme. Faites vos bagages, vous partez demain matin pour en prendre la direction. Pour le billet d'avion, notre secrétaire s'en occupe. Prévenez votre famille. »* Claude Moscheni, estomaqué, hésite un instant, puis bafouille : *« Mais, je ne suis pas capable de faire ça ! »* La réponse de Gérard Pélisson est immédiate : *« Ah bon ! Et depuis quand ? »*

VIII

La cour des grands

Si Novotel commence à faire l'acquisition d'établissements prestigieux, ses deux présidents sont toujours en quête d'une chaîne complète qui leur permettrait d'avoir une vraie marque sur le segment de l'hôtellerie de luxe. Une nouvelle fois, le dossier Sofitel réapparaît dans les cabinets feutrés des banques d'affaires. Cette fois, les coprésidents de Novotel se sentent prêts à se lancer dans cette acquisition. Ils se répartissent temporairement les fonctions. Pendant que son associé est sur le terrain pour développer les Novotel, Gérard Pélisson est à la manœuvre avec la banque d'affaires. Une première négociation a lieu avec l'état-major de la banque de Paris et des Pays-Bas. Gérard Pélisson fait une offre de reprise de 60 millions de francs, mais Paribas ne veut pas céder pour moins de 120 millions. Sans se démonter, le jeune patron argumente : *« Nous avons bien étudié le dossier. Vous avez plusieurs hôtels mal situés, beaucoup sont déficitaires. Même s'il y a quelques établissements intéressants, nous ne pouvons pas raisonnablement vous en donner plus. »* Mais pour les dirigeants de Paribas, il n'est pas question de baisser le prix, de crainte de devoir afficher dans leurs comptes une perte trop importante. Impossible de trouver un accord.

Un vaudeville à la française

Quelques mois plus tard, le dossier revient sur le bureau de Gérard Pélisson. Il rencontre de nouveau les dirigeants de la banque d'affaires. Cette fois, après en avoir longuement discuté avec son associé, il est prêt à monter jusqu'à 85 millions. Malgré une argumentation bien préparée, rien n'y fait. Paribas refuse de baisser son prix. Lors d'une ultime réunion, Paul Dubrule, lance sur un ton taquin : « *Je ne connais qu'un seul type assez fou pour vous en donner un prix pareil, c'est Jacques Borel…* » La seule mention du nom du patron des « Restoroutes »[1], caricaturé par Louis de Funès dans le célèbre film « L'aile ou la cuisse »[2], aiguillonne les dirigeants de la banque, qui répondent sur un ton offusqué : « *Il n'en est pas question ! Nous ne voulons pas traiter avec lui. Nous n'avons pas la même philosophie des affaires.* » Comme préoccupées par la proximité des vacances, les deux parties se donnent rendez-vous à la rentrée pour une nouvelle négociation qui s'annonce déjà serrée.

Or, dès le lundi matin, alors que Gérard Pélisson commence à savourer un repos bien mérité dans sa maison de Fontainebleau, le téléphone sonne. Au bout du fil, le directeur général de Paribas lui annonce, gêné : « *Pendant le week-end, nous avons appelé Jacques Borel, qui se porte acquéreur pour 120 millions de francs. Comme vous étiez les premiers sur l'affaire, on vous laisse quand même la priorité.* » Gérard Pélisson lui répond sans détour : « *Allez-y ! De toute façon, nous ne pouvons pas nous aligner. N'hésitez pas. On ne vous en voudra absolument pas.* » Sofitel rejoint le groupe d'hôtellerie et de restauration de Jacques Borel International.

Dans la précipitation, persuadé de faire une bonne affaire, Jacques Borel a omis d'auditer les comptes de Sofitel. Lorsqu'il découvre l'ampleur des dégâts et la profondeur du gouffre

---

1. Les Restoroutes ont été rebaptisés « L'Arche » en 1983.
2. Film français de Claude Zidi, sorti en 1976.

financier, il pique une colère noire. Dans une interview, il déclare : « *Monsieur de Fouchier*[1] *m'a proposé un mariage, mais quand j'ai épousé la fille, j'ai découvert qu'elle avait eu un amant, qu'elle était vérolée, et que la dot était hypothéquée.* » Le président de Paribas[2], dont l'établissement siège au conseil d'administration du groupe JBI (Jacques Borel International) ne goûte pas franchement l'humour du fougueux patron. Il se promet d'avoir sa tête à la première occasion. En dépit de tous ses efforts, le groupe JBI ne parvient pas à assainir les comptes de sa filiale Sofitel, dont le P-DG, régulièrement harcelé par le patron du groupe, particulièrement autoritaire, se jette du dernier étage du Sofitel Sèvres à Paris. Cette fois, c'en est trop. Jacques Borel est remercié par son conseil d'administration en mai 1977.

De la persévérance et de la ténacité

Trois ans plus tard, la situation a changé. Gérard Pélisson en profite pour reprendre les négociations avec le conglomérat américain Grace et la Banque de l'Union européenne, qui détiennent ensemble la majorité du capital dans le groupe fondé par Jacques Borel. Il leur propose de reprendre la chaîne d'hôtels quatre étoiles qui s'est fortement développée, mais dont les comptes restent déficitaires. Pendant plusieurs mois, Gérard Pélisson rencontre fréquemment les dirigeants des deux banques, qui refusent de céder Sofitel séparément : « *Vous reprenez le groupe JBI intégralement ou rien du tout !* » Après six mois d'une difficile négociation, Gérard Pélisson obtient enfin que la société Sofitel soit vendue indépendamment du reste du groupe Borel. Les négociations se poursuivent âprement pour en diminuer le prix. Finalement, un accord est trouvé à 85 millions de francs. Sans autre alternative à sa disposition, Paribas accepte cette offre. Gérard Pélisson demande

---

1. Jacques de Fouchier a été président de la banque Paribas de 1969 à 1982.
2. Dans l'intervalle, la banque de Paris et des Pays-Bas est devenue la banque Paribas.

vingt-quatre heures pour obtenir l'accord de Paul Dubrule. Les actionnaires de JBI ajoutent : « *Nous sommes d'accord pour ce prix. À la seule condition qu'avec votre associé vous acceptiez de prendre la présidence du reste du groupe !* »

En octobre 1980, plus de sept ans après la toute première approche de ce dossier, Novotel SIEH rachète enfin la chaîne Sofitel au prix proposé trois ans plus tôt. Par la même occasion, Paul Dubrule et Gérard Pélisson deviennent, sans bourse délier, les nouveaux patrons du reste du groupe Jacques Borel. De retour au siège, Gérard, amusé, annonce à Paul : « *C'est formidable ! Autrefois, quand je jouais au poker, je devais payer pour voir. Ici, nous allons être payés pour regarder.* »

Avec l'acquisition des quarante-trois hôtels quatre étoiles et des deux établissements de thalassothérapie de Sofitel, le groupe Novotel fait une entrée remarquée sur le segment de l'hôtellerie de luxe. Cerise sur le gâteau, les deux compères ont tout le loisir d'étudier ce que vaut réellement le groupe dont ils sont devenus les dirigeants et pour lequel ils réfléchissent déjà à l'opportunité de s'en porter acquéreurs ultérieurement. Pour l'heure, un point du dossier oppose les deux coprésidents : faut-il intégrer l'hôtellerie de luxe à l'organisation existante ou en faire une division à part ? Paul Dubrule estime qu'il ne faut pas l'intégrer. Gérard Pélisson pense le contraire. Ils décident de demander l'avis des membres du comité de direction.

Dès le début de la réunion, Gérard annonce : « *Concernant la reprise de Sofitel, Paul n'est pas d'accord pour qu'on intègre juridiquement cette nouvelle chaîne dans l'organisation opérationnelle de Novotel SIEH. Je pense au contraire que c'est indispensable. Comme on n'arrive pas à se mettre d'accord, on aimerait avoir votre avis.* » Autour des présidents sont réunis Robert Molinari, Georges Le Mener, Claude Moscheni, Henri Perret, Robert Larrivé et Stanislas Rollin. La question est sensible et les avis divergent. Certains, qui rêvent déjà de fusionner Sofitel à leur propre division, prônent l'intégration. D'autres, moins impliqués, se disent qu'il vaut peut-être mieux séparer les deux. Après avoir écouté le point de vue de leurs lieutenants, les deux présidents sortent quelques minutes et échangent entre eux dans une salle annexe. Lorsqu'ils reviennent, ils annoncent leur décision : on intègre Sofitel dans Novotel.

Ce que l'état-major du groupe ignore encore, c'est qu'ils sont à la veille d'une période fantastique. En charge de la présidence du groupe Jacques Borel, les deux présidents se concentrent sur les nombreuses activités qui doivent être développées et laissent à leurs lieutenants le soin de diriger avec une auto-nomie totale les anciennes activités du groupe Novotel, qui connaissent une nouvelle période de forte croissance, notam-ment à l'international.

Deux patrons au style surprenant

À leur arrivée en 1980 à la tête du groupe Borel, Paul Dubrule et Gérard Pélisson regardent leurs nouveaux collaborateurs avec une relative suspicion. *« Ces types ont beau sortir de grandes écoles, leurs méthodes de travail les ont conduits dans le gouffre ! »*, confie Gérard à son associé, lorsqu'ils prennent pos-session de leurs nouveaux fauteuils, au vingt-septième étage de la Tour Montparnasse. Ils adoptent des attitudes jugées viriles par ceux qui sont plus habitués au langage feutré de l'*establishment*. Les colères homériques de Gérard Pélisson et les remontrances à double détente de Paul Dubrule sèment la terreur dans les rangs. Quelques semaines après l'arrivée au pouvoir de ces deux nouveaux patrons aux manières sus-pectes, Michel Baillon, directeur financier, se détend dans sa maison de campagne, en Bourgogne. Occupé à fendre du bois, à chaque coup de hache, il pense : *« Et han ! Un coup pour Dubrule. Et han ! Un coup pour Pélisson ! »*

Les semaines et les mois passent. De nombreux échanges animent les relations entre les deux nouveaux dirigeants et leurs nouveaux collaborateurs, à tous les niveaux de la pyramide. Comme à leur habitude, Paul et Gérard donnent beaucoup d'eux-mêmes, sans compter leur temps, pour s'expliquer sur leur vision de l'entreprise, sur ce qu'ils attendent de leurs collaborateurs, sur les objectifs qu'ils fixent et même sur leur comportement surprenant pour ceux qui ne les connaissent pas. Leurs méthodes prennent du sens dans l'esprit de chacun. Surtout, une nouvelle cohésion émerge progressivement autour d'eux. Ils découvrent ainsi que ceux qu'ils avaient un peu trop vite jugés lors de leur arrivée à la tête de l'entreprise montrent de véritables talents et un investissement à défendre les intérêts du groupe qui les séduit. La qualité du contact avec leurs hommes et leur proximité légendaire avec les opérationnels de tout niveau fait le reste. Au bout d'un an, il devient évident que les activités des deux entreprises sont complémentaires et qu'une fusion serait l'occasion d'un nouvel élan. Comme aux débuts de Novotel, des liens se sont rapidement tissés entre ces hommes. Ils se sont attachés les uns aux autres et l'idée d'une éventuelle séparation devient saugrenue. La relation est gagnante-gagnante. Il faut absolument la garantir par des liens juridiques.

Changement de dimension

Au même moment, lors d'un conseil d'administration du groupe JBI, les administrateurs confrontent Gérard Pélisson et Paul Dubrule : « *Cela fait un an que vous êtes aux commandes. Que comptez-vous faire ? Vous reprenez le groupe ou pas ?* » Les deux patrons échangent dans la voiture qui les ramène à la Tour Montparnasse. Paul Dubrule est très réticent : « *Borel est un groupe bâti autour de la restauration. On a déjà repris Sofitel. Le reste, c'est de la restauration collective, de la restauration commerciale et des titres de services. Il y a même une centrale d'achat de produits frais et une société de découpe de viande. Objectivement, Gérard, vous savez bien que nous ne connaissons rien à tous ces métiers. Comment pourrions-nous les diriger efficacement ?* » Gérard Pélisson a une vision radicalement opposée : « *Je pense au contraire qu'il faut y aller. La restauration commerciale compléterait bien notre parc hôtelier. Les tickets restaurant disposent d'une trésorerie excédentaire qui nous permettrait de redresser nos comptes au Brésil. En plus, la plupart des collaborateurs sont des gens de qualité auxquels nous avons commencé à nous attacher et qui nous apporteraient des compétences qui nous manquent. Si nous fusionnons avec Borel, nous doublons de taille et passons au premier marché. C'est une véritable opportunité qui ne se représentera pas de sitôt. »* Les deux hommes échangent leurs points de vue pendant tout le parcours. Lorsque leur voiture s'engage sur le périphérique, Paul Dubrule se range à l'avis de Gérard Pélisson : *« Puisque vous semblez convaincu que nous en sommes capables et que ce groupe a un gros potentiel, c'est d'accord. Allons-y ! »* Quelques minutes plus tard, ils annoncent la nouvelle à leurs collaborateurs, chez Novotel, comme chez Borel.

Parmi les nouveaux collaborateurs, certains se font remarquer pour leur efficacité. Lorsque Michel Baillon est arrivé chez Borel en 1977, quelques mois après le limogeage du fondateur, le groupe était menacé de disparition. Grâce à un travail patient et minutieux, s'appuyant sur ses excellentes relations avec le conseil d'administration et les banques du groupe, il est parvenu à assainir les comptes en l'espace de trois ans. Le spécialiste des affaires financières séduit Gérard Pélisson, qui voit en lui un cadre à haut potentiel, comme son parcours le laisse déjà entrevoir. D'origine modeste, après ses études à « Sup de Co » Lille, Michel a réussi à décrocher une bourse pour poursuivre ses études aux États-Unis. Il en revient titulaire d'un MBA de la prestigieuse Wharton University of Pennsylvania. Pendant vingt ans, il enchaîne les responsabilités au sein de filiales de grands groupes internationaux. Il a pu ainsi s'initier aux subtilités de l'ingénierie financière pour laquelle il développe une solide expertise et un réseau de tout premier plan dans le monde de la haute finance. Une compétence dont le groupe a grand besoin pour poursuivre sa croissance.

Les socialistes aux affaires

Le 10 mai 1981, François Mitterrand est élu Président de la République française. Parmi les « 110 propositions du candidat Mitterrand » figure un projet de nationalisation des grandes entreprises et des banques françaises. Novotel est encore trop petite pour être concernée par ce projet de loi qui sera débattu pendant de longs mois. Le 13 février 1982, la loi de nationalisation est votée et aussitôt promulguée par le gouvernement Mauroy. Parmi les entreprises concernées se trouve le groupe Suez, dont la Banque La Hénin est l'une des filiales. Or, faute d'argent lors de la création d'Ibis en 1974, la société Sphère, née pour développer le concept Ibis, a été créée avec seulement 10 % de ses capitaux provenant de Novotel SIEH, 90 % de ses capitaux appartenant à la Banque La Hénin. Lorsque Jean Peyrelevade est nommé à la présidence du groupe Suez, Jean Lamey est remplacé par Dominique Chatillon à la tête de la banque La Hénin. La marque Ibis compte déjà soixante-treize établissements en exploitation. Les présidents se demandent à quelle sauce ils vont être mangés.

En 1983, Robert Molinari organise la convention Ibis sur un ferry, au large des côtes italiennes. Il invite Paul Dubrule et Gérard Pélisson, ses patrons, ainsi que Dominique Chatillon, son principal actionnaire. Le directeur financier d'Ibis présente les comptes de la société, dont les résultats d'exploitation sont plombés par les importants frais liés aux ouvertures et à la période de démarrage des hôtels. Robert Molinari présente la stratégie de développement avec plus de cinquante nouvelles implantations projetées. À bord, tout le monde est très excité et le champagne coule à flots. Lorsque Michel Leeb, invité à la fête, joue le sketch du bourdon qui poursuit la mouche tsé-tsé, tout le monde éclate de rire. Ou presque… Dominique Chatillon, qui jette sur ces affaires le regard embarrassé du haut fonctionnaire de l'État, a du mal à comprendre ce qui motive cette euphorie entrepreneuriale. Inquiet, il interpelle Paul Dubrule : « *Je constate que vous ne manquez ni d'enthousiasme, ni d'ambition, mais les résultats ? Pouvez-vous m'expliquer comment vous comptez les améliorer ? »* Puis il se risque à avancer prudemment ses pions : « *Je me demande si cela vaut vraiment le coup que l'on reste ensemble.* » Paul Dubrule sent qu'il y a une opportunité à saisir, mais ne sait pas comment s'y prendre. Il s'excuse quelques instants pour chercher Gérard Pélisson, beaucoup plus à l'aise que lui sur ce genre de dossier : « *Il faudrait que vous alliez voir Dominique Chatillon. C'est le moment, il est mûr ! Allez-y ! À vous de jouer… »*

Aussitôt, avec l'air sérieux de l'homme d'affaires préoccupé par la gravité de la situation, Gérard Pélisson rejoint le haut commis de l'État. Après quelques échanges, il déclare sur un ton solennel : « *Je comprends que l'État ait mieux à faire de son argent et du temps de ses fonctionnaires. C'est vrai que nos affaires sont un peu longues à démarrer. Mais en nous quittant trop brusquement, vous mettriez nos affaires et nos collaborateurs dans l'embarras. Nous pourrions éventuellement envisager de lever l'option de 40 % que votre prédécesseur nous avait consentie. Tout dépend des conditions.* »

Les négociations ont lieu dans les jours qui suivent. Le patron de la banque nationalisée, trop heureux de pouvoir se débarrasser de ce qu'il croit être une affaire dangereuse, propose aux deux entrepreneurs de lever leur option à des conditions très avantageuses, s'ils acceptent de reprendre en même temps l'autre moitié du capital détenu par la banque dans les mêmes conditions. Comme entre-temps, les affaires de Novotel, qui exploite déjà cent soixante établissements trois étoiles, lui permettent d'emprunter le capital nécessaire, le financement de l'opération est une simple formalité. En quelques mois, Ibis devient la filiale de Novotel SIEH à 100 % dans des conditions exceptionnelles. Les coprésidents en profitent immédiatement pour proposer au Crédit Lyonnais et à la CDC de prendre une participation au capital de Sphère. Non contents d'avoir récupéré la totalité des actions à bon compte, ils s'offrent le luxe de lever les fonds nécessaires pour poursuivre le développement effréné de leur nouvelle chaîne d'hôtels deux étoiles.

Petites affaires entre amis

Début 1982, les deux codirigeants, qui ne possèdent encore aucune participation au capital du groupe Jacques Borel International, observent que le cours de l'action monte progressivement et régulièrement sans qu'ils en comprennent la raison. Après avoir mené des investigations, ils sont stupéfaits de découvrir que c'est l'un de leurs amis, Pierre Bellon, qui achète progressivement des titres du groupe qu'ils dirigent. Gérard Pélisson est d'autant plus surpris qu'il a invité à dîner chez lui le patron de Sodexho quelques jours plus tôt et qu'ils n'en ont pas parlé.

Inquiets, les deux fondateurs de Novotel choisissent de prendre les devants. Ils lancent sans plus attendre une offre publique d'échange, pour prendre le contrôle du capital des sociétés contrôlées par la holding Jacques Borel International. Aussitôt, le patron de Sodexho contre-attaque et lance une OPA. À la Tour Montparnasse, c'est le branle-bas de combat. Dès le lendemain matin, tous les collaborateurs en charge de la communication ou des finances sont priés de rejoindre les présidents, toutes affaires cessantes. Un homme manque à l'appel. Gérard Pélisson s'enflamme. *« Mais où est donc Christian Mure ? »*, demande-t-il énergiquement à tous ceux qu'il croise. Le jeune homme, qui est directeur général de la communication du groupe depuis deux ans, est retenu. Il est témoin au mariage de l'un de ses amis. Dès qu'il l'apprend, Gérard Pélisson lui envoie un émissaire : sur le parvis de l'Hôtel de Ville de Sèvres, l'huissier se présente au jeune homme avec un message surprenant : *« Il faut que vous appeliez d'urgence vos patrons ! »* Christian se dirige vers le premier bistrot et demande à appeler Paris. Dès qu'il parvient à joindre Gérard Pélisson, il comprend la situation : *« Pierre Bellon vient de publier un communiqué. Il fait une contre-OPA. Débrouillez-vous comme vous voulez, mais on vous attend à la Tour Montparnasse dans moins d'une heure ! »*

Aussitôt, Christian retourne voir l'huissier et le charge d'une nouvelle mission : « *Dites aux mariés que je ne peux pas être témoin. Ma femme me remplacera. Je dois partir à Paris immédiatement.* » N'ayant pas d'argent sur lui, Christian saute par-dessus la barrière du RER, monte dans le premier train pour Paris, sans billet, et rejoint ses collègues pour plancher avec leurs deux patrons sur un nouveau plan de communication et une nouvelle stratégie financière. Le soir même, un communiqué est envoyé à la presse pour répondre à l'OPA de Sodexho.

Pendant tout l'été 1982, une véritable guerre de tranchées passionne le petit monde de la finance française, qui compte les points de part et d'autre. Les deux entrepreneurs, qui savent qu'ils peuvent s'appuyer sur de solides alliances avec leurs actionnaires, et en particulier avec la Société Générale, s'interrogent : « *Qui finance l'opération en face ?* » Jusqu'au jour où Daniel Hua, l'un des cadres dirigeants de la grande banque française, téléphone au siège de Novotel et demande à parler à « Monsieur Dubrule ». Paul Dubrule prend son interlocuteur au téléphone, qui réalise soudain sa méprise : il cherchait à joindre Raphaël Dubrule, cousin de Paul et directeur financier de Sodexho ! Paul et Gérard comprennent que l'un de leurs meilleurs alliés joue sur les deux tableaux.

Ce que l'état-major de Novotel ignore encore, c'est que Pierre Bellon, bien loin d'être un amateur en affaires, dispose dans sa manche d'un autre atout de poids. Avant de se lancer dans la bagarre, il a conclu un accord secret avec la coopérative de distribution alimentaire Codec, propriétaire de 10 % du capital de Jacques Borel International. L'accord prévoit que Codec votera en faveur du groupe de Pierre Bellon pour l'aider à prendre le contrôle de son principal concurrent.

Les deux hommes réfléchissent : « *Comment pourrait-on faire pencher la balance de notre côté ?* » Ils prennent contact avec Antoine Bernheim, associé gérant de la banque Lazard, gourou de la finance et conseil de la société Codec-Una[1]. Heureusement, l'homme fort de la célèbre banque d'affaires a une bonne image des patrons de Novotel. Les deux hommes affûtent leurs arguments : « *Les groupes de Pierre Bellon et de Jacques Borel sont concurrents de longue date. Ils se haïssent. S'ils se rapprochent, ça risque d'être sanglant et bon pour personne, surtout pas pour votre client Codec, qui pourrait en faire aussi les frais. Nous, nous avons déjà repris Sofitel. Avec le reste du groupe JBI, nous ne sommes pas concurrents. Au contraire, nous sommes même complémentaires. Tout le monde aurait à y gagner. En plus, nous connaissons bien le personnel du groupe, puisque nous le dirigeons depuis plus d'un an, et nous avons leur confiance.* » Antoine Bernheim se laisse séduire par le langage simple, direct et plein de bon sens des deux hommes. À ses yeux, les deux entrepreneurs ont aussi fait leurs preuves. Le patron de la banque Lazard appelle son client Codec et lui recommande de choisir l'offre des fondateurs de Novotel.

Dans le même temps, plusieurs collaborateurs du groupe Borel contactent directement Michel Régnier, le patron de Codec. Pour eux, « *passer sous bannière Sodexho, ce serait vendre son âme au diable !* » Bernard Westercamp, directeur général de JBI, fait état de ses inquiétudes : « *Si nous fusionnons avec Sodexho, il y aura nécessairement des licenciements. Le personnel sera tenté de faire échouer l'opération par tous les*

---

1. Le Consortium des épiciers du Centre (Codec) a été créé en 1924, à Limoges, par une dizaine de petits commerçants. Cette coopérative de détaillants s'est progressivement transformée en une centrale d'achat au service de plusieurs centaines de commerçants sociétaires. En 1973, Codec fusionne avec l'Union nationale de l'alimentation (UNA) pour former Codec-Una qui compte à son apogée près de mille cent commerçants sociétaires. En 1990, Codec est racheté par le groupe Promodes (Continent, Champion, Shopi, etc.), à la suite de sa mise en redressement judiciaire.

moyens. » Devant tant d'arguments, Michel Régnier opte pour la solution qui paraît la plus sûre pour ses actionnaires. Il choisit l'offre Novotel. Grâce aux 10 % de capital détenus par le distributeur, l'avantage change de camp. Dans les jours qui suivent, Novotel SIEH prend le contrôle de JBI et le champagne est sabré au vingt-septième étage de la Tour Montparnasse. Pour des raisons juridiques et financières, c'est le groupe JBI qui absorbe Novotel et toutes ses filiales. À partir de cet instant, les deux coprésidents, qui œuvrent ensemble depuis bientôt vingt ans, ont les pleins pouvoirs. Par la même occasion, Novotel change de dimension. JBI était déjà coté à la bourse de Paris. Par le truchement de l'OPE sur JBI, Novotel fait son entrée en Bourse par la grande porte. L'opération se révèle très avantageuse sur le plan de la trésorerie.

La fusion des équipes

Pour les deux cofondateurs du premier groupe français d'hôtellerie, un nouveau chantier se présente, aussi passionnant que délicat. Fusionner les activités de deux groupes tels que Novotel SIEH et Jacques Borel International n'est pas une simple formalité. Nombre d'entreprises ne parviennent jamais au bout d'un tel chantier. Certaines vont jusqu'à disparaître, tant les luttes intestines entre les clans des différentes origines sont violentes. En 1974, un rapprochement a fait couler beaucoup d'encre dans la presse financière. Le Crédit du Nord (CN) a fusionné avec la Banque de l'Union Parisienne (BUP). Dix ans plus tard, les anciens de la BUP s'opposent encore aux anciens du CN ! Pour Paul Dubrule et Gérard Pélisson, il n'est pas question de cela. Ils veulent former un seul groupe avec une identité unique, dans laquelle chaque collaborateur se retrouvera dans un même projet d'avenir, sans chercher à se rattacher sans cesse au passé. Au-delà d'une fusion économique et financière, c'est surtout une fusion humaine et culturelle qu'ils ambitionnent de réussir. Un beau challenge en perspective.

Si le défi est de taille, les deux hommes ne partent pas sans rien. Ils ont plusieurs atouts dans leur manche. D'abord, ils n'en sont pas à leur coup d'essai. La reprise de Courtepaille, celle de Mercure, puis celle de Sofitel ont été des réussites. Les collaborateurs de toutes origines se sont unis autour de l'étendard Novotel et de leurs deux patrons. Ensuite, ils sont deux et savent parfaitement combien il est difficile et puissant à la fois de partager une même vision, des objectifs communs et des valeurs identiques. Enfin, ils disposent d'une arme qui a déjà fait ses preuves en de multiples occasions : leur pragmatisme. Pour ces deux entrepreneurs que rien ne semble pouvoir arrêter, le succès ne rime pas avec les illusions. Pas plus qu'avec les jeux de cours ou les petits arrangements entre copains. Un principe préside à leurs travaux : mettre chaque collaborateur là où il est capable de donner le meilleur de lui-même. Qu'il soit issu de chez Jacques Borel ou de Novotel n'a pas plus d'importance que le niveau d'études. Les super diplômés sont placés devant les mêmes enjeux que ceux sortis de l'école hôtelière, voire de nulle part. Seule compte la preuve des résultats obtenus sur le terrain et le défi que chacun se sent capable de relever. Et pour cela, les deux années passées à la tête du groupe JBI, avant son acquisition, se révèlent extraordinairement précieuses. Paul Dubrule comme Gérard Pélisson ont eu tout le loisir de jauger les capacités et les compétences effectives de leurs nouveaux collaborateurs, qu'ils n'ont pas hésité à pousser dans leurs derniers retranchements. Ils ont aussi beaucoup échangé entre eux sur ce sujet. Ils savent précisément ce qu'ils peuvent attendre de chacun.

Une fusion fonctionnelle
au service des opérations

Pour les deux patrons, le problème ne se pose pas en termes opérationnels. Hormis Sofitel, qui a déjà été fusionnée deux ans plus tôt dans les activités de Novotel, les métiers des deux groupes sont très différents. D'un côté, l'hôtellerie ; de l'autre, la restauration collective, la restauration d'autoroute et les titres de service. Il est évident que le management de chaque division peut rester en place sans nuire aux performances du nouveau conglomérat. Pour l'organisation fonctionnelle, c'est tout à fait différent. Les services centraux des deux entités ont tout intérêt à travailler ensemble. Au-delà des économies d'échelle, c'est surtout une efficacité accrue qui en dépend.

Comment unir les directions du marketing, administratives, financières, ou les ressources humaines des deux groupes ? Comment développer la formation qui a déjà fait ses preuves chez Novotel et en faire un outil de développement pour toutes les équipes ? Pour les deux hommes, une idée simple s'impose. Il s'agit avant tout de choisir un patron pour chaque entité. Leur propre expérience et l'efficacité du binôme formé par Georges Le Mener et Claude Moscheni les invitent à une idée originale : mettre en place une organisation bicéphale à la tête de chaque division.

Pendant toute la préparation de l'OPE Novotel/Borel, Michel Baillon et Stanislas Rollin, respectivement directeurs financiers de chaque entité, ont collaboré avec beaucoup d'intelligence et de bonheur. Gérard Pélisson convoque les deux hommes et leur explique qu'ils vont devenir codirecteurs financiers du groupe fusionné. L'un serait plus particulièrement en charge de la finance-développement et l'autre plutôt de la comptabilité-gestion. Mais, si les deux hommes s'entendent bien, ils ne voient pas pour autant les choses ainsi. Ils s'accordent sur un point : une direction financière doit avoir un patron unique et la division des activités en cette matière n'a pas de sens. Ils refusent ce mode de collaboration et poussent leur patron à faire un choix. Gérard Pélisson apprécie Stanislas Rollin et lui reconnaît d'avoir été un collaborateur d'une grande efficacité pendant toute la période de développement de Novotel. Il a aussi une fine compréhension des opérations. Apprécié par les équipes de terrain, c'est un candidat de choix. Depuis trois ans, le cofondateur de Novotel a appris à apprécier Michel Baillon, qu'il a vu à l'œuvre à la tête de la direction financière du groupe JBI. Gérard hésite et s'en ouvre à son associé.

Les deux hommes réfléchissent : « *Il est évident que les compétences de Baillon vont nous être indispensables pour poursuivre notre croissance. Rollin est un collaborateur dévoué, loyal et il a montré qu'il savait assumer des responsabilités importantes. Et si nous lui proposions de prendre en charge la direction du développement international ?* » Ils convoquent leur collaborateur : « *On a une idée. On veut pousser l'international. On a pensé que vous, Stanislas, pourriez prendre cela en charge. Qu'en pensez-vous ?* » Surpris, mais intéressé, Stanislas demande des précisions. « *L'international, c'est tout ce qui est en dehors de la France* », assène Gérard, dont la phrase est terminée par Paul : « *Y compris les opérations.* » Le directeur financier de Novotel saute sur l'occasion. Lui qui a toujours été fonctionnel rêve depuis longtemps de se frotter aux opérations. Il répond sans réfléchir : « *C'est d'accord !* » Dès le lendemain, il devient officiellement directeur général de Novotel International et compose son équipe ; Claude Moscheni se voit confier l'Europe, avec pour mission de dynamiser les quelques expériences qui y ont déjà été tentées ; Georges Le Mener est choisi pour explorer les possibilités de développement du groupe aux États-Unis ; Philippe Bourguignon[1] pour le Pacifique et le Moyen-Orient ; enfin André Motte pour prolonger son travail en Afrique. En 1983, la division internationale ne pèse que 30 % de l'activité totale du groupe. Sous l'impulsion de cette poignée d'hommes, elle en représentera 70 % quelques années plus tard. Pour répondre à cette croissance effrénée, il reste à régler un point important : trouver de l'argent.

---

1. En 1992, Philippe Bourguignon, qui a fait toutes ses classes chez Novotel/Accor, prend la présidence d'Euro Disney, dont il redressera les comptes. En 1997, la famille Agnelli (groupe Fiat) l'appelle au chevet du Club Méditerranée pour redresser l'entreprise.

Le nerf de la guerre

Pour Michel Baillon, la feuille de route est claire. Il a en charge toute la division financière. Pour le seconder, il s'entoure de collaborateurs issus des deux entreprises et délègue à chacun une direction importante, en fonction de ses compétences ou de son expérience. Lorsqu'il demande conseil à Gérard Pélisson, il s'entend répondre : « *C'est vous le patron. Vous êtes payé pour vous en occuper. C'est votre problème, pas le mien. J'ai d'autres dossiers plus importants.* » Une autre fois, alors qu'il rencontre une difficulté avec un collaborateur issu des équipes Novotel, il retourne demander conseil à son patron. Gérard Pélisson décroche aussitôt son téléphone et appelle le collaborateur auquel il annonce sans détour : « *Baillon me dit que vous faites des difficultés !* » Et ce collaborateur se fait vertement remettre en place. Michel Baillon, qui était seulement venu prendre conseil, retourne dans son bureau en pensant : « *J'ai compris. La prochaine fois, mieux vaut que je me débrouille tout seul… * »

En revanche, lorsqu'il s'agit de trouver de nouvelles sources de financement pour développer les activités, les deux présidents font preuve d'une bien meilleure disponibilité. Il ne se passe jamais plus de six mois sans que le patron de la finance leur propose une nouvelle augmentation de capital, l'émission d'obligations convertibles, ou la souscription d'un nouvel emprunt. Michel Baillon est immédiatement frappé par le point de vue de ses deux patrons. À chaque opération, ils l'interrogent sur l'intérêt du groupe : « *Michel, pensez-vous que ce soit une bonne opération pour le groupe ? Quels sont les risques ?* » A contrario, ils acceptent régulièrement de mener des opérations financières qui ne sont pas toujours favorables à leurs intérêts personnels. Lorsque, sur certaines opérations d'envergure, ils ne sont pas capables de souscrire personnellement à une augmentation de capital, le directeur financier les met en garde : « *Cela va entraîner nécessairement une dilution du capital et une diminution proportionnelle de vos parts dans le groupe.* » Pourtant, à chaque fois, Paul Dubrule et Gérard Pélisson acceptent cette contrepartie sans hésiter : « *Mieux vaut avoir 2 % chacun d'un groupe important que 50 % d'une PME. Nous devons poursuivre notre croissance à tout prix. Le marché est là, nos ambitions aussi, et c'est un formidable moteur pour nos collaborateurs.* »

Grâce à son réseau dans le monde de la haute finance, le directeur financier leur apporte des solutions innovantes. Un jour, alors qu'il leur propose l'émission d'obligations convertibles en dollars sur le marché mondial, après leur avoir expliqué la mécanique financière, ses avantages et ses contraintes, Gérard Pélisson, enthousiaste déclare : « *On devrait bien pouvoir tirer 100 millions de francs d'une opération comme ça !* » Michel Baillon rectifie : « *Non, nous mettons sur le marché 40 millions de dollars, soit environ 300 millions de francs !* » Étonné, Paul Dubrule s'exclame : « *Mais, vous croyez ?* » Rassuré par l'analyse de leur collaborateur, ils lui donnent le feu vert. Michel Baillon part immédiatement pour Londres, New York, Édimbourg, Boston, Hong Kong et Tokyo pour présenter son opération aux analystes des différentes places de marché. En quelques jours, 50 millions de dollars arrivent sur les comptes de l'entreprise. Ce type d'opération audacieuse, qui n'avait été réalisée jusqu'à ce jour en France que par la société Air Liquide, a comme bénéfice secondaire d'accroître la notoriété et la visibilité du groupe dans les milieux de la haute finance mondiale. Atouts sur lesquels les présidents sauront s'appuyer pour poursuivre leur conquête mondiale du marché de l'hôtellerie.

IX

Quand Novotel devient Accor

À l'occasion d'une réunion à l'hôtel Scribe à Paris, Christian Mure croise Gérard Pélisson dans l'ascenseur. Il entreprend aussitôt son patron : « *Maintenant que nous avons terminé la fusion entre Novotel et Jacques Borel International, comment va s'appeler le groupe ?* » Le président lui répond aussitôt : « *C'est très simple. Dans Jacques Borel International, il n'y a que le dernier mot d'intéressant : international. Quant à Novotel, c'est une très bonne marque, tout comme Sofitel. Avec Paul, nous y avons réfléchi et on a pensé à Novotel-Sofitel-International.* » Le directeur de la communication du groupe répond du tac au tac : « *C'est très bien. Comme aucune standardiste ne prononcera un nom aussi long, ça deviendra NSI et tout le monde pensera que nous sommes la maison Hennessy, la marque de Cognac !* » Surpris par la réplique, Gérard Pélisson s'exclame : « *Après tout, c'est votre problème. Vous êtes le directeur de la communication du groupe, vous n'avez qu'à vous en occuper !* » D'ailleurs, le bouillonnant patron a autre chose à faire. Son vieil ami, le directeur général de la société Dreyfus, vient de le solliciter pour sauver de la faillite une belle PME française : Gaston Lenôtre, le fondateur de la prestigieuse maison qui porte son nom, s'est aventuré aux États-Unis, où il a perdu beaucoup d'argent. Il a sollicité Jean Pinchon, un ami d'enfance, pour l'aider à trouver une solution. Le patron de Dreyfus pense immédiatement à Paul Dubrule et à

Gérard Pélisson, dont il se porte garant. Gérard Pélisson s'engage à étudier le dossier dans les plus brefs délais.

Un nom qui fait l'unanimité

Pendant ce temps, fier de sa nouvelle mission, Christian Mure consulte d'abord les équipes. Les anciens de Jacques Borel lui annoncent : « *On y a déjà pensé.* » Aussitôt, ils présentent fièrement un listing informatique avec quatre-vingt-six anagrammes composées des lettres des deux noms. Y figurent pêle-mêle Novorel, Boronel, Borelno, Nolebo, etc. Lorsqu'il consulte les anciens de Novotel, il s'entend répondre unanimement : « *Novotel, c'est très bien et on ne voit pas pourquoi il faudrait en changer !* » Perplexe, Christian se met en quête d'un cabinet spécialisé. Une de ses relations lui recommande une petite agence londonienne. Christian s'entend rapidement avec eux et leur confie la mission de trouver un nom pour le groupe. Trois propositions émergent finalement : Aurion, Aurore et Accor, chacune assortie d'un logo représentatif. Aurion est rapidement éliminée. Au sein du comité de direction, Aurore et Accor divisent. Les partisans de chaque proposition font tous état d'arguments convaincants. Ne sachant comment choisir, les coprésidents optent pour la voie démocratique. Ils exposent pendant quelques jours les deux noms accompagnés de leur logo dans le hall du siège, à Évry. Un panneau invite les visiteurs et les collaborateurs à choisir : « *Vous qui entrez ici, qui que vous soyez, votez. Lequel de ces noms a votre préférence ?* » Surprise, c'est Accor qui remporte le plus de suffrages, mais le logo d'Aurore, avec les bernaches qui s'envolent, est le préféré. Une solution est aussitôt trouvée : ce sera Accor, avec les bernaches.

Le premier logo d'Accor

140 millions pour un hôtel

En 1983, Peter Charles, le correspondant du groupe au Royaume-Uni, appelle Paul Dubrule : « *Vous savez que la Cunard*[1] *possède à Londres l'hôtel Hammersmith, qui compte huit cents chambres ? Je pense qu'il est peut-être possible de le racheter. Venez voir !* » Pour l'inventeur du concept Novotel, la question est de savoir si cet établissement peut être transformé pour satisfaire aux exigences des normes de la chaîne. Il visite l'hôtel de fond en comble. De retour à Paris, il en parle à Gérard Pélisson : « *On peut tout à fait transformer cet établissement en Novotel. Je crois qu'il faut s'y intéresser et le garder dans notre ligne de mire.* » Ils confient aussitôt à Stanislas Rollin l'étude de faisabilité. Après quelques semaines d'audit, le patron de Novotel International rend ses conclusions : « *C'est une bonne opération. Il faut y aller.* » Reste à trouver les 14 millions de livres nécessaires. Gérard Pélisson s'exclame : « *Je ne vois qu'un endroit où trouver une telle somme : dans la trésorerie de Borel.* »

Michel Baillon et les cadres dirigeants du groupe JBI récemment repris voient les choses autrement. Cette histoire leur rappelle trop les mauvais souvenirs de la reprise de Sofitel quelques années plus tôt. Au cours d'un comité de direction où tout le monde est réuni, les avis divergent et le ton monte. Gérard Pélisson intervient. Il demande à Stanislas Rollin et à Claude Moscheni de quitter la salle avec lui. Pendant que son associé tente de convaincre les cadres issus du groupe Borel de l'intérêt de l'opération, Gérard sermonne ses hommes : « *Je vous préviens ! On va faire cette opération. Mais je ne veux pas de guerre des polices. Je veux que vous vous mettiez d'accord. Ils ont le droit d'avoir des objections. À vous de les convaincre sans conflit.* » De retour dans la salle, Gérard Pélisson feint de questionner ses complices : « *Stanislas, que me disiez-vous à propos*

---

1. La compagnie Cunard Line, fondée en 1840, est le leader des voyages transatlantiques en paquebot. Elle exploite notamment les célèbres navires Lusitania, Queen Mary, Queen Elizabeth et Queen Victoria depuis 2007.

de cet hôtel à Londres ? » À l'issue de la réunion, un accord est trouvé.

Le 10 novembre 1983, veille de la signature, Stanislas Rollin est en Irak pour faire libérer deux collaborateurs retenus par la police de Saddam Hussein. Gérard Pélisson fait un choix. *« Pas question de risquer la peau de ces hommes pour une histoire de gros sous. On n'a qu'à trouver quelqu'un pour aller à Londres signer le protocole. »* Claude Moscheni est aussitôt désigné. Lorsqu'il passe devant le bureau de Paul Dubrule, juste avant de partir pour l'aéroport, ce dernier l'appelle et souligne l'importance stratégique de cette acquisition. En sortant, il passe devant le bureau de Gérard qui lui lance : *« Si vous ne réussissez pas cette affaire, vous n'aurez plus qu'à vous jeter dans la Tamise. »* Avant d'ajouter avec humour : *« Si vraiment cela ne marche pas, profitez du voyage pour vous acheter des cravates ! »*

Le lendemain, Claude est devant le groupe d'actionnaires de l'hôtel convoité pour procéder au « closing ». Le principe est simple : chacun signe des montagnes de documents, l'acquéreur remet son chèque au vendeur, qui lui donne immédiatement les clés de la maison. Problème : la transaction a lieu un 11 novembre, jour férié en France, mais pas en Grande-Bretagne. Le siège de la Société Générale à Paris, qui doit garantir la transaction, est fermé. Impossible de conclure. Claude appelle Gérard Pélisson : *« Désolé de vous appeler un jour férié, mais j'ai besoin de votre aide ! »* Le coprésident d'Accor dédouane aussitôt son collaborateur : *« Si vous êtes sur le pont, je le suis aussi. »* Il s'organise pour joindre un des dirigeants de la banque : *« Il faudrait peut-être veiller à ce que vos salariés fassent leur travail avant de prendre des congés ! J'ai un collaborateur dans l'embarras à Londres, parce qu'ils n'ont pas envoyé les documents pour garantir notre paiement. »* Gérard obtient du directeur de la Société Générale qu'il envoie immédiatement un fax à Londres pour cautionner le chèque signé par son collaborateur. Quelques heures plus tard, l'hôtel de London West passe sous bannière Novotel.

Un challenge quatre étoiles
pour des hôtels une étoile

Depuis la reprise du groupe JBI, le groupe est présent sur tous les segments de l'hôtellerie répertoriée auprès du ministère du Tourisme. Novotel et Mercure sont leaders sur le segment trois étoiles. Ibis rencontre un franc succès sur le segment des deux étoiles. Le rachat de Sofitel a permis une implantation remarquée dans l'hôtellerie de luxe quatre étoiles. De nouveau, les deux présidents réfléchissent avec leurs collaborateurs : *« Peut-on faire quelque chose en dessous ? »* Dans le groupe, tout le monde sait qu'il existe en France entre deux cent mille et trois cent mille chambres appartenant à des hôteliers indépendants et nommés « hôtels de préfecture », parce qu'ils ne sont pas classés par le ministère du Tourisme. Pour avoir une vision plus précise, les deux présidents d'Accor confient à Joseph Lepoutre la mission de sillonner la France pendant trois mois pour visiter ces établissements. À son retour, il explique que les tarifs oscillent entre 50 et 100 francs la nuit, que les salles de bains sont souvent au bout du couloir, que l'eau chaude est rare, que les matelas sont usés, que les chambres connaissent parfois plusieurs clients dans une même nuit et, bien sûr, qu'elles ne sont pas du tout insonorisées !

Comme deux lions face à un troupeau de zèbres, les deux hommes d'affaires se délectent déjà en pensant à ce marché qui semble n'attendre qu'une chose : qu'ils s'en occupent. Reste à concevoir une formule confortable, toujours sur la base de l'équation qui a fait le succès des autres marques : des prix une étoile, avec un service une étoile pour des clients qui cherchent des chambres une étoile. Robert Larrivé relève le défi : des chambres dont le coût de fabrication ne dépasse pas 80 000 francs[1],

---

1. Selon une vieille règle de l'hôtellerie, appelée « règle du millième », un hôtel est rentable si son prix de revient n'excède pas mille fois le prix de la nuitée. Pour proposer des chambres à 80 francs la nuit, il fallait donc les construire pour un prix inférieur à 80 000 francs.

avec un confort technique impeccable, à l'extérieur des villes. Après trois mois d'études, l'ingénieur en chef du groupe revient voir ses patrons. Il leur annonce : « *Je peux réaliser des hôtels avec un prix de revient par chambre de 75 000 francs. En revanche, impossible de faire une salle de bains par chambre. Au mieux, on peut faire une salle de bains pour quatre chambres !* » Son idée est de faire des blocs préfabriqués contenant chacun quatre chambres, une salle de douche et des WC, avec un système performant de nettoyage automatique.

Dans le groupe qui a inventé les premiers hôtels deux et trois étoiles français avec une salle de bains par chambre, c'est le tollé. Autre problème : pour que ce concept soit rentable, il n'est pas question d'employer une équipe de salariés. Jean-François Bourgois, pressenti pour devenir le futur président de cette nouvelle chaîne, a une idée : « *Plutôt que d'avoir un directeur qui nous coûterait trop cher, nommons des mandataires-gérants, qui recevront 22 % du chiffre d'affaires et feront leur affaire de maintenir l'établissement en bon état en travaillant avec leur famille s'ils le souhaitent.* » Après de nombreuses discussions, le projet est finalement validé par tout le monde. Jean-Claude Lutman est nommé coprésident, avec Jean-François Bourgois. Le premier s'occupe du développement et le second de l'exploitation. Charge à Robert Larrivé de passer à la phase de construction. Conformément aux enseignements de la « *learning curve* », l'objectif qu'il se fixe est simple : trois mois de construction, le premier hôtel dans dix-huit mois, deux ou trois dans la foulée, puis cinquante hôtels par an.

Le premier Formule 1 est inauguré à Évry en octobre 1985. Accompagné du ministre du Tourisme, Gérard Pélisson, qui n'avait pas encore pu se rendre sur le chantier, est bluffé par la réalisation technique de l'hôtel : « *Les chambres étaient impeccables, les concepteurs s'étaient souciés de faciliter le travail des femmes de chambres. Il y avait une petite télévision, une petite table de travail. C'était vraiment très sympa pour l'époque.* » Enthousiasmé, il dit à ses collaborateurs : « *Vous avez un crédit illimité.* » Dans les mois qui suivent, quatre Formule 1 sortent de terre, puis dix. Devant l'accueil que la clientèle réserve à ce nouveau concept, et fidèlement aux principes de la « *learning curve* », Gérard Pélisson fixe le cap à Jean-François Bourgois et Jean-Claude Lutman : « *Votre mission est simple. Nous, on s'occupe de trouver l'argent. Vous, vous foncez !* »

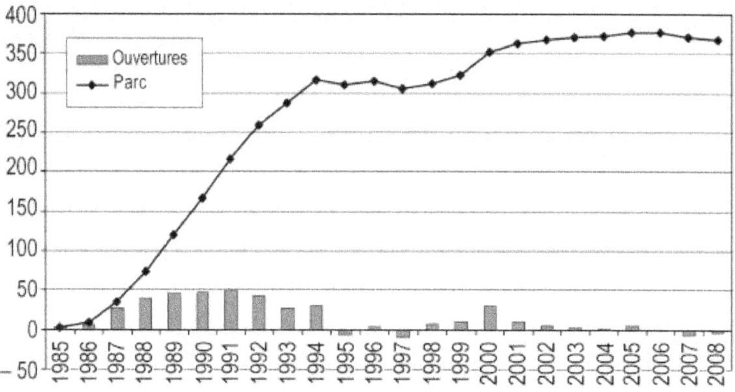

Évolution des hôtels Formule 1 de 1985 à 2008

Fiasco total dans la restauration

En reprenant l'intégralité des affaires du groupe Borel, Accor hérite d'une collection de nouveaux métiers, dont certains sont encore à l'état de simples concepts non aboutis. What a Burger est une jeune chaîne de fast-food, Churrasco est l'ébauche d'un nouveau concept de restauration. Les Resto-routes, ultérieurement rebaptisés « L'Arche », préfigurent la restauration d'autoroute à venir. La Générale de Restauration est une entreprise déjà bien installée en France. Elle occupe la deuxième position sur le marché de la restauration collective, juste derrière Sodexho. Pour Gérard Pélisson, l'objectif est évident : Accor a réussi à prendre une place de premier rang dans l'hôtellerie. Il n'y a pas de raison pour que le groupe ne réussisse pas à devenir un grand nom de la restauration. Il en parle longuement avec Paul Dubrule et réussit à le convaincre de développer ces affaires et d'en créer de nouvelles.

Puisque le restaurant « L'œuf et la poule » du Novotel de Bagnolet est un succès, le groupe décide d'en faire une chaîne de restaurants, rebaptisés « La broche au grain », sur le modèle de la chaîne américaine Kentucky Fried Chicken (KFC). Un cabinet est chargé de réaliser une étude de marché pour choisir un premier lieu d'implantation. Un fonds de commerce est acquis, des travaux sont réalisés et le restaurant ouvre ses portes au public. Le marché boude le concept proposé à un prix trop élevé. Pour atteindre le point mort, il faut au moins deux cents couverts par jour et, un an après l'ouverture, les journaux de caisse font état de moins de la moitié. Le résultat est catastrophique : Accor perd 10 millions de francs dans cette aventure malheureuse.

Les dirigeants du groupe pensent que s'ils persévèrent ils réussiront dans la restauration commerciale. Ils conçoivent de nouveaux produits en s'inspirant de concepts américains et développent ceux dont ils ont hérité en reprenant Borel. Malgré leurs efforts, hormis Courtepaille, qui restera longtemps une exception chez Accor, aucun ne parvient à rencontrer son marché, ni une rentabilité suffisante pour asseoir un développement. Or, pendant ces années, d'autres chaînes de restauration se développent en France. Hippopotamus, Buffalo Grill ou encore Flunch ont réussi à mettre au point un concept qui les a conduits au succès. Après quelques années, constatant qu'ils ont accumulé trop de retard pour réussir à prendre une position de premier plan dans la restauration, Paul Dubrule et Gérard Pélisson constatent leur incapacité à réussir sur ce marché et décident de se désengager. La plupart des enseignes sont fermées. Quelques-unes sont cédées sans gloire. Ces échecs n'entament pas pour autant la soif de conquête des fondateurs de Novotel. Ne parvenant pas à lancer de nouveaux produits sur le marché français, ils reviennent à ce qui a fait leur succès et décident d'accélérer la croissance de leurs concepts hôteliers hors de l'Hexagone.

Secousses sismiques au siège

Pour les deux présidents, qui collaborent depuis déjà vingt ans, unis dans une même vision, cette période est difficile à vivre. Jusqu'à la reprise du groupe JBI, la stratégie était simple : développer les produits hôteliers en France et en Europe ; prendre des positions ailleurs dans le monde. Avec l'arrivée des nouveaux métiers issus du groupe Borel, une certaine agitation a secoué cette logique bien huilée. L'échec des métiers de la restauration est l'occasion de quelques mises au point. Paul Dubrule, qui ne souhaitait pas reprendre ces activités, tente de faire valoir son point de vue initial : se concentrer sur l'hôtellerie. Pour Gérard Pélisson, l'hôtellerie n'est que le maillon central d'une vision plus large : il souhaite que le groupe continue de se développer dans tous les métiers du tourisme. Si les deux patrons savent montrer une parfaite connivence lorsqu'ils sont aux opérations, dès qu'il s'agit des grandes orientations stratégiques du groupe, leurs points de vue divergent régulièrement. Ni l'un ni l'autre ne manque de tempérament et les échanges sont parfois très vifs. Paul Dubrule estime que la volonté de développement de Gérard Pélisson dépasse les limites du raisonnable et menace de se retirer.

Pour leurs proches collaborateurs, ces épisodes ressemblent à des tremblements de terre qui provoquent de véritables irruptions volcaniques. « *Certains jours, les murs tremblaient* », se souviennent certains. Le fond de sagesse qui les unit reprend pourtant le dessus. Depuis de nombreuses années, ils ont pris l'habitude de consulter le psychologue Philippe Panissot lorsqu'ils sentent que leur opposition dépasse les limites qu'ils sont capables de gérer eux-mêmes. Bénéficiant d'une totale confiance de l'un comme de l'autre, qui lui reconnaissent tous deux une grande intelligence des relations humaines, ce coach réussira toujours à les aider à retrouver leur calme et un terrain d'entente. Pour les raisonner, il peut s'appuyer sur deux atouts majeurs : l'amour que les deux hommes portent à l'entreprise et la responsabilité qu'ils se sentent mutuellement pour les milliers de collaborateurs qui leur ont accordé leur confiance. Pourtant, cette fois, la secousse est violente. Philippe Panissot leur conseille de recruter un directeur de cabinet, chargé de faire la liaison entre eux sur tous les sujets sensibles et prévenir les prochaines secousses. De cette façon, il pourra concentrer son accompagnement et ses conseils sur les seuls aspects relationnels et psychologiques. Les deux associés adoptent l'idée. Reste à trouver l'homme. Qui accepterait de s'atteler à une telle tâche et saurait se montrer à la hauteur ?

Rencontre sur le *green*

Été 1987. Alors que Gérard Pélisson s'adonne à son sport favori, sur le *green* de Fontainebleau, un homme l'interpelle : « *Bonjour Monsieur Pélisson. Je suis Sven Boinet. Me permettez-vous de prendre le départ avant vous ?* » Gérard Pélisson répond aussitôt : « *Bonjour, Monsieur Boinet. C'est la première fois qu'on se rencontre, mais moi, je vous connais déjà : un centralien qui a fait Stanford et qui a un handicap 0 au golf, je n'en ai jamais vu. Cela fait longtemps que je vous suis et j'aimerais bien que vous veniez me voir au bureau. Et je vous donne mon départ, parce que c'est vous et que je sais que vous jouez mieux que moi au golf.* » Un mois plus tard, les deux hommes se revoient au siège d'Accor et Gérard Pélisson explique à son interlocuteur l'histoire du groupe dans le détail, en quoi consiste le poste de directeur de cabinet pour lequel il cherche une personne et, sans même lui avoir demandé son avis, conclut en disant : « *Pour moi c'est d'accord. Il ne vous reste qu'à convaincre Philippe Panissot, avec qui vous allez prendre rendez-vous, et bien sûr mon associé, Paul Dubrule.* » Ravi autant que stupéfait par cette proposition, le champion amateur de golf, par ailleurs consultant chez SRI[1], prend sans délai rendez-vous avec le

---

1. Stanford Research International.

psychologue et le coprésident d'Accor. L'affaire est rapidement conclue.

Dès le premier jour, les deux patrons lui indiquent clairement ce qu'ils attendent de lui : « *Ces dernières années, avec la forte croissance que le groupe a connue, nous avons le sentiment de nous être un peu éloignés du terrain. Quelques barons en ont peut-être profité pour prendre le pouvoir. On ne sait plus très bien ce qui s'y passe et nous ne sommes pas sûrs que cela nous convienne. Deuxièmement, nous nous sommes entourés de gens qui nous ressemblent et il est peut-être temps de recruter des personnes différentes, pouvant apporter une nouvelle vision dont le groupe a besoin. Troisièmement, nous ne sommes pas sûrs que nous travaillions efficacement tous les deux. Ce serait bien que vous ayez un œil sur notre fonctionnement et que vous nous aidiez à être plus efficaces au jour le jour. Enfin, nous comptons sur vous pour nous aider très en amont sur les grands dossiers de développement sans avoir à mobiliser trop vite les directions opérationnelles, qui ne chôment pas.* »

Si la vieille garde de la maison accueille le « directeur de cabinet des présidents » avec plaisir, son arrivée fait grincer les dents de quelques barons présents dans le groupe depuis la fusion avec JBI. Sans état d'âme, Sven Boinet exécute sa mission scrupuleusement. Il travaille avec Philippe Panissot pour mettre en place un mode de règlement des conflits particulièrement efficace et pragmatique. Il analyse méticuleusement l'agenda de chacun des deux coprésidents et leur propose une nouvelle organisation dans laquelle des temps de rencontre et de régulation avec les collaborateurs sont programmés, alors que jusque-là, tout se faisait sur un mode réactif. Il met en place un nouveau comité de direction, un comité stratégique, un comité d'investissement, autant d'organes de gouvernance dont les présidents ont besoin pour reprendre sans drame leurs affaires en main. Il recrute de nouvelles personnes qu'il introduit dans l'organisation pour y faire souffler un vent nouveau. Enfin, il travaille sur les grands dossiers de développement en « *shadow cabinet* » pour que les opérations du groupe ne soient pas perturbées inutilement par des dossiers qui n'aboutissent pas toujours. Toute cette organisation permet au groupe de retrouver une saine gouvernance, dont il avait grand besoin après les tourments des années de fusion avec Borel et les tentatives infructueuses de diversification dans la restauration.

X

Les grandes opérations

Jackpot à Deauville

Sven Boinet n'attend pas longtemps avant de travailler sur un dossier de développement. Deux mois après son arrivée chez Accor, Dominique Desseigne, gendre de Lucien Barrière, appelle Gérard Pélisson : « *Pourriez-vous rencontrer mon beau-père ? Il aimerait vous entretenir d'un projet qui devrait pouvoir vous intéresser.* » Gérard Pélisson accepte volontiers et, quelques jours plus tard, les trois hommes se rencontrent à Paris. Le beau-fils du président de la mythique Société des Hôtels et Casinos de Deauville (SHCD)[1] expose la situation à son hôte : « *À Deauville, La Baule et Enghien, nos affaires sont équilibrées, mais nous rencontrons quelques difficultés d'exploitation pour l'hôtel Palm Beach à Cannes. Comme vous avez une solide expérience de l'hôtellerie, mon beau-père et moi avons pensé que nous pourrions nous associer.* » Comprenant qu'un dossier d'envergure est en train de s'ouvrir, Gérard Pélisson propose aussitôt à Sven Boinet de le rejoindre pour qu'ils y travaillent ensemble. Les deux hommes écoutent attentivement l'exposé des patrons du groupe Lucien Barrière, lui posent quelques questions, puis le remercient de sa démarche et promettent une réponse rapide.

---

1. Fondée en 1920 à Paris par François-André Barrière, oncle de Lucien Barrière, qui a pris sa succession en 1962.

Gérard Pélisson et Sven Boinet comprennent qu'il y a une opportunité intéressante à saisir. Ce qu'ils ont compris, sans que ce soit clairement expliqué par leur visiteur, c'est que le groupe Barrière est en difficulté, que les banques ne suivent plus et qu'ils ont besoin d'aide pour s'en sortir. En étudiant le dossier en profondeur, ils découvrent que l'hôtel Palm Beach est dans le rouge et perd de l'argent et qu'un redressement n'est possible que si le projet s'étend aux autres établissements hôteliers du groupe. Ils envisagent de proposer une joint-venture sur la Société des Hôtels et Casinos de Deauville, appartenant au groupe Lucien Barrière. Avant de s'avancer trop vite à découvert, Gérard Pélisson et Sven Boinet prennent quelques renseignements complémentaires et découvrent la vraie raison de ces difficultés soudaines.

Pour pouvoir rénover ses établissements Casinos et Hôtels de Deauville qui en ont grand besoin, Lucien Barrière s'est récemment associé à un homme d'affaires sud-africain, Sol Kerzner, qui dispose d'une fortune personnelle importante doublée d'une solide expérience du tourisme en général et des hôtels de luxe et des casinos en particulier. Toutes les associations qui concernent l'exploitation de casinos en France doivent obligatoirement obtenir l'agrément préalable du ministère de l'Intérieur. Or, Sol Kerzner est *persona non grata* auprès des milieux politiques et administratifs français. Le ministre de l'Intérieur met son veto, ce qui rend *de facto* l'association caduque. Le groupe Lucien Barrière est donc confronté à une grave crise de liquidités à laquelle il est incapable de faire face sans aide extérieure. Peu habitué aux circonvolutions, Gérard Pélisson prend rendez-vous avec Lucien Barrière pour une explication franche de la situation et proposer une stratégie de sortie de crise.

Au cours de leurs nombreux échanges, Gérard Pélisson et Lucien Barrière nouent progressivement des relations de grande confiance. Rassuré sur les intentions et la compétence de son interlocuteur, le président du groupe Lucien Barrière confesse au patron d'Accor qu'il s'interroge aussi sur sa succession et l'avenir de ses enfants. Très rapidement, les dirigeants d'Accor construisent une nouvelle vision globale et réfléchissent à une stratégie à long terme. Après deux mois d'échanges et de négociations, un accord est trouvé sur la base d'une prise de participation immédiate de 20 % de la SHCD, avec un protocole de cession étalée sur dix ans de 50 % de la totalité du groupe à Accor.

En prime, le groupe hôtelier obtient immédiatement le management des hôtels et à terme le management complet de l'empire Barrière. Ainsi, Lucien Barrière résout à la fois son problème d'argent, sa succession à terme à la tête du groupe et l'avenir de ses enfants et petits-enfants. La signature intervient au domicile du célèbre casinotier, dont le petit-fils est assis sur les genoux de Gérard Pélisson. Lorsque tous les documents sont signés, le patriarche déclare, une coupe de champagne à la main : « *Je suis très content. Au moins, l'avenir de ma fille est assuré. Vous êtes des gens sérieux et je sais que vous allez parfaitement gérer nos affaires et que nous n'aurons plus de souci à nous faire sur le plan financier.* »

La conquête du nouveau monde

Lorsqu'en 1983 Georges Le Mener propose de prendre la direction du groupe aux États-Unis, Accor n'est présent que de façon marginale sur le nouveau continent. Georges y voit l'opportunité de sa carrière. Tout est à faire. Le groupe dispose maintenant des moyens nécessaires pour assouvir une vraie ambition. Rapidement, Georges se forge un avis et le défend devant les présidents : « *On n'arrivera jamais à développer nos propres produits aux États-Unis. Le marché est déjà très occupé par des enseignes phares, telles que Hilton, Marriott ou Holiday Inn. Même avec des produits de la qualité de Novotel et avec des équipes compétentes et motivées, l'effet de réseau fait qu'un Novotel fera toujours 10 % d'occupation de moins qu'un*

Marriott. » Paul Dubrule qui s'est beaucoup investi sur les projets américains partage cette analyse. Les deux coprésidents modifient la feuille de route : « *Dans ces conditions, votre mission est de trouver une chaîne d'hôtels américaine à vendre et d'en faire l'acquisition.* »

C'est à ce moment que la chaîne Hilton International, un réseau d'hôtels quatre étoiles, est mise sur le marché. Georges Le Mener et son patron Stanislas Rollin en font l'étude et rendent compte aux présidents. « *C'est une bonne opération. Nous en avons les moyens et cela nous permettrait de faire d'une pierre deux coups : pénétrer par la grande porte le marché américain et asseoir notre position sur le segment des hôtels de luxe où le groupe n'est présent qu'avec Sofitel.* » La transaction se fait sous la forme d'une vente aux enchères sous pli cacheté. Gérard Pélisson estime qu'à 900 millions de dollars, c'est une bonne affaire. Paul Dubrule a l'intuition qu'il vaudrait mieux faire une offre un peu plus élevée. Il propose de porter leur proposition à 1 milliard et se bat pour qu'Accor emporte cette affaire. Mais comme il n'en mesure pas toutes les conséquences financières, il manque de conviction auprès de son associé. Après discussion, Accor remet une offre à 900 millions de dollars. C'est finalement la compagnie aérienne United Airlines qui emporte l'affaire, avec une offre à 960 millions de dollars.

Seconde passe

Nouveau rebondissement : le président de United Airlines, qui s'est aventuré trop hâtivement dans cette affaire, est désavoué par son conseil d'administration, qui procède à l'annulation de la transaction. La presse économique internationale s'empare alors de l'affaire. Lorsque la chaîne d'hôtels de luxe est remise en vente, de nouveaux acquéreurs potentiels se manifestent. Paul Dubrule, qui y voit une opportunité décisive pour le groupe, souhaite monter la proposition à 1 100 millions de francs. Gérard Pélisson, plus précautionneux, refait ses calculs. « *C'est juste, mais c'est jouable.* » Les deux associés s'assurent que leur conseil d'administration les suit. Ils reçoivent le feu vert sans difficulté. Curieusement, c'est au niveau du comité de direction que cela coince. Quelques barons craignent que l'acquisition de Hilton ne leur fasse de l'ombre. Michel Baillon, qui garde toujours un mauvais souvenir de la reprise de Sofitel par Jacques Borel, est réticent : « *Vous avez raison Gérard, c'est une somme colossale ! Il faut rester prudent.* » Finalement, Accor remet une proposition de 1,05 milliard de francs. La société britannique Ladbrokes pousse les enchères jusqu'à 1,1 milliard et l'affaire passe une seconde fois sous le nez d'Accor. Stanislas Rollin et Georges Le Mener, qui y croyaient dur comme fer, sont très déçus. Pour eux, Accor avait les moyens de proposer plus et surtout aurait tiré d'importants bénéfices de cette opération prestigieuse. Gérard Pélisson s'en veut d'avoir hésité. Il confie à Sven Boinet : « *Nous avons raté Hilton, c'est de ma faute. J'ai hésité à mettre 100 millions de plus.* » Puis, changeant aussitôt de ton, il ajoute : « *Mais ce n'est pas grave, on va devenir le premier groupe mondial de l'hôtellerie sans Hilton et vous allez nous y aider.* »

Georges Le Mener reste cependant aux États-Unis, en quête d'une bonne affaire. Mais, à cette époque, le marché s'emballe et les prix d'acquisition des chaînes hôtelières grimpent à une allure vertigineuse. En 1990, les présidents, faisant preuve de pragmatisme comme à leur habitude, renoncent à s'implanter aux États-Unis et demandent à Georges Le Mener de rentrer en France. Stanislas Rollin voit dans ce dénouement malheureux le signe qu'il est temps pour lui de voler de ses propres ailes. Il demande à rencontrer ses deux patrons et leur annonce : « *J'ai longuement réfléchi. J'ai décidé de quitter le groupe.* » Les deux présidents se regardent une seconde avec étonnement, puis Gérard Pélisson rompt le silence : « *Stanislas, on a autre chose à faire. Vous êtes fatigué, prenez deux semaines de vacances et ne nous ennuyez plus avec ça !* » Trois semaines plus tard, de retour de vacances, Stanislas sollicite de nouveau ses patrons. Les trois hommes déjeunent ensemble. Paul et Gérard essaient de comprendre les motivations de leur collaborateur qui leur déclare : « *Ma décision est prise, je vais partir. J'ai l'intention de créer ma propre chaîne d'hôtels sous franchise Accor.* » Cette fois, la réaction des deux entrepreneurs est plus compréhensible : « *Puisque votre décision est prise, n'en parlons plus. Si vous le souhaitez, on vous aidera à vous installer.* »

Quoi de neuf à l'Ouest ?

En 1990, Georges Le Mener prend la direction du cabinet des présidents et, comme Sven Boinet avant lui, il est chargé de travailler très en amont sur les opportunités de développement du groupe. Durant l'été, un cabinet d'intermédiation prend contact avec lui : « *Nous avons quelque chose pour vous.* » Il s'agit de la chaîne Motel 6, un concept d'hôtellerie très économique[1]. Georges retourne aux États-Unis pour étudier l'affaire. Il découvre que l'équipe en place a une vision très court terme dans son management. Les établissements ne sont pas rénovés, alors qu'ils en ont grand besoin, et les investissements minimalistes. En revanche, le taux d'occupation est plutôt élevé et la rentabilité n'est pas mauvaise. Le prix demandé dépasse les 2,5 milliards de dollars. Une somme énorme pour une chaîne de cinq cents hôtels économiques. Après une étude fouillée, fin 1990, les présidents, qui n'ont pas digéré leur échec dans l'opération Hilton, décident d'en faire l'acquisition. Alors que Georges Le Mener estime qu'il est préférable de se séparer de l'équipe de management, les présidents décident de les maintenir en poste.

Lorsqu'en janvier 1991 éclate la Guerre du Golfe, le taux d'occupation des hôtels de la chaîne américaine chute de 75 % à 65 %. D'importantes discussions ont lieu à l'état-major du siège. Nombreux sont ceux qui estiment que le risque est trop grand et qu'il vaut mieux renoncer en exerçant la clause de

---

1. Motel 6 a été nommée ainsi par ses fondateurs parce qu'en 1962 le prix proposé pour une chambre ne dépassait pas 6 dollars.

dédit. D'autres pensent qu'une implantation aux États-Unis est stratégique et qu'il faut aller jusqu'au bout. Le samedi soir précédant l'ultime échéance, Michel Baillon appelle Paul Dubrule : « *J'ai étudié l'affaire Motel 6 en profondeur. Il ne faut pas y aller. C'est trop risqué !* » Paul Dubrule, qui veut absolument faire cette affaire, lui répond : « *Eh bien moi, je suis pour !* » Le directeur financier insiste : « *Je pense que vous avez tort. Il faut qu'on se voie et qu'on en parle.* » Le coprésident conclut : « *Demain, je fais du vélo dans les Vosges. Rejoignez-moi à l'Ibis de Saint-Dié en fin d'après-midi.* » Jusque tard dans la soirée, le directeur financier défend farouchement son point de vue, sans réussir à convaincre son patron, que la volonté de son collaborateur déstabilise quand même un peu. Lorsque Michel Baillon reprend la route pour Paris, Paul Dubrule appelle immédiatement Gérard Pélisson. Mais les deux hommes sont trop avancés dans leur décision. Leur désir de s'installer enfin aux États-Unis les pousse à méconnaître le danger. Pour Gérard Pélisson, habituellement plus précautionneux, le sens de l'engagement et de la parole donnée l'emporte sur l'analyse financière.

Finalement, les présidents prennent la décision de respecter leur signature et signent le plus gros chèque de leur vie : 2,3 milliards de dollars ! Après réflexion, il est décidé de maintenir l'équipe en place. Le président de Motel 6 rend compte directement aux présidents. Georges Le Mener, responsable du bureau des présidents, est chargé de contrôler la bonne marche de l'entreprise américaine. Rapidement, il se rend compte que le management en place n'est pas performant et il fait son rapport à ses patrons. Mais les deux hommes savent que Georges rêve de retourner aux États-Unis et ils imaginent que ses alertes visent à lui permettre de prendre le poste : « *On vous connaît Georges. Vous avez envie de prendre le poste et vous en rajoutez !* » Dix-huit mois passent sans que l'état-major d'Accor ne prenne la mesure des difficultés de sa nouvelle filiale.

Excédé, Georges Le Mener éclate. Il s'adresse à Paul Dubrule : *« Vous ne vous rendez absolument pas compte de ce qui se passe là-bas. Venez avec moi, on y va. Vous jugerez par vous-même. »* Les deux hommes partent une semaine aux États-Unis faire la tournée des Motel 6 et l'inspection du siège, à Dallas (Texas). Paul Dubrule doit se rendre à l'évidence : l'entreprise est en très grande difficulté. La plupart des hôtels sont en très mauvais état. Certains sont situés dans des quartiers très sensibles, où ils servent de repaire aux trafiquants. Au retour, dans l'avion, il annonce : *« Georges, vous aviez raison. Vous faites votre valise et allez vous installer à Dallas. »*

À peine installé dans le fauteuil de patron de Motel 6, Georges Le Mener prévient : *« N'attendez pas un miracle. On en a pour cinq ans pour redresser la situation. »* Paul et Gérard répondent aussitôt : *« D'accord, on y va. Faites ce qu'il faut, le plus rapidement possible, même si cela doit prendre un peu de temps. »* Georges, passionné par le management, y voit l'occasion de faire la démonstration qu'une société peut radicalement changer en modifiant seulement son style de management. En 1992, année de son arrivée à la tête de la filiale, la société perd 50 millions de dollars par an. Cinq ans plus tard, elle gagnera 50 millions de dollars pour un chiffre d'affaires augmenté de 30 %. Son secret ? Celui que lui ont enseigné ses deux patrons et mentors au fil de trente ans de collaboration : continuer à investir, bien choisir ses collaborateurs, leur faire confiance et, surtout, les pousser plus loin qu'ils ne s'en estiment eux-mêmes capables.

Menace en Europe

Depuis une vingtaine d'années, une vieille et très respectueuse maison, fondée en 1872 par Georges Nagelmackers, un industriel belge, est en proie à une certaine agitation. La Compagnie des Wagons-Lits (CWL), qui exploite des lignes prestigieuses telles que le célèbre Orient-Express[1], le Transsibérien[2] ou les Trans-Europ-Express (TEE)[3], est menacée. La progression exponentielle des voyages aériens et l'arrivée en France du TGV menacent dangereusement le marché du transport ferroviaire traditionnel de voyageurs, qui constitue sa principale source de revenus. Dès 1967, la CWL devient la CWLT[4] et cherche à prendre position sur de nouveaux marchés. Elle crée ou rachète plusieurs chaînes d'hôtels (Pullman, quatre étoiles ; Frantel, trois étoiles ; Arcade, deux étoiles ; Altéa, deux étoiles ; Étape-Hôtels, une étoile), développe un réseau d'agences de voyages, rachète Europcar à Renault et se lance dans la restauration collective avec Eurest. Les moyens financiers dont dispose la société centenaire lui permettent de construire en quelques années un réseau hôtelier de deux cent cinquante établissements, essentiellement en Europe continentale.

Pour Accor, qui occupe la première place sur le marché hôtelier européen depuis de nombreuses années, la CWLT ne constitue pas une vraie menace. Sauf si un groupe hôtelier international venait à en prendre le contrôle pour asseoir un développement agressif en Europe. Aussi, depuis longtemps, Gérard Pélisson scrute-t-il tout ce qui se passe autour de cette entreprise belge, dont le siège est installé à Paris. Pour l'entrepreneur, le meilleur moyen de se protéger des désagréments d'une attaque du marché européen sur la base de la position de CWLT consiste à prendre le contrôle total ou partiel de cette société. Cette stratégie obtient rapidement l'agrément et l'enthousiasme de Paul Dubrule, toujours intéressé par les opérations de croissance dans le segment de l'hôtellerie. Les deux hommes présentent leur stratégie à un associé historique

---

1. Officiellement, l'Orient-Express a cessé de circuler en 1977.
2. Le Transsibérien circule encore en 2010, avec deux départs par semaines de Moscou, vers Vladivostok.
3. Les lignes du TEE ont été remplacées par le TGV et les trains InterCités à partir des années 1980.
4. Compagnie des Wagons-Lits et du Tourisme.

du groupe : la CDC, qui possède 30 % de la CWLT et dont Robert Lyon est le président. Ce dernier leur donne le soutien nécessaire pour élaborer un plan de prise de contrôle progressif. La CDC organise une rencontre avec Antoine Veil, administrateur et directeur général de la compagnie belge. Les négociations se déroulent sereinement et une transaction de gré à gré se profile.

Coup de théâtre. En juillet 1989, Sodexho entre au capital de CWLT et Pierre Bellon en devient un administrateur influent. Son intention n'est pas longtemps dissimulée. Le patron du groupe français de restauration collective rêve de mettre la main sur Eurest pour la fusionner avec Sodexho. Il comprend vite que la division ferroviaire est en forte décroissance, même si elle demeure bénéficiaire. L'analyse des comptes d'Europcar met en évidence une grande difficulté à mener cette division à la rentabilité et le nouveau patron de la Compagnie envisage de s'en séparer. Sur le segment des voyages d'affaires, Pierre Bellon est séduit par la vision de son directeur général, Hervé Gourio, et décide de soutenir le développement de cette branche pour en faire une division phare de la compagnie. Quant à l'hôtellerie, il se dit que cette division peut difficilement lutter seule sur un marché européen dominé par Accor et qu'il vaut mieux la vendre.

Raid hostile sur une vieille dame

Pour les deux coprésidents d'Accor, l'arrivée de Pierre Bellon à la tête de CWLT réveille les vieux souvenirs des joutes boursières autour de la prise de contrôle du groupe Jacques Borel International. Dans l'ombre, la CDC organise un renversement de la situation. Albert Frère, un homme d'affaires belge, détenteur de 20 % du capital et qui avait aidé Pierre Bellon à prendre la tête de CWLT, comprend vite le parti qu'il peut tirer de cette situation. Il décide de mettre aux enchères sa participation dans le capital de la compagnie en espérant empocher une confortable plus-value. Le cours de l'action de la compagnie belge à la Bourse de Bruxelles chute autour de 650 francs belges[1]. L'homme d'affaires, qui les avait payées 800 francs belges[2], espère les revendre plus cher. Comme il s'agit d'un investissement stratégique pour protéger ses positions en Europe, Gérard Pélisson, en accord avec son associé, décide d'accepter un prix de 1 200 francs belges[3] pour finalement emporter le marché et entrer au capital de la compagnie. Avec le soutien de la CDC, le groupe hôtelier français prend le contrôle du conglomérat belge pour environ 3 milliards de francs français[4]. La CDC nomme un nouveau président, Jean-Marc Simon, un homme du sérail, et Accor nomme Robert Zolade, patron de la Restauration d'Accor, comme patron exécutif de CWLT. Autour de la table du conseil d'administration, on trouve la CDC, qui possède 30 % du capital, Accor, qui en détient 20 %, leur vieil ennemi Sodexho avec 20 %, et un prince saoudien, avec 10 %. Divers minoritaires se partagent les 20 % restants. Gérard Pélisson comprend vite que cette situation est paralysante et qu'aucune stratégie sérieuse ne peut être envisagée avec une telle géographie du capital. Les marchés financiers le comprennent bien et le cours de Bourse de CWLT chute vertigineusement.

Le 8 septembre 1990, Gérard Pélisson est victime d'un très grave accident cardiaque. Opéré d'urgence à l'hôpital américain de Paris, son cœur s'arrête de battre sur la table d'opération et les médecins n'ont que quelques minutes pour lui brancher un *pacemaker*. Quarante-huit heures plus tard, il retrouve toute sa forme, mais sur le conseil des médecins, prend quelques jours de convalescence dans sa maison de Fontainebleau. Chez Accor, tout le monde est très inquiet, à commencer par Paul Dubrule et toute la vieille garde qui lui est fidèle depuis plus de vingt ans. Pour rassurer ses collaborateurs, Gérard Pélisson se rend quelques jours plus tard

---

1. Environ 15 euros.
2. Environ 20 euros.
3. Environ 27,50 euros.
4. Environ 450 millions d'euros.

au siège à Évry, où il salue tout le monde et déjeune avec Paul Dubrule. Au cours du repas, il lui déclare : « *J'ai eu le temps de bien réfléchir à notre situation dans les Wagons-Lits. Nous ne pouvons pas rester ainsi, pieds et poings liés, avec Bellon qui va tout faire pour nous empêcher de travailler efficacement. La seule solution pour nous en sortir est de lancer une OPA.* » Paul Dubrule sourit : « *Je vois que vous avez retrouvé toute votre forme !* »

Au cours des jours suivants, un comité est réuni pour préparer l'OPA autour des deux coprésidents. Par mesure de précaution, la commission des opérations boursières (COB) de Bruxelles est consultée. Elle atteste formellement que l'OPA est régulière et qu'il n'y a pas de majorité de fait par réunion implicite d'Accor et de la CDC. L'OPA est proposée au public au prix de 850 francs belges, soit 30 % au-dessus de sa cote à la Bourse de Bruxelles. L'opération rencontre un franc succès et Sodexho en profite pour céder sa participation. Tout le monde pense que Pierre Bellon a compris que sa participation n'avait plus de valeur stratégique et qu'en bon père de famille il avait saisi l'opportunité de l'OPA pour réaliser une plus-value honorable. Accor obtient ainsi 35 % des titres de la compagnie pour 3 milliards de francs, soit la somme payée un an auparavant pour les premiers 20 %. Au total, le groupe détient 55 % et son allié, la CDC, encore 30 %. Ensemble, ils totalisent 85 % du capital de CWLT. Au siège d'Accor, tout le monde se félicite et le champagne coule à flots. Le groupe a désormais toute latitude d'action et sa place de leader de l'hôtellerie en Europe ne peut plus être menacée. En revanche, au sein des équipes CWLT, le personnel et les patrons de filiales sont inquiets : si l'avenir de la division hôtelière semble assuré, quelle sera la stratégie du groupe pour les activités ferroviaires, la location des véhicules de tourisme, les agences de voyages ou pour la restauration collective ?

Première rencontre avec deux patrons iconoclastes

Paul Dubrule et Gérard Pélisson ont de vieilles habitudes qu'ils affectionnent : ils aiment le contact avec le terrain et les relations franches et directes. Avant même l'annonce officielle du changement de main des titres, ils organisent un dîner-débat avec les cadres dirigeants de toutes les filiales de CWLT. L'objectif est simple : faire connaissance et répondre aux questions. Parmi les personnes présentes, Hervé Gourio, directeur général de la division Business Travel, est particulièrement inquiet. Il a déjà croisé plusieurs fois Paul Dubrule et le craint. Le fondateur de Novotel et coprésident d'Accor est réputé intraitable avec les distributeurs. Fort du leadership du groupe sur le marché hôtelier, le patron refuse de se plier aux règles des distributeurs. Pas question pour lui de laisser 7 à 8 % de commissions à ces intermédiaires dont il ne reconnaît pas la valeur ajoutée. Pour le patron des agences de voyages, le compte est bon. Accor a mis la main sur un distributeur et va imposer sa loi à son seul profit.

Pourtant, ce soir-là, le discours commence tout à fait autrement. Les deux patrons d'Accor manifestent une satisfaction non dissimulée d'avoir réussi leur OPA et n'ont que des mots agréables à l'endroit de la vieille et honorable maison : « *Nous avons pris le contrôle de votre entreprise, parce que nous savons qu'il y a des pépites qui attendent qu'on s'en occupe sérieusement. Nous ne sommes pas que des hôteliers. Nous avons développé de nombreuses affaires différentes et notre volonté est de vous aider à développer les vôtres. Bien évidemment, pour l'hôtellerie, on va fusionner les activités. Pour le reste, nous attendons de vous que vous preniez des initiatives. Vous avez même le droit de faire de temps en temps quelques petites erreurs, pourvu que, dans l'ensemble, ce que vous entreprenez porte ses fruits.* »

Hervé Gourio prend le discours de ses nouveaux patrons au pied de la lettre et sollicite rapidement un rendez-vous. Un peu inquiet, il présente sa stratégie élaborée avec Pierre Bellon et demande à ce qu'ils l'avalisent : « *Ma division n'est présente qu'en Europe et un peu au Mexique. Pour pouvoir traiter des affaires sérieuses avec des entreprises internationales, nous devons nous développer sur tous les continents et faire des acquisitions. J'ai le* cash-flow *nécessaire pour mener quelques opérations. M'autorisez-vous à les réaliser ?* » À peine quarante-cinq minutes après le début de la réunion, les deux présidents, qui ont écouté silencieusement l'exposé de leur nouveau collaborateur, échangent un regard complice et d'une seule voix déclarent : « *Cela n'a pas l'air complètement idiot et tient la route. Allez-y. On vous suit. Si vous avez besoin de quelque chose, faites-le nous savoir.* » Et la réunion est close. Chacun retourne à ses occupations. Dans le couloir, Hervé Gourio est stupéfait. Pendant un an, il a passé chaque semaine une journée complète à présenter et à expliquer sa stratégie sous le contrôle méticuleux de Pierre Bellon, qui voulait tout comprendre dans le moindre détail. Et, avec ses nouveaux patrons, tout se passe en quelques minutes ! Ils ne posent pas de questions, écoutent silencieusement, se regardent, échangent quelques paroles et avalisent sans hésitation une stratégie de développement mondial. Il n'avait jamais vécu cela.

Dans le même temps, Paul Dubrule et Gérard Pélisson demandent à Sven Boinet, devenu patron au niveau mondial de l'hôtellerie Accor, de repérer les collaborateurs à potentiel et de les promouvoir à des responsabilités importantes chez Accor ou CWLT. Cette stratégie en matière de ressources humaines a déjà fait ses preuves : elle permet de faciliter considérablement l'intégration des équipes et donne une nouvelle dynamique à l'ensemble. L'objectif est que rapidement chacun se sente appartenir à un même groupe et que les guerres de clochers disparaissent le plus vite possible.

Quand le loup sort des sous-bois

Quelques semaines après la réussite de l'OPA, Sodexho attaque Accor devant la justice belge et demande aux juges de dire qu'il y a eu un contrôle de CWLT par concertation entre Accor et la CDC, que l'OPA n'était pas régulière et par conséquent de prononcer le maintien du cours à la valeur de la transaction réalisée un an auparavant lors du rachat de gré à gré des titres détenus par Albert Frère. À la direction générale d'Accor, on comprend vite ce que cela signifie. Si la justice belge donne du crédit aux allégations de la partie adverse, l'addition sera augmentée de 40 %, soit environ 1,5 milliard de francs français[1]. Cette fois, l'état-major d'Accor comprend que l'apparente résignation de Pierre Bellon dans cette opération n'était probablement qu'une stratégie mûrement réfléchie. Sûr de son fait et fort de l'avis rendu avant le lancement de l'OPA par la COB belge, Accor mandate les meilleurs avocats de Belgique pour faire valoir ses droits.

Contre toute attente, la justice donne raison au groupe de Pierre Bellon et oblige l'acquéreur à payer à tous les actionnaires la différence entre le prix payé lors de l'OPA et l'ancien cours, auquel les actions d'Albert Frère ont changé de mains. Comme ils ne disposaient pas de l'argent nécessaire, les deux patrons craignent pour la seconde fois de se retrouver dans une situation délicate. Paul, qui se trouve dans le Lubéron lorsqu'il apprend la condamnation rendue par la justice belge, est très inquiet. L'acquisition du contrôle de CWLT a déjà coûté plus de 6 milliards de francs, financés en empruntant à des taux très élevés sur le marché financier. Où vont-ils trouver le milliard et demi supplémentaire que la justice belge exige ? Il appelle Gérard, en congé dans sa résidence à Valbonne : « *Que fait-on à présent ?* » Son associé et complice lui répond : « *C'est simple. On prend chacun sa voiture, on se retrouve ce soir à mi-route dans une bonne auberge, on se fait un bon gueuleton et on en parle !* »

---

1. Environ 225 millions d'euros.

Attention ! Une mauvaise affaire peut en cacher une bonne

Quelques semaines seulement après le rendu du jugement, Robert Zolade appelle ses patrons pour leur faire part d'une étrange nouvelle : dans le processus de réunification des deux Allemagne, le gouvernement allemand a décidé de dédommager les propriétaires d'immeubles confisqués par le régime communiste de la RDA. Or, CWLT possédait dans ses comptes à Berlin-Est un immeuble valorisé à 1 DM, dont l'administration de l'Allemagne réunifiée estime désormais la valeur à 150 millions de DM[1] ! Le temps de faire avaliser les titres de propriété et le groupe récupère l'équivalent de 30 % du montant des dommages et intérêts à verser. Quelques jours plus tard, Michel Baillon annonce à ses deux patrons qu'il a trouvé une solution pour payer le milliard manquant. Le groupe échappe une nouvelle fois à de grosses difficultés financières.

Le danger étant écarté, Paul Dubrule et Gérard Pélisson font le tour du propriétaire de leur nouveau domaine. Ils décident bien sûr de conserver et de développer la division hôtelière, dont chaque établissement est rebaptisé du nom de l'une des enseignes du groupe. En l'espace d'un an, la chaîne Ibis récupère cent douze nouveaux établissements ; Mercure progresse de cent soixante-quatre nouveaux hôtels ; et Sofitel passe de soixante et un à cent vingt-huit hôtels en Europe. Avec la croissance naturelle des autres chaînes, le groupe gagne quatre cent quatre-vingt-dix nouveaux hôtels entre 1991 et 1992. Pour les agences de voyage, Hervé Gourio leur a présenté une stratégie qui semble prometteuse. Les coprésidents travaillent avec le groupe Volkswagen dans le cadre d'une joint-venture à 50/50 pour redresser Europcar. Finalement, il ne reste que le cas d'Eurest, dans laquelle Nestlé est associé à 50 %, à régler. Que faire de cette filiale de restauration collective, numéro deux en Europe derrière Sodexho, alors qu'ils envisagent de

---

1. Environ 450 millions de francs français, soit 70 millions d'euros.

céder la Générale de restauration, héritée de Borel, qui fait le même métier ? La direction générale d'Accor se met en quête d'un repreneur.

Évidemment, pas question de traiter avec Sodexho. Après de nombreuses tractations, deux importantes sociétés anglaises de restauration collective font des propositions sérieuses. Gérard Pélisson s'occupe personnellement des négociations. Il tient à ce que tout se passe au mieux et que la situation financière s'éclaircisse. La société Granada propose de payer la coquette somme de 4 milliards de francs français cash. Son concurrent Compass propose de payer un peu plus cher. En revanche, la transaction prévoit un paiement pour moitié cash et pour moitié en actions de la maison mère. Après une étude approfondie, Gérard Pélisson estime que l'offre de Compass, si elle présente l'inconvénient de rapporter immédiatement moins de cash, présente aussi l'avantage d'un pari sur l'avenir à fort potentiel de gain. Avant de prendre sa décision, il expose son raisonnement à Paul Dubrule, qui lui donne son accord. Rapidement, la transaction est signée et Accor devient le premier actionnaire de Compass, principal concurrent de Sodexho à l'échelle mondiale, avec 22 % du capital de la société britannique. Trois ans plus tard, Accor cède sa participation dans Compass à plus du double de sa valeur d'acquisition. Gérard Pélisson est ravi : « *Finalement, ce qui aurait pu tourner à la catastrophe se révèle être une des plus belles affaires de notre vie. Nous avions prévu de dépenser 6 milliards pour prendre le contrôle de CWLT et nos mésaventures avec la justice belge ont porté l'addition à 7,5 milliards. Avec la prime des Allemands et la revente d'Eurest, nous avons récupéré l'intégralité de notre investissement. Finalement, nous sommes devenus propriétaires de plusieurs centaines d'hôtels et d'un important réseau d'agences de voyages pour les seuls intérêts que nous avons dû payer sur les emprunts.* »

Des hommes de parole

Pendant toute cette période, Hervé Gourio déploie sa stratégie avec ses équipes. Il mène plusieurs acquisitions, dont une de 14 millions de livres au Royaume-Uni. Régulièrement, il tient informé les deux coprésidents en leur envoyant des notes qui restent sans réponse. Jusqu'au jour où Gérard Pélisson prend son téléphone et demande : « *Vous nous envoyez fréquemment des notes qui expliquent ce que vous faites. Attendez-vous quelque chose de nous ?* » le directeur général de la division voyage de CWLT répond : « *Non, Monsieur le Président. C'est simplement pour vous tenir informé !* » Gérard Pélisson lui répond : « *Nous n'avons pas le temps de lire tout ça. Arrêtez de nous envoyer tous ces papiers. Vous viendrez nous voir quand vous aurez besoin de nous et, si nous avons une question, nous vous appellerons !* » Un moment stupéfait, Hervé Gourio en prend acte et poursuit son développement en toute liberté, sur la base de sa stratégie dûment estampillée par le siège. Mais pour réussir son grand pari, devenir un acteur de premier plan dans la distribution de voyages professionnels pour des entreprises internationales, il cherche encore un partenaire aux États-Unis dont il pourrait faire l'acquisition.

En 1992, alors que les affaires avec la justice belge ne sont pas encore terminées, la banque Lazard lui présente le dossier du numéro cinq américain, la société US Travel. Hervé Gourio est immédiatement séduit : voilà l'occasion, qu'il attendait depuis deux ans, de prendre une vraie position sur le marché américain et de pouvoir conclure de nouveaux contrats avec des entreprises telles que General Electric ou IBM. En même temps, le cadre supérieur connaît les difficultés financières du groupe avec lesquelles les dirigeants se débattent pour éviter la faillite. La filiale Eurest n'est pas encore vendue. Comment va-t-il être reçu au siège s'il présente un dossier à 60 millions de dollars ? Courageusement, accompagné du représentant officiel de la banque Lazard, il rencontre Gérard Pélisson dans son bureau de la Tour Montparnasse. Son objectif est d'obtenir l'aval du président pour constituer un comité d'investissement, qui sera chargé d'étudier le bien-fondé de cette acquisition.

Si le dossier est intéressant, il présente aussi quelques zones d'ombres qu'Hervé Gourio expose ouvertement : « *C'est une excellente occasion de prendre pied aux États-Unis et de nous développer. Cependant, ce dossier est quand même un peu fragile : l'entreprise ne gagne pas d'argent, son président actuel n'est pas à la hauteur, mais va probablement chercher à s'accrocher, et le management local est mauvais. Toutefois je crois que c'est important et qu'il faut y aller. J'ai bien un manager en Europe, qui dirige une petite filiale et qui pourrait peut-être en prendre la direction, mais je ne sais pas s'il est vraiment capable de changer d'échelle aussi rapidement. J'ai besoin de votre avis.* » Le patron de la division voyages est persuadé qu'avec un dossier aussi médiocre il va rapidement se faire éconduire. Contre toute attente, il s'entend répondre : « *Si j'ai bien compris, votre affaire n'est pas brillante, mais elle est stratégique. Dans ce cas, il ne faut pas hésiter. Il faut y aller. On va vous préparer l'argent dont vous avez besoin. Pour le reste, je vous fais confiance. Vos problèmes ne sont pas insurmontables. Je suis sûr que vous trouverez une solution.* » Hervé Gourio n'en croit pas ses oreilles. C'est l'un des moments les plus étonnants de sa carrière. Alors qu'une heure plus tôt il est arrivé dans ses petits souliers, il sort avec un accord complet qu'il n'a même pas eu besoin de négocier. En sortant, il se dit : « *Ils nous disent tout le temps qu'ils font confiance à leurs collaborateurs, mais ils le font vraiment ! C'est incroyable !* »

Finalement, le dossier échappe à Accor, au profit d'American Express, qui dispose de moyens colossaux et n'hésite pas à présenter une offre plus élevée. Pour Hervé Gourio, la déception de la perte de cette opportunité est très vite compensée par l'énergie que lui procure le sentiment d'être soutenu inconditionnellement au plus haut niveau de sa hiérarchie.

Investissement à contre-courant du marché

Pendant que la bataille entre Sodexho et Accor se déroule et que se joue l'avenir de CWLT, une autre crise majeure ébranle le monde. L'opération « Tempête du désert » a déclenché en janvier 1991 la première Guerre du Golfe, dont les conséquences sur l'industrie du tourisme sont dramatiques. Accor, devenu un poids lourd du secteur, n'est pas épargné. Au lendemain du conflit, si le groupe est encore bien vivant, ses réserves sont épuisées, ses finances asséchées. Pour Paul Dubrule et Gérard Pélisson, dont la réputation iconoclaste n'est plus à faire, c'est paradoxalement une nouvelle opportunité de croissance. Il n'est pas question pour ces deux dirigeants de laisser leurs équipes sans un nouveau grand défi à relever. Ils se disent que, pendant que la concurrence se remet de ses traumatismes, il y a sûrement une opportunité qu'ils doivent être capables de saisir. Mais comment faire, dans un métier qui dévore les capitaux, quand on n'a plus d'argent ?

Paul Dubrule repense à son idée d'origine : se développer dans le cadre d'une franchise. Le concept Mercure étant à la fois le plus souple et celui qui a le plus besoin d'évoluer, c'est sous cette bannière que se fera la percée. C'est à Claude Moscheni qu'est confiée la responsabilité de l'opération. Pour la lancer, Paul Dubrule reçoit le patron de l'opération et son équipe rapprochée à son domicile personnel. Il leur annonce que l'objectif est d'atteindre mille hôtels franchisés sous l'enseigne Mercure avant l'an 2000. À cette époque, le groupe ne totalise que huit cent soixante-dix hôtels toutes marques confondues, dont seulement cent huit Mercure. Surpris par l'énormité de l'objectif, un collaborateur réplique courtoisement : « *Monsieur Dubrule, vous ne pensez pas que mille hôtels, c'est beaucoup ?* » Le coprésident rétorque, du tac au tac : « *Si vous avez cet état d'esprit, c'est que vous n'êtes pas la personne qu'il nous faut. On va vous trouver une autre mission moins ambitieuse !* » Tout le monde éclate de rire, sauf le principal intéressé, qui, après quelques ajustements, finit par dire : « *Très bien, on y va.* »

Comme à l'accoutumée dans le groupe, il s'ensuit une nouvelle période de négociations : « *D'accord pour les mille hôtels, mais à condition que les normes soient moins sévères que pour Novotel ou Ibis* », revendiquent les collaborateurs. Gérard Pélisson y met aussi son grain de sel : « *Pour aller aussi vite, il faut innover aussi en management. Il faut que les directeurs régionaux soient aussi les patrons de leur région et qu'on puisse les impliquer à 200 %. On va leur proposer de devenir des chefs d'entreprise et de s'investir au capital de leur société avec nous et ils en seront les P-DG.* »

Claude Moscheni comprend vite que l'idée de transformer les managers en entrepreneurs est la clé du succès d'une opération aussi ambitieuse. Il explique à ses lieutenants : « *Comme ils ont la possibilité de s'investir personnellement, non seulement vos gars vont foncer, mais c'est en outre un argument très convaincant vis-à-vis des candidats à la franchise. Le fait que les directeurs régionaux soient eux-mêmes des hôteliers et patrons de leur affaire les rassurera énormément. En plus, comme le concept est plus libre, on va pouvoir développer plus facilement une image d'hôtellerie traditionnelle, ce qui ne peut que leur plaire.* » Résultat, à partir de 1992, la croissance moyenne du nombre d'établissements sur la marque Mercure se chiffre à 21 % par an. Si les mille hôtels ne sont pas atteints en 2000, le groupe passe tout de même de cent huit à sept cent quarante-neuf établissements sous enseigne Mercure. Et la croissance se poursuit jusqu'en 2002, où l'enseigne compte huit cent trente-cinq hôtels sous sa bannière.

L'affaire Méridien

Après avoir hésité pour investir dans Novotel au moment de la construction de Bagnolet, Air France a pris le parti de développer sa propre chaîne d'hôtels haut de gamme pour y loger une clientèle exigeante : les hommes d'affaires voyageant en avion. Le premier Méridien est inauguré en 1972 à Paris[1]. En 1994, Air France dispose d'un réseau de cinquante-neuf hôtels de grand standing installés dans toutes les capitales mondiales.

Pendant toutes ces années, les deux fondateurs de Novotel, devenu Accor, rêvent de reprendre ce fleuron français du tourisme. Les hôtels Méridien ajoutés à la centaine de Sofitel donneraient au groupe la dimension qu'il mérite sur le segment de l'hôtellerie d'affaires haut de gamme. Très régulièrement, Paul Dubrule et Gérard Pélisson ont tenté de négocier avec tous les présidents qui se sont succédé à la tête d'Air France pour étudier un rachat ou un partenariat. De 1988 à 1993, Bernard Attali préside aux destinées de la compagnie aérienne. Il comprend que le monde du tourisme d'affaires a changé et que la chaîne des hôtels Méridien n'est plus un actif stratégique pour une compagnie aérienne telle qu'Air France. L'hôtellerie s'est considérablement professionnalisée et la compagnie qui figure sur la liste des entreprises françaises privatisables cherche partout de l'argent pour se redresser. C'est donc très naturellement qu'il prête une oreille attentive aux propositions insistantes des coprésidents d'Accor. Les intentions des parties étant convergentes, en quelques mois les bases d'un accord sont posées. En octobre 1993, Bernard Attali et Gérard Pélisson échangent une poignée de mains qui, pour les patrons d'Accor, signifie : marché conclu.

Coup de théâtre, quelques jours après cet accord de principe, les personnels navigants de la compagnie aérienne déclenchent une grève dure qui débouche cinq jours plus tard sur la démission de Bernard Attali. Christian Blanc est nommé président d'Air France. Il ne veut rien entendre quant à un accord pour lequel aucun document n'engage officiellement la compagnie. Paul Dubrule et Gérard Pélisson montent au

---

1. Méridien Étoile, hôtel quatre étoiles de mille vingt-cinq chambres, inauguré en 1972, situé près de la Porte Maillot, dans le XVIIe arrondissement.

créneau. Jusqu'au sommet de l'État, ils font savoir qu'Accor est le seul groupe à pouvoir assurer la reprise du fleuron de l'hôtellerie française. Ils ajoutent que la prestigieuse chaîne d'hôtels a été développée avec les capitaux d'Air France, compagnie publique, et donc avec l'argent du contribuable. En conséquence, il leur semble inadmissible qu'on puisse envisager de céder Méridien à un groupe étranger et ils le crient haut et fort. En pleine cohabitation, la manœuvre est jugée maladroite et certains y voient une forme d'arrogance inhabituelle chez ces deux patrons qui ont construit leur succès sur une attitude pragmatique. Leur réputation iconoclaste, longtemps acceptée par l'*establishment*, n'est pas du goût des hauts fonctionnaires chargés de gérer ce dossier.

Dans le même temps, Michel Baillon, directeur financier du groupe depuis 1983, part à la retraite. Benjamin Cohen le remplace. Paul Dubrule et Gérard Pélisson lui confient l'étude technique de la reprise de la chaîne Méridien par Accor. Or, Benjamin Cohen, l'un des pères fondateurs de Sofitel, bien avant que l'enseigne ne soit reprise par Novotel, a souffert d'une vive concurrence avec son principal concurrent, qui a bénéficié d'un soutien financier illimité de la part d'Air France. Il voit dans ce dossier l'occasion de prendre sa revanche et adopte une attitude hautaine. Face à lui, le directeur général de la chaîne d'hôtels de luxe jette sur Accor un regard méprisant. Se faire reprendre par un groupe qui gère des Ibis et des Formule 1 n'est pas de son goût. Il n'en faut pas plus pour que les deux hommes se fâchent. L'affaire qui semblait servie sur un plateau, un an plus tôt, se complique dangereusement.

Nouveau coup de théâtre. Dans cette ambiance électrique, le gouvernement, actionnaire d'Air France, décide de mettre la chaîne hôtelière aux enchères. Les deux fondateurs d'Accor montent au créneau et s'étonnent ouvertement : « *Vous n'allez quand même pas mettre une entreprise comme Méridien aux enchères ?* » « *Si !* », répond le cabinet du Premier ministre. À quelques mois des élections présidentielles de 1995, l'affaire prend un tournant politique. Les présidents se sentent humiliés par le procédé. Ils sont obligés de répondre à un appel d'offres international alors qu'ils estiment que cette chaîne leur revient de plein droit. En présence d'Antoine Weil, qui intervient comme conseil, Christian Blanc s'engage : « *Je n'ai pas le choix, je dois procéder à un appel d'offres, mais si vous nous proposez 1 700 millions, je peux vous assurer que vous emporterez l'affaire. Je ne jouerai pas au marchand de tapis.* » Faisant contre mauvaise fortune bon cœur, Paul Dubrule et Gérard Pélisson se plient aux exigences du gouvernement et font leur proposition à ce prix. Plusieurs candidats sont sur les rangs, dont le groupe hôtelier britannique Forte, qui surenchérit de 100 millions. Finalement, Accor perd l'affaire.

Le 4 novembre 1994, l'annonce est officielle : Forte prend 57 % du capital de la chaîne hôtelière Méridien pour 1 800 millions de francs. À peine 100 millions de plus que l'offre d'Accor. Paul Dubrule et Gérard Pélisson sont furieux. Les deux hommes sont assommés par cet échec, auquel ils ne se sont pas préparés. Trente ans d'un parcours exceptionnel ne peuvent pas s'achever par un tel affront.

Deux projets pour une filiale

Pendant que les présidents se battent pour tenter de faire aboutir le dossier Méridien, deux visions s'opposent quant à la stratégie à suivre pour une des divisions de CWLT. En reprenant cette compagnie, Paul Dubrule et Gérard Pélisson ont cru que la division des agences de voyages serait un atout pour commercialiser les chambres d'hôtels du groupe et améliorer les taux de remplissage. Rapidement, ils ont dû se rendre à l'évidence : si leurs propres agences favorisent trop ostensiblement les établissements d'Accor, elles se mettent à dos les autres opérateurs. Impossible de mettre en œuvre une synergie commerciale qui s'opposerait trop violemment aux lois du marché.

Faisant preuve de pragmatisme, les patrons d'Accor réfléchissent autrement et consultent leurs équipes sur le sujet : « *Quel avenir pour ce métier en pleine mutation[1] ?* » Au sein de l'état-major, deux thèses s'opposent. La première est conduite par Sven Boinet, personnage influent auprès des présidents, qui défend le projet d'une cession à American Express. Pour Hervé Gourio, patron de la division Business Travel, il n'en est pas question. Il soutient qu'il peut poursuivre sa stratégie d'acquisitions tout en nouant des alliances de premier plan, pour finalement réussir à devenir un acteur de poids dans ce métier. Ces tergiversations internes durent de longs mois, jusqu'à ce qu'un nouvel acteur s'invite au débat.

Début 1993, le groupe américain Carlson, numéro deux des réseaux d'agences de voyages aux États-Unis derrière American Express, approche Wagons-Lits Travel : « *Nous avons entendu que vous recherchiez un partenaire aux États-Unis. Nous pensons être celui qu'il vous faut.* » Pour Hervé Gourio, l'intérêt de se vendre au groupe Carlson, alors qu'il refuse d'intégrer le leader mondial, ne saute pas aux yeux. En plus, la réputation de dictateur du patron fondateur, Curt Carlson, dont la principale fierté est de voir son patronyme affiché au-dessus des vitrines des agences, n'est pas franchement attrayante.

Hervé Gourio propose une entrevue à Paris à l'une des filles du fondateur, Marilyn Carlson, présidente de Carlson Travel. Il lui explique qu'il est ouvert à la négociation à deux conditions : la première, il doit s'agir d'un partenariat sur une base 50/50 et pas d'une acquisition ; la seconde, les activités business ne doivent pas être fusionnées avec les celles de loisirs. Sur ces bases, les deux patrons apprennent à se connaître et échangent des témoignages d'estime réciproque. Sur la base des conditions posées par Hervé Gourio, un premier accord est signé en grande pompe, en avril 1994, à Paris, par

---

1. De 1993 à 1996, les compagnies aériennes ont progressivement supprimé toutes les commissions dont vivaient les agences de voyages, qui ont dû apprendre à faire payer leurs services à leurs clients.

Gérard Pélisson et Marilyn Carlson. L'accord stipule qu'une marque commune est créée : Carlson Wagons-Lits Travel, pour regrouper les activités d'agences de voyages professionnels des deux entités. Carlson revend à Accor sa filiale au Royaume-Uni et Accor revend à Carlson sa filiale américaine. Chacune des affaires reste indépendante et aucune des deux sociétés ne prend de participation dans l'autre. Une joint-venture 50/50 est créée pour prendre pied en Asie. Chacune des parties s'engage dans cet accord avec l'idée d'évoluer ultérieurement vers une fusion. Le pacte d'associé stipule que si dix ans plus tard la fusion n'est pas réalisée, le partenariat deviendra automatiquement caduc. Comme d'habitude chez Accor, mieux vaut commencer par un bon concubinage avant de se marier.

Leader mondial des agences de voyages

Pendant les deux ans qui suivent, le « *marketing agreement* » est mis en œuvre sans qu'aucune ombre ne vienne le voiler. Paul Dubrule représente Accor dans les conseils d'administration et il rencontre à plusieurs reprises Curt Carlson et sa fille Marilyn. En 1995, le patriarche âgé de 81 ans confie la direction générale exécutive à sa fille, tout en conservant la présidence. L'année suivante, sentant tout le poids de ses responsabilités sur ses épaules et inquiète de voir son père vieillir, elle demande que le processus de fusion entre la société Carlson et la société Wagons-Lits Travel, filiale d'Accor, soit accéléré. Francophile, elle apprécie l'approche pragmatique des dirigeants français et trouve chez Hervé Gourio un homme de confiance qu'elle juge capable de conduire le futur conglomérat. Reste à convaincre son père de s'engager dans un processus contre lequel il s'est battu toute sa vie. Hervé Gourio demande à Gérard Pélisson de faire le déplacement jusqu'à Minneapolis (Minnesota), dans l'espoir de convaincre le patriarche de se lancer dans une fusion à 50/50. Il explique dans l'avion les enjeux de cette affaire à son patron qui, jusqu'à présent, lui avait entièrement fait confiance.

À la descente d'avion, Gérard Pélisson est très impressionné. L'autoroute qui mène jusqu'à la propriété des Carlson porte le nom de son mécène : « Carlson Highway » !

Marilyn Carlson et son mari Glen Nelson invitent tout le monde à dîner chez eux, dans leur grande maison familiale au bord d'un lac. Sont conviés Curt Carlson, Gérard Pélisson, Jean-Marc Simon, président de la CWLT, et Hervé Gourio, directeur général de Wagons-Lits Travel. Au cours du dîner, Gérard Pélisson et Curt Carlson s'isolent dans la bibliothèque. Les deux hommes sont des entrepreneurs et parlent le même langage. Gérard Pélisson, qui connaît bien les Américains, sait comment traiter avec son interlocuteur. Fort de sa longue expérience des partenariats à 50/50, il explique que c'est la seule solution pour des *gentlemen* intelligents, qui partagent les mêmes objectifs. Il utilise un argumentaire bien rodé : « *Quand on a chacun 50 %, on est obligé de s'entendre. C'est beaucoup mieux que de devoir se soumettre quand on est minoritaire, même avec 49 % des parts. Un bon partenariat, c'est la clé des meilleures réussites, dès l'instant où chaque partie fait preuve de bon sens. Depuis toujours, pour mon associé comme pour moi, une poignée de mains vaut plus que n'importe quel écrit. Nous fonctionnons ainsi depuis trente ans et cela nous a toujours réussi.* » Les arguments font mouche et le courant passe très vite entre les deux hommes, qui se reconnaissent des valeurs communes : le sens des affaires, un mélange d'intuition et de pragmatisme et l'esprit de conquête. Un peu moins d'une heure plus tard, ils rejoignent les autres convives qui terminent le repas autour d'un café. En s'asseyant, Gérard Pélisson s'exclame : « *Nous sommes d'accord. On peut fusionner !* » Curt Carlson poursuit en se tournant vers sa fille : « *Oui, c'est d'accord. Vous pouvez avancer dans les négociations.* » Hervé Gourio n'en croit pas ses oreilles. En moins d'une heure, son patron a réussi à négocier une joint-venture avec un patron qui est resté propriétaire de son affaire et seul maître à bord pendant quarante ans.

Sur la base de cet accord de principe, pendant un an, les services financiers et juridiques peaufinent les termes de la fusion, signée début 1997. Carlson Wagons-Lits Travel devient le numéro un mondial des agences de voyages, au coude à coude avec American Express[1]. Pour fêter l'événement, Accor organise une grande cérémonie à Paris et Curt Carlson, qui voyage très peu, fait spécialement le déplacement. Dès l'été qui suit la fusion, le patriarche de 83 ans transmet officiellement les commandes du groupe qu'il a fondé à sa fille Marilyn. Une grande fête est organisée à Las Vegas, où cinq mille personnes sont conviées. L'ex-président américain George Bush père et le vice-président Al Gore y participent. Toute l'équipe de la nouvelle compagnie y est conviée, ainsi que les deux coprésidents d'Accor. Gérard Pélisson s'y rend seul. Présenté par Curt Carlson comme « *my French partner* », il monte sur l'estrade coiffé d'un béret basque, une baguette de pain sous le bras et explique à l'assemblée amusée que Curt et Marilyn Carlson sont des gens formidables.

Une aventure qui continue

Dans l'avion qui le ramène en France, Gérard Pélisson reste silencieux. Toute l'histoire du groupe défile dans sa mémoire. Paul Dubrule et lui ont inauguré leur premier hôtel de soixante chambres il y a exactement trente ans. Quelques mois plus tôt, ils se sont retiré officiellement des affaires pour siéger au conseil de surveillance du groupe. Désormais, c'est Jean-Marc Espalioux qui préside aux destinées de la maison Accor. Chaque nuit, quatre cent mille clients dorment dans l'une de leurs chambres. Chaque jour, un million de repas sont servis dans leurs restaurants. Plus de cent cinquante mille collaborateurs s'affairent aux quatre coins du monde pour que la grande machine tourne sans jamais s'arrêter. Dans quelques heures, Gérard retrouvera Paul, à qui il aura une nouvelle histoire à raconter.

---

1. La division Business Travel ne représente qu'une part accessoire dans la panoplie des activités d'American Express. Carlson Wagons-Lits Travel dépasse cette division, mais reste une société infiniment plus petite qu'American Express dans sa globalité.

Partie II

Les clés du succès

« *La pierre la plus solide d'un édifice est la plus basse de la fondation.* »

Khalil Gibran, Le Prophète.

I

Entrepreneurship de haut niveau

Dans ses travaux sur les processus psychologiques et relationnels, Eric Berne[1] a développé la théorie du scénario ou plan de vie selon laquelle l'ensemble des influences positives et négatives vécues dans l'enfance conditionnent l'avenir de chaque être humain. Eric Berne et d'autres auteurs insistent sur la responsabilité de la personne qui choisit une trajectoire pour se débrouiller au mieux avec ce que ses parents et autres figures parentales lui ont légué, alors qu'elle n'était encore qu'un petit garçon ou une petite fille. Sur la base de ces décisions, chacun développe des stratégies qui lui permettent de réussir brillamment ; ou le conduisent à échouer encore et encore jusqu'à l'épuisement ; ou encore l'amènent à renoncer et à opter pour une vie banale, ordinaire, sans grande saveur. Le scénario comporte des éléments professionnels et des éléments personnels. Dans cette analyse, nous nous en tiendrons à mettre en valeur les éléments professionnels des fondateurs d'Accor.

Dans l'arsenal psychologique qui constitue le scénario de chaque individu, nous retrouvons parmi les éléments positifs

---

1. Médecin psychiatre américain (1910-1970) connu pour avoir été le fondateur de l'Analyse transactionnelle, une théorie de la personnalité humaine, du fonctionnement psychique et de la communication interpersonnelle et une méthode de psychothérapie.

les **Permissions**, qui interviennent dans le sentiment de légitimité que ressent une personne qui exerce une profession. Avoir reçu de ses parents ou d'une autre autorité le droit de s'engager dans une voie professionnelle est essentiel. Mais ce n'est pas suffisant pour que la personne réussisse. Elle a aussi besoin d'avoir introjecté des **Protections**, elles aussi transmises par une autorité influente, qui l'amènent à mesurer les risques avant de se lancer dans une aventure professionnelle. Les Protections sont des protocoles qui incitent la personne qui les a reçues et acceptées à dire « *non* » face à un danger qu'elle ne maîtrise pas ou à envisager des « plans B » qui lui permettront de rebondir si elle décide de prendre le risque d'agir quand même. Enfin, le jeune homme ou la jeune fille qui se lance dans un projet professionnel a besoin de s'appuyer sur un ou plusieurs **Modèles** qu'il a eu le loisir d'observer auprès d'un parent ou d'un maître. Il s'agit d'un ensemble de méthodes, de stratégies, de comportements, de savoir-faire et de savoir-être pour parvenir aux objectifs que chacun se fixe. Le scénario recèle aussi des zones d'ombres, au travers des inhibitions et des comportements de sabotage. Ces composantes négatives du scénario sont sans intérêt pour cette analyse et seront passées sous silence. Pour la grande majorité des individus, l'ensemble de cet arsenal est inconscient[1].

Deux entrepreneurs imparfaits

Dans les expériences juvéniles des deux fondateurs d'Accor, il apparaît tout de suite qu'ils ont choisi très jeunes de se conformer pour une part importante à ce que leur famille attendait d'eux. Ils ont accepté de prendre dans leur héritage psychologique ce qu'ils ont considéré intéressant, recevant les Permissions, les Protections et les Modèles utiles.

---

1. Pour plus de détails sur ce thème, le lecteur peut se reporter à l'ouvrage *Coacher les entrepreneurs*, du même auteur, Éditions d'Organisation (2010).

La particularité de leur psychisme réside en deux traits de caractère que l'on retrouve chez Paul Dubrule comme chez Gérard Pélisson. Le premier consiste à suivre la lignée familiale, tout en se donnant le défi de faire mieux, de réussir plus brillamment que ses aïeux. Aller au-delà de ce que leurs parents ont pu faire, se montrer digne de leur héritage culturel et continuer à construire dans leurs traces. Le second, déterminant dans leur réussite, est l'important degré de liberté qu'ils s'accordent, n'hésitant pas à se rebeller ouvertement contre les principes qui ne leur paraissent pas légitimes. C'est cette liberté, creuset d'une grande créativité, qui leur a permis de s'affranchir des contraintes de leurs aînés et de la plupart de leurs contemporains. Du côté du Modèle dont chacun a besoin, en revanche, certains éléments nécessaires pour assouvir leurs ambitions sont encore absents ou insuffisamment construits.

Un héritage incomplet

Paul Dubrule a reçu de ses ascendants, et notamment de son propre père, le Modèle pour créer et développer une PME. Mais personne ne lui a montré l'exemple dont il aurait pu s'inspirer pour fonder une future grande entreprise. Et c'est précisément ce qu'il part chercher dans ses voyages. Ses études en Suisse, puis son départ pour les États-Unis répondent à ce besoin de trouver un Modèle sur lequel il pourra ensuite s'appuyer pour construire son ambitieux projet professionnel. Bernardo Trujillo y répond partiellement : il lui révèle la recette, mais ne donne pas l'exemple. Au contraire, le consultant qui tient des propos pertinents et dynamiques devant ses stagiaires est connu de ceux qui le côtoient régulièrement comme un grand froussard lorsqu'il s'agit de prendre des risques. À son retour des États-Unis, Paul Dubrule doit encore trouver le modèle dont il a besoin pour pouvoir créer et développer une grande entreprise. Sans argent, sans expérience, son défi ressemble à une gageure dans laquelle les esprits étroits se montrent incapables de le suivre. C'est ce qui explique qu'il travaille si intensément et si longuement à la construction de son projet, au début de l'histoire. Comme il ne dispose pas d'un modèle suffisamment complet sur lequel il pourrait s'appuyer, il est obligé de le concevoir de toutes pièces, en partant de ses observations aux États-Unis, des remarques de ses interlocuteurs, de l'expérience de ses aïeux, de son analyse du marché français, des normes en vigueur. Il procède par une succession d'essais et d'ajustements jusqu'à obtenir un modèle solide. Ces années sont une période de maturation qui lui permettront ensuite d'asseoir son leadership effectif.

En matière de management, l'héritage est plus solide. Le modèle de son père lui servira sans qu'il en ait conscience en matière de management démocratique : « *Mon père était un sage, un libéral. Il y avait des règles qu'il ne fallait pas dépasser. En parlant de ses collaborateurs, il disait toujours : je laisse filer et si ça va trop loin, je retiens. Il n'était pas directif.* » Suzanne Mamet-Dubrule, la mère de Paul, évoque avec émotion les relations que son mari entretenait avec son personnel : « *Il les aimait beaucoup, ça faisait une grande famille. Ils s'étaient tous connus très jeunes et avaient travaillé longtemps ensemble. C'était la grande entente, même si pour tout le monde il était clair que c'était lui le patron. Il était respecté par ses ouvriers qui lui faisaient confiance.* » Exactement ce que beaucoup de collaborateurs évoquent aujourd'hui à propos du fils en témoignant de leur parcours chez Accor.

Des parents sources d'inspiration

Or, dans les premiers temps de Novotel, il est probable que l'influence ou le Modèle de la mère de Paul Dubrule soit venu troubler le Modèle paternel. Un peu comme s'il avait à sa disposition deux modèles sans bien savoir comment choisir entre les deux. Pourtant, bien qu'il ne s'en souvienne plus, adolescent, Paul avait déjà fait un choix. Lorsqu'il se rebelle contre sa mère à propos de la façon de traiter le personnel de maison, il lui indique clairement les convictions qu'il s'est déjà forgées à partir du Modèle paternel. C'est du fond de ses tripes qu'il puise la force de s'opposer à elle : « *Tu n'as qu'à leur expliquer ce que tu attends d'eux, les former et surtout les payer correctement !* » Cette force de conviction s'effacera de sa mémoire pendant quelques années, jusqu'à ce qu'il devienne enfin chef d'entreprise. Dès l'ouverture du premier hôtel à Lesquin, Paul redécouvre que, dès qu'il s'occupe de son personnel et qu'il le traite avec considération, leur performance et leur motivation s'accroissent de façon très significative. La considération et la formation deviennent très vite des principes fondamentaux de management dans l'entreprise. Il en fera même quelques années plus tard l'un de ses principaux chevaux de bataille, en fondant avec l'assistance de Georges Le Mener ce qui deviendra la très réputée « Académie Accor ».

De son côté, Gérard Pélisson, qui nourrit une grande admiration pour son père, dispose d'un exemple solide pour développer une affaire importante. Il l'a vu démarrer sa vie professionnelle très modestement, puis réussir brillamment, à force de compétence, d'intelligence, de droiture et de loyauté. Mêlant courage, modestie et capacité de remise en question, Jules Pélisson est devenu au fil des ans un patron talentueux, tout en gardant une relation respectueuse envers ses collaborateurs. En revanche, et bien que ses grands-parents aient été entrepreneurs, Gérard ne les a presque pas connus et n'a pas reçu lorsqu'il était enfant un modèle clair en ce qui concerne la façon de créer une entreprise à partir de rien : les établissements Billion que son père a brillamment dirigés existaient déjà bien avant qu'il intègre la soierie lyonnaise. Probablement n'a-t-il d'ailleurs pas envie de créer une entreprise. Gérard Pélisson est un développeur, pas un créateur. Son rêve aurait été de succéder à son père. Mais le patriarche en a décidé autrement, en choisissant Henri, l'aîné de la fratrie pour diriger après lui les affaires de la maison Billion.

La construction d'une identité entrepreneuriale

Gérard s'est consolé en faisant de brillantes études. Celui qui rêve de présider aux destinées d'une grande compagnie est en quête de l'entreprise. IBM représente une possibilité intéressante : *« Lorsque j'avais 30 ans, mon projet était de devenir vice-président d'IBM Europe à 35 ans, puis Président d'IBM au niveau mondial un jour. »* Mais un cadre français, aussi brillant soit-il, peut-il raisonnablement parier sur un tel avenir au sein d'une compagnie américaine ? Deux autres éléments viennent alors stimuler ses réflexions : la soif de liberté et l'envie d'entreprendre. *« Si j'étais fier de mon parcours, je commençais à souffrir de devoir limiter mes responsabilités à un segment du business. Je ressentais le besoin d'un vrai défi et d'une liberté d'action plus importante. Je voulais devenir entrepreneur et patron d'une entreprise dans sa globalité. J'attendais que l'occasion se présente. »* L'intérêt qu'il porte à la société Papyrus, appartenant à la famille Petit, puis à Paul Dubrule, s'enracine probablement dans ce désir de devenir entrepreneur. Mais pour Gérard, qui a développé en même temps que son intelligence un caractère prudent, il n'est pas question de lâcher la proie pour l'ombre. Il n'a aucune envie de devenir patron d'une modeste PME. Il attend d'être sûr que choisir le métier de chef d'entreprise ne l'obligera pas à renoncer à sa carrière de grand patron. Associer le caractère entrepreneur de ses grands-parents avec la posture d'un développeur comme son père est le défi qu'il se fixe à lui-même. Avec un rêve en prime : devenir un grand capitaine d'industrie.

Une subtile complémentarité

Le résultat, c'est un peu comme si chacun des deux hommes avait dans son scénario presque tous les ingrédients qui lui permettraient de construire et de développer une grande affaire, à un détail près. À chacun, il manque quelque chose. Pour Paul, c'est le modèle de développement d'une grande affaire. Pour Gérard, c'est la sensibilité au marché qui lui permettrait d'élaborer un concept prometteur. Or, et c'est toute la richesse qui émergera de leur future association, ce qui manque à l'un, l'autre l'a ! Bien qu'ils n'en aient pas encore conscience, les deux hommes ont besoin l'un de l'autre pour assouvir leurs ambitions réciproques. Chacun d'eux est capable de réussir son projet personnel, mais ensemble ils découvrent au fil de leur collaboration qu'ils peuvent réussir mieux, aller plus loin, relever des défis encore plus audacieux. Cela ne se fera pas sans difficulté, mais le pragmatisme de chacun et l'humilité des deux permettra ce mariage improbable. Gérard au caractère sanguin, impulsif, colérique, a, auprès de ceux qui le connaissent, l'image du feu. Paul, au naturel plus diplomate, réagit plus subtilement, dans la durée. Pour ceux qui le côtoient régulièrement, il a l'image de l'eau. Marier le feu et l'eau devient possible parce que chacun fait preuve d'une rare intelligence et que chacun d'eux a beaucoup à gagner dans sa collaboration avec l'autre. Les mises au point seront fréquentes et parfois houleuses : « *Certains jours, lorsque nous n'étions pas d'accord, les murs tremblaient !* », se rappelle Gérard Pélisson. Si, avec les années, ils ont appris à en rire, les souvenirs de leurs combats de chefs ont marqué les mémoires. À chaque fois, animés de la même volonté de gagner ensemble, leurs divergences trouvent solution dans l'intérêt collectif : celui de la croissance de l'entreprise qui prime pour chacun sur toute autre considération personnelle.

Une harmonie séduisante

Pour les collaborateurs qui les ont côtoyés au fil des ans, le résultat est évident. Dominique Colliat en témoigne : « *Ils fonctionnaient vraiment à l'unisson. Que nous rencontrions Paul Dubrule seul, Gérard Pélisson seul ou les deux ensemble, les messages étaient toujours les mêmes. Ils avaient des styles très différents, mais allaient toujours dans la même direction.* » Désireuse de bien se faire comprendre, elle insiste : « *Jamais, jamais il n'y a eu de disparités dans les messages qu'ils donnaient aux collaborateurs à chaque rencontre.*

Jamais. Dans le même temps, ils partageaient une même ambition : celle de devenir un acteur majeur du paysage économique français. Ils avaient tous les deux une vraie capacité à nous faire partager cette ambition. Je pense que c'est ce qui a fait leur force. » L'ancienne stagiaire devenue directrice générale pour Sofitel Europe, Moyen-Orient et Afrique, ne s'y trompe pas : *« Gérard sans Paul ou Paul sans Gérard n'aurait pas pu faire Accor et réussir aussi bien. Pour tous les collaborateurs du groupe, la vie aurait été différente. »* Stanislas Rollin est encore plus clair : *« Paul seul aurait fini par réussir à monter sa chaîne d'hôtels. Peut-être serait-il parvenu à avoir une centaine d'établissements sous enseigne Novotel. Mais il n'aurait pas su faire Accor. Gérard serait probablement devenu un grand patron, peut-être même le président d'IBM. Mais il aurait vécu dans la frustration de ne pas avoir créé sa propre affaire. »* Évelyne Sacotte, directrice du Mercure de Reims au moment du rachat de la chaîne concurrente par Novotel, garde un souvenir bien vivant de leur extraordinaire complémentarité : *« Quand Gérard Pélisson venait nous voir, on avait intérêt à connaître nos chiffres sur le bout des doigts. Quand c'était Paul Dubrule, il se préoccupait des chambres, de l'accueil, du restaurant, mais avec le même souci du détail. Mais le plus important, c'est que, quand on sortait d'une réunion avec l'un des deux, on était regonflé à bloc. Et on n'avait qu'une envie : être les meilleurs. Cela vous met un tigre dans le moteur ! »*

De l'association et de la collaboration à parité des deux fondateurs émerge au fil des ans une véritable alliance entrepreneuriale et managériale qui n'aura de cesse de rayonner à tous les niveaux de la hiérarchie du groupe pendant les trente ans durant lesquels ils auront présidé à sa destinée. Comment une telle harmonie a-t-elle été possible entre deux hommes si différents ? C'est probablement le principal mystère de cette histoire insolite. La réduire à « être deux » n'a pas de sens. Beaucoup de binômes se forment et s'évanouissent à la première divergence d'intérêts. Comment percer le mystère de cette association atypique dans le paysage entrepreneurial français ?

Deux ambitions au service d'un grand projet

Il n'est pas de hasard dans la vie, que des occasions qui sont saisies ou laissées de côté. Paul Dubrule comme Gérard Pélisson sont tous les deux à l'affût d'une opportunité qui leur permettra de satisfaire leurs ambitions réciproques. Pour Paul, c'est plus évident que pour Gérard, mais chacun fait preuve d'une grande ouverture dans ses relations aux autres. Or, deux hommes qui cherchent finissent par trouver, par se trouver. Et c'est ce qui se passe lorsqu'ils se rencontrent en 1963. Ils ne se précipitent pas l'un sur l'autre, pas plus qu'ils ne foncent aveuglément dans une association qui les engloutirait. Non. S'ils collaborent assez vite ensemble, c'est dans une forme de coopération, de concubinage prénuptial, où chacun peut reprendre sa liberté à tout moment, sans dommage pour soi, ni pour l'autre.

C'est dans l'action et la multiplication de leurs rencontres que les deux hommes apprennent à se connaître. Ils ne font aucune déclaration fracassante sur les valeurs qui les animent. Ils vivent chacun avec ce qu'ils sont et offrent à l'autre le loisir de le découvrir. Il est frappant de constater que leur position professionnelle respective donne immédiatement une autorité à Gérard sur Paul. L'ingénieur devient à la fois son mentor, son associé et son coach. Il lui aurait été facile d'en profiter pour s'approprier le projet de celui qui se présentait à lui dans une grande vulnérabilité. Ce n'est pas le choix que fait Gérard. Au contraire, il donne du crédit au projet, mais accorde aussi du respect et de la considération à l'homme.

Réaliste, le cadre supérieur n'adopte pas non plus une posture angélique ou philanthropique. S'il se mobilise, c'est qu'il croit que le projet que lui présente Paul Dubrule a suffisamment d'ambition et de chances de succès. Peut-être même pourra-t-il y trouver une réponse satisfaisante à ses désirs professionnels. Comme il le déclare : *« Si Paul était venu me voir avec un projet pour un hôtel, ou même quelques-uns, je ne lui aurais pas accordé beaucoup d'intérêt. Dès le début, il m'a parlé d'une chaîne d'hôtels. Or, depuis longtemps, j'admirais les success* stories *américaines, dont celles d'IBM et d'Holiday Inn. C'est ça qui a suscité mon attention et m'a motivé. Je me suis dit "Pourquoi pas nous" ? »*

Des comportements, des attitudes et un raisonnement d'entrepreneurs

En se comportant ainsi, Gérard Pélisson envoie quelques signaux que Paul Dubrule comprend immédiatement : il agit en entrepreneur. Contrairement à ce que ferait un consultant, il ne facture pas sa prestation, mais attend en contrepartie de pouvoir s'associer au projet. Avec son ami Maurice Simond, ils vont même jusqu'à investir dans la petite société Devimco créée par Paul Dubrule l'année précédente. Régulièrement, Gérard se déplace à Lille pour rencontrer et tenter de convaincre Paul Dubrule père de mettre la main au portefeuille pour aider son fils. Il continue de faire le trajet de Paris à Lille après l'ouverture de l'hôtel de Lesquin, toujours pour aider Paul. Tout cela, Gérard le fait dans une perspective de rémunération décalée dans le temps. Il n'y a pas de facturation des services, mais un investissement aux côtés de son nouvel associé. C'est la preuve d'une grande confiance dans l'avenir et un acte entrepreneurial majeur. Il est évident que cette posture a contribué à rassurer Paul quant à la confiance que Gérard accordait au projet. Par voie de conséquence, le jeune chef d'entreprise se sent aussi plus fort. Il n'est plus seul dans son rêve. Ils sont deux dans l'action. Et immédiatement, cela change tout. Celui qui était depuis trois ans en proie aux doutes fait soudainement preuve d'une assurance qui rejaillit aussi sur les premiers collaborateurs. À la limite de la vantardise, il n'hésite pas à parler de ses grands projets à la presse comme aux candidats à un poste chez Novotel. Claude Moscheni et Georges Le Mener se souviennent que c'est cette assurance qui leur a donné envie de signer. Le jeune patron devient attrayant. Un leader est en train de grandir.

Leadership attractif

Dans son ouvrage *Structure et dynamique des organisations et des groupes* (Les Éditions d'analyse transactionnelle, 2005), Eric Berne étudie le fonctionnement des organisations humaines depuis l'Antiquité et l'impact qu'ont sur ces groupes leurs leaders. Il passe en revue les grands leaders de l'Histoire. Depuis Assurnazirpal II (roi d'Assyrie de 883 à 859 av. J.-C.) jusqu'au président américain Dwight David Eisenhower, en passant par Socrate, le tsar Nicolas II, Abraham Lincoln, Napoléon ou Staline, quels sont les attitudes, les comportements, les croyances, qui ont permis à ces personnalités d'asseoir leur leadership et quelles sont les interactions qu'ils avaient dans leurs relations avec leurs sujets, leurs fidèles ou leurs électeurs ? Il en ressort trois types de leadership indispensables pour qu'un groupe fonctionne efficacement.

Leadership responsable

La première dimension, qu'il appelle le leader responsable, correspond au rôle qu'endosse la personne qui porte officiellement le titre. Chez les militaires, c'est celui qui a les galons. Dans une entreprise capitaliste, c'est le P-DG ou le président du conseil d'administration lorsque la fonction de directeur général est dissociée. Le critère pour l'identifier est simple : c'est la personne dont le nom figure sur les documents officiels enregistrés auprès des tribunaux. Le corollaire, c'est que c'est à cette personne que reviendra la charge de comparaître devant la justice si d'aventure l'entreprise est assignée dans un procès. Dans le cas de Novotel, c'est Paul Dubrule, gérant de Devimco et président de Novotel SIEH, qui assume ce rôle social dans les premières années. Mais ce qui est important à comprendre, c'est qu'au-delà de l'aspect officiel ce leader peut très bien être un homme de paille, sans réelle influence sur le business ni autorité sur le personnel. Nombre d'entreprises sont constituées avec des prête-noms sur les documents officiels.

Deux autres dimensions, moins faciles à détecter, doivent être présentes pour que le leadership d'un patron soit complet et efficace.

Leadership effectif

La deuxième caractéristique constitutive d'un leadership efficace est celle que Berne nomme le leader effectif. Il s'agit, dans les faits, de la personne qui a la capacité de désigner dans le paysage économique de l'entreprise l'opportunité sur laquelle les forces vives de l'organisation vont devoir concentrer leurs efforts. En plus simple, c'est celui qui désigne l'objectif à atteindre. C'est aussi la personne dont les prescriptions face à un problème ont le plus de chances d'être suivies. Elle fait donc figure d'expert du sujet dont il est question. Dans le cas de Novotel, il est évident que cette dimension du leadership est endossée par Paul Dubrule, jusqu'à la reprise de Jacques Borel International. C'est lui qui, de retour des États-Unis, désigne l'opportunité à saisir sur le marché hôtelier en France et en Europe. C'est aussi lui qui met au point le concept et détermine avec beaucoup de précision chaque élément nécessaire à la réussite du projet. Et, même s'il accepte progressivement d'en débattre avec ses collaborateurs, on voit bien que 95 % de ses recommandations sont suivies d'effet. Il est incontestablement l'expert de l'hôtellerie et le reste jusqu'à la fin. Et, même si ses collaborateurs ont une expérience parfois significative de l'hôtellerie, ils acceptent de suivre ses idées originales.

Paul fait preuve d'une force de conviction qui fait de lui un vrai leader effectif. Les hommes ne lui obéissent pas. Ils le suivent. C'est bien là la caractéristique d'un leader (de l'anglais « *to lead* », mener, conduire, être suivi), contrairement à celle d'un chef autoritaire qui obtiendrait la soumission de ses salariés par une obéissance aveugle à ses ordres.

Jusqu'à la reprise du groupe JBI, Gérard Pélisson n'endosse le leadership effectif qu'à deux reprises. La première fois, lorsqu'il s'agit de reprendre Mercure. Il mène seul les négociations et n'en parle à son associé que lorsque l'affaire est presque conclue. La seconde fois, lors du rachat de Sofitel, qui se fait en collaboration avec Paul Dubrule, mais sous la conduite de Gérard Pélisson, qui négocie personnellement avec les actionnaires de JBI. En revanche, à partir de 1983, la répartition du leadership effectif s'inverse. Accor passe d'une logique de croissance par implantations unitaires de nouveaux hôtels, menée essentiellement par Paul Dubrule, à une logique de croissance externe par des acquisitions de grande envergure qui sont plutôt conduites par Gérard Pélisson. L'expertise, qui est décisive et donne de la puissance au leader, n'est plus la technique hôtelière, mais l'ingénierie financière et une vision industrielle globale : celle du marché du tourisme mondial dans son ensemble. Deux aspects pour lesquels la finesse de jugement et la rapidité d'appréciation de Gérard Pélisson sont largement reconnues par les collaborateurs, comme par Paul Dubrule, qui accepte de se tenir habituellement au second plan sur les grandes opérations. Comme l'exception doit toujours confirmer la règle, sur l'opération Motel 6, Gérard Pélisson étant souffrant, c'est Paul Dubrule qui mène les négociations avec le cessionnaire. Avec le recul, il s'en veut : « *Gérard était cloué au lit et c'est moi qui y suis allé. Je suis sûr qu'il aurait su économiser 400 millions de dollars au moment de conclure, ce qui aurait changé les données du problème. Motel 6 aurait alors été une bien meilleure opération. »*

C'est donc une forme sophistiquée de leadership tournant, qui s'adapte aux enjeux stratégiques du moment et aux compétences de chacun, que mettent en œuvre les coprésidents, sans en avoir clairement conscience. Il est permis de penser que ces basculements ont pu être la cause de quelques ajustements virils qui ont participé à leur réputation iconoclaste. Cet aspect du leadership donne aussi du sens aux échecs répétés dans la restauration. Sur ce sujet, aucun des patrons n'a le leadership effectif, ce qui les conduit à solliciter l'avis d'expertises extérieures, pas toujours pertinentes et à multiplier les erreurs. Pour réussir sur ce segment, il aurait fallu qu'une autre personne développe cette expertise et endosse le leadership effectif.

Leadership psychologique

La troisième dimension est la plus difficile à saisir, mais c'est aussi la plus importante à comprendre pour expliquer la réussite exceptionnelle de certaines entreprises, dont celle d'Accor. Dans bien des cas, son absence ou son insuffisance explique aussi les difficultés rencontrées par nombre d'entreprises privées ou publiques. Il s'agit, dans la pratique, de la personne qui fait manifestement autorité dans l'esprit des collaborateurs. C'est celle qui incarne le mieux ou le plus aux yeux de tous l'autorité avec un grand « A ». Pour l'identifier, ce qui est souvent difficile, il faut se demander qui a été à l'origine des premiers recrutements ; ou, plus tard, qui serait suivi par le plus grand nombre s'il venait à quitter l'organisation. C'est un peu la reine chez les abeilles. Si elle quitte la ruche, la grande majorité des abeilles la suivent. C'est aussi la personne qui met progressivement en place la culture de l'entreprise ou qui a la légitimité pour modifier cette culture. C'est enfin celle qui détient en dernier recours le droit indiscutable d'exclure une personne du groupe, sans que personne d'autre ne puisse s'y opposer.

Paul Dubrule semble être aussi le détenteur de cette troisième dimension dès l'origine de l'histoire. En première lecture, nous pouvons observer qu'il rassemble autour de lui les premiers associés de Devimco, Gérard Pélisson, son propre père et nombre des premières recrues. Dans les faits, cette dimension du leadership a été introduite d'une façon beaucoup plus subtile dans l'histoire de Novotel. De 1963 à 1966, Paul peine à réunir autour de lui des associés de qualité. Il ressent un besoin brûlant de trouver un associé. Ses expériences avec Gilles de Courtivron et Jacques Picard sont décevantes. L'intervention de Gérard Pélisson donne un coup d'accélérateur au projet Novotel. Pour les collaborateurs, c'est encore plus subtil. Dans la relation d'autorité à parité qu'exerce Gérard envers Paul, c'est un peu comme s'il lui « prêtait » cette dimension indispensable à la réussite, qu'il détient depuis déjà très longtemps. En lisant l'histoire de Gérard avant sa rencontre avec Paul, il est évident que cette force d'entraînement est déjà présente chez l'adolescent chef de bande, chez le lieutenant Pélisson à Colomb-Béchar (Algérie) et chez le cadre supérieur d'IBM. Alors que dans la personnalité de Paul, si cette dimension du leadership est présente, elle n'est pas suffisamment développée. Une forme de réserve l'empêche de lui donner la puissance nécessaire.

Par la suite, pour les recrutements stratégiques, qu'il s'agisse par exemple de Robert Larrivé ou de Stanislas Rollin, rien ne se fera sans que Gérard Pélisson intervienne. Lors de l'association entre les deux hommes, Paul Dubrule explique comment le « canon » de leur binôme a été mis en place : *« Beaucoup de règles ont été proposées par Gérard. La plupart du temps, comme elles étaient pleines de bon sens, je les acceptais tout simplement. D'autres fois, nous en discutions longuement avant de tomber d'accord. La règle fondamentale sur laquelle il a énormément insisté, c'est l'égalité. Peu importe qui a fait quoi, nos destins devaient être liés, presque comme dans un mariage. »* Gérard Pélisson précise l'importance de cette règle : *« Il n'était pas question que l'un d'entre nous, à la suite d'un coup de bourse heureux, puisse faire fortune à l'extérieur du groupe pendant que l'autre se battrait pour la réussite du projet.* » Très vite, sous l'influence de Gérard Pélisson, les deux hommes font ensemble un choix déterminant qui aura progressivement force de loi : « *Nous n'étions fortunés ni l'un ni l'autre. Nous aurions pu faire le choix d'une croissance plus limitée pour rester ensemble les maîtres de notre affaire. Dès le début, nous avons préféré diluer nos parts dans le capital au profit de la plus forte croissance possible.* »

L'association entre Paul Dubrule et Gérard Pélisson a ceci d'original qu'elle a réussi à partager le pouvoir dans un rapport d'égalité et à se compléter dans toutes les dimensions du leadership. Il s'agit d'une forme de symbiose dont la fécondité a été exceptionnelle.

Un subtil partage du pouvoir

Revenons au début de l'histoire. Lors de la première rencontre entre les deux hommes, la considération que Gérard Pélisson porte à Paul Dubrule, un homme courageux qu'il ne connaît pas, est la marque de l'un des éléments essentiels du « canon » de la future entreprise. On peut imaginer que la ténacité, la sensibilité au marché et l'intelligence avec lesquelles Paul Dubrule a agi jusque-là ont touché le cadre supérieur. Sa réponse est une marque de reconnaissance inconditionnelle. Il ne le blâme pas pour les difficultés qu'il traverse, mais l'encourage à continuer, à la fois psychologiquement et financièrement. Ce qui est frappant dans cet épisode, c'est que le positionnement de Gérard Pélisson est exactement celui qu'aurait un président de société avec son directeur général. Il intervient en pourvoyeur de financement, en facilitateur dans les négociations, en soutien dans les difficultés et en supervision et contrôle de gestion. À ce stade, Paul Dubrule adopte l'attitude, les comportements et le positionnement d'un directeur général en quête d'opportunités, qui se charge des opérations et dirige les équipes sur le terrain. Autant de fonctions qu'Eric Berne attribue au leader effectif. Quant au leader psychologique, tel qu'il a été défini par ce dernier dans ses travaux, celui qui en possède tous les attributs et qui incarne le plus l'autorité dans le groupe est incontestablement Gérard Pélisson.

On peut résumer cette notion de leader psychologique en remarquant que tout au long de l'histoire de Novotel, puis d'Accor, depuis la première rencontre en 1963 avec Paul Dubrule jusqu'à la fusion avec Carlson-Wagons-Lits pilotée par Hervé Gourio en 1997, Gérard Pélisson est l'homme qui rend le rêve des autres réalisables. C'est celui qui donne à tous ceux qui forment un rêve compatible avec le projet de l'entreprise les moyens de le transformer en réalité. C'est aussi celui qui se trouve au cœur du processus de cohésion des équipes, celui sans qui l'unité de l'ensemble serait menacée.

Une association originale

Selon la grille d'analyse de la théorie des organisations de Berne, le leadership de Novotel peut finalement être résumé ainsi. De 1967 à 1972, Paul Dubrule est le seul leader responsable. C'est lui qui représente officiellement l'entreprise vis-à-vis des tiers. Par la suite, la fonction « officielle » du leadership est attribuée aux deux à travers le titre original de coprésidents. Paul Dubrule est le plus souvent le leader effectif jusqu'à la reprise du groupe Borel. Ensuite, la tendance s'inverse. Dès les débuts de Novotel, le leader psychologique est incarné par Gérard Pélisson. Absent officiellement de l'organigramme, il prête subtilement son autorité à son associé, qui la modélise au fil des ans. Il la prête aussi par la suite à leurs patrons de filiales et même jusqu'en bas de la pyramide aux directeurs d'hôtels qui disposent d'une très grande autonomie dans le management de leurs équipes. Si ce fonctionnement de l'autorité semble complètement transparent pour les collaborateurs, c'est parce qu'à force de discussions, de négociations, de réflexion et de mises au point, le « canon », avec toutes ses composantes, est complètement accepté, assimilé, vécu par chacun. C'est aussi parce que la culture managériale de Paul Dubrule est très alignée sur les principes proposés par Gérard Pélisson. Les valeurs dans lesquelles elle prend racine sont très proches de celles qu'il a connues dans sa propre famille. C'est enfin parce que la règle de l'égalité efface aux yeux des autres cette subtile répartition du leadership. C'est pour cela que les directeurs d'hôtels affirment : « *On pouvait rencontrer Paul ou Gérard, il n'y avait aucune différence. L'un était plus sensible aux produits, l'autre aux chiffres. Mais leurs décisions allaient toujours dans le même sens. C'était très rassurant et nous évitait d'avoir à calculer pour savoir comment satisfaire l'un ou l'autre. Il suffisait d'avancer.* »

La force d'une alliance

Une répartition aussi originale du leadership qui fonctionne aussi bien n'est pas le fait du hasard, mais d'une véritable alliance, longuement mise au point, régulièrement consolidée, et, surtout, incarnée, vécue intensément par chacun. Cette alliance est le fruit d'une volonté commune de s'ajuster dans la perspective d'objectifs communs, de valeurs partagées et d'une farouche volonté de la part de chacun. Dépasser ses divergences, se réconcilier lors de désaccords majeurs, s'ajuster en permanence, sont autant de processus relationnels qui demandent de hautes doses de volonté et d'humilité. Défendre le bien commun au détriment de l'intérêt personnel n'est pas un processus fréquent. Dans beaucoup d'entreprises, l'égoïsme prend le dessus et vient anéantir les plus fortes unions, les conduisant bien souvent à leur perte. Dans le cas de Paul Dubrule et de Gérard Pélisson, il n'en est rien. Plus de quarante-cinq ans après leur première rencontre, les deux hommes continuent de partager leurs grandes décisions et l'ensemble de leur patrimoine professionnel dans une stricte égalité. Seuls les éléments de leurs vies privées sont traités indépendamment.

Cette alliance a des effets et des conséquences dans toutes les ramifications de l'entreprise, auprès de chaque collaborateur. Elle procure aussi à ces deux hommes pressés un atout de poids : la réactivité. Pour toutes les décisions opérationnelles, ils n'ont pas besoin de se consulter pour décider. En revanche, ils s'obligent à s'informer avec une vivacité étonnante dès que l'importance du sujet l'impose. Lors de la reprise du groupe de Jacques Borel, Michel Baillon, le directeur financier, découvre avec étonnement la force de la communication entre ses deux patrons : « *La chose la plus extraordinaire que j'ai connue en travaillant avec eux, c'est qu'ils étaient en communication permanente. Lors de la préparation d'une acquisition, je me suis rendu dans les Vosges un dimanche après-midi pour rencontrer Paul Dubrule qui y faisait du vélo. Nous en avons parlé tard le soir, avant de rentrer à Paris dans la nuit. Le lendemain matin à 9 heures, nous tenions notre comité de direction au siège à Évry. À mon arrivée, Gérard, qui rentrait d'un voyage au Moyen-Orient, était déjà là. Il est venu aussitôt vers moi et j'ai découvert stupéfait qu'il était au courant dans le détail de ma conversation de la veille à 21 heures avec Paul ! Ce phénomène s'est reproduit de très nombreuses fois. Que l'on consulte l'un ou l'autre, dès qu'ils estimaient que le sujet avait de l'importance, ils se tenaient immédiatement au courant. Je n'avais jamais connu une telle promptitude dans la communication au cours de mes expériences précédentes.* »

Dominique Colliat résume parfaitement la spécificité du leadership d'Accor : « *Deux hommes animés d'une même ambition pour leur entreprise et surtout pour leurs collaborateurs. Une vraie bienveillance, un vrai respect et cette confiance. Ils avaient des styles différents, mais une même ambition, les mêmes valeurs. Le plus important, c'est qu'ils vivaient ces valeurs, sans pour autant faire de grandes déclarations. Ils les vivaient entre eux, comme avec chacun des collaborateurs du groupe. Esprit de conquête, confiance et respect sont les grandes valeurs partagées par tous dans le groupe. Encore aujourd'hui, plus de dix ans après leur départ.* »

III

Alliance profonde

Les concepts exposés précédemment expliquent pourquoi l'association de Paul Dubrule et de Gérard Pélisson a eu autant de force. Ils n'expliquent pas pourquoi cette association a été possible, ni comment elle a progressivement pris la force d'une alliance, d'une véritable union, au service d'un grand projet. Or, ce point semble essentiel à comprendre. Beaucoup d'entrepreneurs pourraient se dire : « *Il ne me reste plus qu'à trouver un associé et à faire la même chose !* » Malheureusement, les risques pour que cela se termine rapidement par un divorce aux conséquences désastreuses, voire fatales à l'entreprise, sont importants, si une même culture n'unit pas les associés et si les valeurs partagées par chacun ne sont pas suffisamment ancrées au plus profond de leur être. Il s'agit avant tout d'une association de personnes dont le fonctionnement et les règles sont très différents des associations de capitaux. Pour cette raison, plus que d'une association, nous parlerons d'une alliance.

Pour que cette alliance s'opère, il a d'abord fallu qu'elle soit nécessaire et utile à chacun. Le maillage des leaderships incarnés par les deux associés était indispensable pour satisfaire l'ambition de chacun d'eux individuellement. Autrement dit, ils avaient besoin l'un de l'autre pour réussir leur propre projet. Il a ensuite fallu qu'ils aient chacun un *ego* suffisamment développé pour motiver une telle ambition et, en même temps, suffisamment raboté pour permettre une cohabitation harmonieuse. Enfin, il a fallu qu'une confiance se construise progressivement entre les deux hommes. Cette confiance est le fruit de comportements au quotidien, d'attitudes régulières et de convictions pleinement assumées qui les habitaient tous les deux et qui ont trouvé racine dans leur culture familiale.

Apprendre de l'expérience

Paul Dubrule a manifestement le tempérament d'un autodidacte débrouillard, doté d'un sens aigu de l'écoute et d'une bonne capacité de remise en question. Selon lui, « *on reconnaît un véritable chef d'entreprise à sa capacité à reconnaître ses propres erreurs et à en tirer des leçons dans le même temps.* » Intuitif, avec un sens du marketing étonnant, il a toujours une longueur d'avance sur le marché. Ce qui le préoccupe, c'est d'essayer. Il est impatient d'agir. Ensuite, il réfléchit, ajuste ses comportements, ses objectifs, puis essaie, enfin agit de nouveau. Ce type de fonctionnement s'accommode mal des leçons prémâchées, enseignées dans les universités ou les grandes écoles. De son point de vue, les vraies leçons sont celles de la vie, de l'expérience, quitte à prendre des risques qui dépassent largement ceux généralement acceptés par tout un chacun.

De son côté, au-delà de son parcours universitaire, Gérard Pélisson se définit lui-même comme un autodidacte : « *Un jour, un journaliste à qui je disais que je me considérais comme un autodidacte m'a confronté en me disant que j'avais fait des études. Je lui ai répondu que j'avais beaucoup plus appris de l'expérience qu'à l'université.* » Il possède aussi un goût du risque prononcé et mesuré à la fois. Quand il jouait au poker jusqu'à deux mois de salaire en une seule soirée[1], c'était toujours pour gagner : « *Pour gagner au poker, il faut de la mémoire et beaucoup de psychologie. Le hasard ne suffit pas.* » Travailleur infatigable, c'est un homme de chiffres, de prévision, d'organisation. Grâce à son

1. Gérard Pélisson précise qu'il a cessé de jouer au poker à 30 ans.

esprit cartésien, structuré, il trouve rapidement le chemin pour passer de la bonne idée à la réalisation concrète. Sa formation académique des sciences et des techniques ne lui sera d'aucun secours durant sa brillante carrière de dirigeant. Au contraire, l'observation des relations de ses parents et ses expériences d'adolescent seront source de leçons qui l'ont inspiré pour le reste de sa vie.

Vers l'âge de 30 ans, les deux hommes sont déjà profondément convaincus que l'expérience est une meilleure source de leçons durables que toutes les bibliothèques réunies. Agir, réfléchir, en tirer des leçons, agir de nouveau forme leur mode de fonctionnement privilégié. Ce tempérament d'autodidacte, au-delà des apparences de culture livresque de Gérard Pélisson, est leur premier point commun. Il leur donne l'assurance des hommes qui ont du vécu à leur actif et ont appris à s'en servir.

Un fond culturel européen et une influence américaine marquée

Grâce à leur expérience aux États-Unis, à seulement quelques années d'intervalle, les deux futurs grands patrons se sont imprégnés de l'esprit d'entreprendre qui y règne. Pragmatiques et réalistes, ils sont conscients de l'importance d'une bonne communication entre eux, avec leurs collaborateurs et leurs partenaires.

De ses années chez IBM, Gérard Pélisson retient des principes de management sur lesquels il s'appuie pour bâtir avec Paul Dubrule les fondements managériaux de Novotel, puis d'Accor : « *À cette époque, IBM était une énorme compagnie. Nous avions une croissance de 30 % chaque année. Grâce à cette croissance, la société pouvait offrir à ses collaborateurs des possibilités de promotions extraordinaires. J'avais pu constater l'effet que cela produisait sur le personnel. Nous avions tous une immense fierté d'appartenir à cette compagnie. C'était absolument fabuleux. Le prestige de la compagnie rejaillissait sur chaque salarié, au point d'en devenir parfois arrogant avec nos concurrents. Ce mécanisme de croissance m'avait imprégné jusque dans mes gènes. Je ne pouvais pas imaginer travailler pour une société qui aurait eu une croissance de 1, 2 ou 3 % par an. En huit ans, j'ai eu le temps de comprendre ce qui faisait le succès d'IBM à cette époque : une organisation efficace, des règles éthiques rigoureuses, des principes à suivre avec discipline et, surtout, un souci exceptionnel pour les collaborateurs. À cette époque, chez IBM, pour le président Watson, les collaborateurs primaient sur les actionnaires. Nous nous sentions tous vraiment importants pour la compagnie et aux yeux de notre président. Nous étions une référence. En quittant IBM, nous trouvions du boulot partout. »*

Lorsque Paul Dubrule quitte NCR et Bernardo Trujillo, il se demande en son for intérieur s'il sera capable de réussir à mener à bien un tel projet. Habité par le doute, ce sont sa volonté sans limite, sa témérité et sa ténacité qui lui permettront d'avancer mois après mois, année après année. Conquis par le rêve capitaliste américain, il préfère travailler avec acharnement et tout miser sur son projet de chaîne d'hôtels : *« J'étais absolument émerveillé, fasciné par l'esprit du management américain. Cela nous a marqués, Gérard et moi. Dans mes périodes de doute, je repensais à cette période de ma vie et ça me donnait le courage de continuer. »*

La découverte progressive de leur complémentarité

Bien qu'ils soient tous les deux pressés de faire des affaires et de développer leur entreprise, les deux hommes ont fait en même temps preuve d'une grande patience pour se découvrir et construire jour après jour, année après année, un mode de collaboration particulièrement efficace. Dans ce concubinage qui a duré plus de cinq ans, ils ont eu longuement le temps de vérifier que se marier, s'associer était la meilleure idée. Pendant toute cette période, ce qu'ils ont vérifié sans en avoir clairement conscience est le partage des mêmes valeurs, d'une culture commune, sur laquelle ils ont pu asseoir une immense confiance réciproque, base d'une collaboration ensuite exceptionnelle.

Gérard Pélisson explique : « *Quand nous avons commencé à travailler ensemble, nous ne le savions pas. C'est avec le temps que nous avons découvert que nous avions été élevés dans une même culture. Ma famille était très imprégnée des valeurs du catholicisme social. Déjà chez IBM, j'avais pris conscience de l'importance des hommes et du climat social dans la réussite d'une entreprise. Notre expérience chez Novotel, puis chez Accor est venue la renforcer au point d'en faire un principe fondamental que nous avons ensuite inculqué aux cadres et à l'ensemble du personnel. Pour Paul comme pour moi, l'évolution que nos collaborateurs ont connue grâce au développement du groupe est notre principale fierté. Au démarrage, nous ignorions que nous connaîtrions un tel succès. Mais nous avons tout de suite voulu que nos collaborateurs soient heureux et fiers de travailler chez Novotel. La réussite matérielle a été une conséquence. Elle n'a jamais été un objectif en soi, même si nous ne manquions pas d'ambition, ni l'un, ni l'autre.* »

Au fil des ans, leurs différences se révèlent comme des complémentarités bien plus que comme des sujets d'opposition. Ainsi, Paul Dubrule cite le cas d'un collaborateur de grande qualité, dont les compétences étaient indispensables, mais avec qui il n'avait aucun atome crochu. Gérard Pélisson n'ayant pas les mêmes difficultés relationnelles que lui avec cette personne a su garder plus de recul et entretenir avec cette dernière une relation constructive. À d'autres moments, c'était l'inverse. Sans une solide base de confiance mutuelle, un tel processus serait impossible et l'entreprise aurait probablement dû se priver des qualités de ces personnes.

Au fil des expériences, entre 1965 et 1971, les deux hommes se découvrent des valeurs communes très fortes : ils sont emprunts d'une profonde honnêteté, du sens de l'économie, de beaucoup de respect, d'un profond humanisme et surtout de la rage de bâtir et de réussir. « *Nous avons les mêmes origines. Nous avons été élevés dans une culture d'industriels. Nous ne gaspillions jamais l'argent. Un sou c'est un sou. Pour réussir, il faut travailler. Toutes ces valeurs, nous les avons partagées dès le premier jour et jusqu'à aujourd'hui.* »

Le goût de la coopération et la soif de gagner ensemble

C'est sur la base de ce socle de valeurs largement partagées que l'ambition les unit toujours plus, année après année. Tous les deux partagent un esprit de conquête, un sens de l'innovation, de la coopération, une foi dans l'avenir, une farouche détermination à réussir — « *À l'impossible, nous sommes tenus* » —, beaucoup d'ingéniosité, l'alliance de pragmatisme et d'intuition. Une confiance dans les autres. Surtout, ils considèrent que leur différence est une source de richesse et que leurs talents sont complémentaires. Tous les deux sont passionnés par les affaires.

Une culture de coopération réunit les deux hommes et leurs collaborateurs. S'il n'y a pas de compétition entre eux, la stimulation et les challenges ne manquent pas : « *Quand Gérard revenait en ayant réussi à signer un nouvel accord, je me sentais obligé d'en réussir un de mon côté dans les meilleurs délais. Et réciproquement. Nous ne pouvions pas imaginer que l'un fasse mieux que l'autre !* » La règle de stricte égalité entre eux avait un fondement de coopération : prendre ensemble les mêmes risques, gagner ensemble ou perdre ensemble. Leur slogan ressemble à celui des mousquetaires d'Alexandre Dumas : un pour tous et tous pour un ! Sven Boinet se souvient de toute l'originalité et de la pertinence du binôme Dubrule-Pélisson : « *Leur mode interactif était formidable pour les collaborateurs. Sur un même sujet, vous aviez deux regards différents. Sur les gros dossiers, ils n'hésitaient pas à se confronter quand ils n'étaient pas d'accord, chacun cherchant à influencer l'autre. C'était très riche. Et quand ils prenaient une décision, c'était du solide. On pouvait avancer sans se poser de questions. C'était la même chose lorsqu'il fallait choisir un nouveau collaborateur. C'était un processus extrêmement vivant. »*

Lorsqu'il s'agissait de recruter ou de promouvoir un collaborateur à des responsabilités importantes, il n'y avait pas de place pour la démagogie. Les deux dirigeants en parlaient longuement jusqu'à se mettre d'accord et avoir le sentiment de ne pas se tromper. Paul Dubrule se souvient du cas d'un candidat qui avait laissé une bonne impression à Gérard Pélisson. Après avoir reçu à son tour cette personne, il s'était adressé à Gérard sans le ménager : *« Vous vous êtes encore fait avoir. Ce type a l'air sérieux, mais il n'est pas sincère. Il vous a raconté une histoire et vous l'avez cru. »* Puis il précise : *« Gérard était furieux que je lui dise cela ainsi. Mais, finalement, il a reconnu que j'avais raison. Si je vous raconte cette histoire, c'est parce que le plus souvent, c'était l'inverse. Je me laissais séduire par des types, puis je me faisais engueuler par Gérard. »* Et Gérard Pélisson de conclure : *« Ce qui importe, c'est que lorsque nous étions d'accord tous les deux, et c'était le plus souvent, nous ne nous sommes presque jamais trompés. Ce principe de consensus sur les collaborateurs a été une grande force pour le groupe. Il nous protégeait de toute tentation de népotisme. Quant aux collaborateurs, ils savaient qu'ils devaient nous convaincre tous les deux. Nous étions si différents qu'il leur était impossible de réussir à nous manipuler simultanément. »*

Mais, au final, tous les deux occupent pendant trente ans la première marche du podium sans jamais chercher à faire tomber l'autre. Au contraire. Si Paul Dubrule avait été un personnage jaloux de son projet, méfiant à l'égard de ses partenaires, cherchant à briller au détriment de ses collaborateurs, nous pouvons être sûrs que l'histoire aurait été très différente. De même, si Gérard Pélisson l'avait voulu, il aurait facilement pu s'approprier le projet de Paul Dubrule dès les premières années. Mais, là encore, l'histoire aurait pris une autre tournure. En 1997, lorsqu'ils ont quitté leurs fonctions opérationnelles, ils l'ont fait ensemble, le même jour, et sont devenus tous les deux, en même temps, coprésidents du conseil de surveillance.

Le coach des présidents

Pour que cette alchimie dure aussi longtemps, l'intervention d'un homme se plaçant entre les deux coprésidents a régulièrement été nécessaire. Lorsque le dialogue devenait difficile entre les deux patrons et qu'ils ne parvenaient pas à s'entendre seuls, ils avaient un problème délicat à régler. La stricte égalité de leur participation ne permettait pas de les départager par des règles capitalistes, comme c'est souvent le cas dans la plupart des sociétés. Dans ces situations, ils demandaient l'assistance de Philippe Panissot, psychologue et psychanalyste, qui écoutait le point de vue de l'un pour l'expliquer à l'autre et vice versa. Gérard Pélisson précise : « *Philippe nous a été extrêmement utile. C'était un homme remarquablement intelligent, qui avait une grande sensibilité sur les hommes. Ses interventions ont toujours marché, parce que Paul et moi avions toujours le souci de faire passer les intérêts de l'entreprise avant nos intérêts personnels. Philippe était un peu notre Raspoutine. C'était d'ailleurs le surnom que les collaborateurs qui le connaissaient lui avaient donné.* »

IV

Autonomie
des collaborateurs

Will Schutz est un psychologue américain né en 1925. Tout au long de sa vie, il s'est attaché à comprendre la dynamique des groupes et l'impact des relations interpersonnelles au sein des organisations. Son objectif était de comprendre et d'expliquer les liens qui existent entre l'estime de soi de chaque personne, la confiance qu'elle éprouve à l'égard d'elle-même et des autres et son niveau de performance au sein d'une équipe ou d'une entreprise. Son dernier ouvrage, *L'élément humain*[1], fait état de vingt ans d'expérimentations au sein des organisations et des entreprises américaines et européennes.

Will Schutz explique que le niveau de performance d'un groupe peut se comprendre à l'aide de trois variables fondamentales, face auxquelles se situe chacun des membres : l'inclusion, le contrôle et l'ouverture.

L'inclusion

Le sujet de l'inclusion est le sentiment d'appartenance de chacun par rapport à l'organisation pour laquelle il travaille. Il

---

1. InterEditions, 2006. Titre original : *The human element*, Business Consultants Network, 1994.

s'agit pour chaque collaborateur de se sentir le plus clairement possible, partie prenante à l'intérieur du groupe et de recevoir de l'attention et de la considération de la part des autres. La question fondamentale que se pose une personne est : « *Suis-je importante aux yeux des autres personnes du groupe ?* »

Selon la réponse que chacun formule à cette question, il se sent plus ou moins vivant. Plus il a le sentiment d'être vivant et plus il a envie d'être actif. Plus il se sent appartenir au groupe et plus il a envie de contribuer à sa dynamique, de partager l'ambition commune. En retour, chaque membre du groupe est aussi important à ses yeux. Au fil du temps, une relation d'interdépendance se construit entre chaque collaborateur et l'entreprise. Plus le niveau d'inclusion est fort au sein d'un groupe, plus chacun de ses membres a envie de participer à l'œuvre commune et cherche à tout faire pour pérenniser l'organisation et sa place en son sein.

Le contrôle

Lorsque Schutz évoque le contrôle, il le rapproche de la relation qu'entretient chaque personne avec le pouvoir, l'influence et l'autorité. Pour certaines personnes, le niveau de contrôle est particulièrement bas, ce qui signifie que ces personnes recherchent des relations dans lesquelles elles sont dominées par d'autres. Schutz les désigne comme des « abdicrates », dans le sens où elles renoncent à contrôler les autres et même leur vie, laissant le soin à d'autres de le faire. À l'opposé, le psychologue explique qu'on trouve les « autocrates », qui recherchent plutôt des relations dans lesquelles ils dominent les autres et refusent d'être sous le pouvoir de quelqu'un d'autre. Au milieu des deux, Schutz désigne comme des « démocrates » les personnes qui exercent sainement le contrôle sur elles-mêmes et les autres et qui acceptent sainement le pouvoir que leur hiérarchie exerce sur elles.

Dans une organisation, chacun doit savoir se situer en haut ou en bas de la hiérarchie. La question fondamentale que se pose une personne est : « *Suis-je reconnu comme quelqu'un de compétent ?* » Autrement dit : « *Suis-je capable de prendre des décisions et de résoudre des problèmes ?* » Les collaborateurs se sentent compétents lorsqu'ils reçoivent de leur hiérarchie des récompenses, de la reconnaissance et qu'on leur confie des missions difficiles. Réciproquement, lorsqu'un dirigeant distribue des signes de reconnaissance et confie des missions délicates, il reconnaît implicitement la compétence de ses collaborateurs.

A contrario, lorsqu'un manager ne confie que des taches faciles à accomplir et qu'il ne distribue pas de signes de reconnaissance, il leur laisse entendre qu'ils ne sont pas compétents, ce qui signifie que son niveau de contrôle est trop élevé (autocrate) ou trop faible (abdicrate).

L'ouverture

Le sujet de l'ouverture est le sentiment d'amabilité vécu par chacun au sein de l'équipe. L'enjeu est de se sentir apprécié, accepté, voire aimé, même quand il s'agit de dire une vérité jugée désagréable. Par exemple, lorsqu'il faut se dévoiler sur une limite, une faiblesse, un secret ou une erreur commise. Ou encore, lorsqu'il faut dénoncer une pratique, une règle, un objectif, néfaste pour la performance de l'équipe ou de toute l'entreprise. La question fondamentale que se pose chaque personne est : « *Suis-je aimable inconditionnellement ?* » Dans ces situations, la peur est de se sentir rejeté, non apprécié, méprisé.

Selon ce qu'il perçoit de l'ambiance de l'organisation à laquelle il appartient et de sa culture, chaque collaborateur ose s'exprimer plus ou moins ouvertement sur ces sujets. Or l'enjeu est d'importance : lorsqu'un collaborateur a connaissance d'une information cruciale pour la survie du groupe, son développement ou simplement son niveau de performance, osera-t-il en parler ou gardera-t-il le secret, de crainte d'être rejeté, blâmé ou humilié ?

De mon expérience, je constate que la capacité d'ouverture du chef au sein d'une équipe conditionne de façon importante celle de tous. Lorsque le chef ose dire la vérité, confier ses difficultés, sans se sentir en danger, chacun dans l'équipe ose en faire autant. L'ouverture est facilitée lorsque les règles instituées protègent efficacement et effectivement ceux qui s'y aventurent.

Le lien entre estime de soi et performance

Dans *L'élément humain*, Will Schutz explique que le niveau d'inclusion, le niveau de contrôle et le niveau d'ouverture de chaque collaborateur dépendent de l'estime que nourrit la personne vis-à-vis d'elle-même et de la conscience qu'elle a d'elle-même et de ses mécanismes relationnels.

Lorsque les personnes qui travaillent ensemble au sein d'une entreprise ont un bon niveau d'estime de soi, elles prendront naturellement une place active dans l'organisation (inclusion) et se sentiront importantes. Elles exerceront envers les autres une forme d'autorité démocratique (contrôle) et se sentiront suffisamment compétentes pour accomplir les missions qui leur sont confiées avec brio. Enfin, elles oseront s'ouvrir sur leurs désirs, leurs difficultés, leur ambition ou les réformes à apporter à l'organisation sans crainte d'être rejetées (ouverture).

Il s'ensuit un cercle vertueux. Ces personnes reçoivent de la clientèle et de leur hiérarchie des signes de reconnaissance positifs qui les encouragent à continuer, mais aussi des signes de reconnaissance négatifs qui les encouragent à progresser, sans qu'elles se sentent blessées. Au final, c'est leur niveau d'autonomie et leur capacité d'interdépendance qui progresse à chaque nouvelle expérience.

Un processus présent dès les premières relations entre Paul et Gérard

L'inclusion : lors de la première rencontre entre les fondateurs, Gérard Pélisson, bien que très occupé par ses fonctions de cadre supérieur, n'hésite pas à recevoir Paul Dubrule et ce dernier n'a pas peur de s'engager dans la relation avec un inconnu. L'un comme l'autre se sentent suffisamment importants, sans excès, pour s'engager rapidement dans une relation dont ils ne connaissent, ni l'un ni l'autre, l'issue.

Le contrôle : Paul se sent suffisamment compétent pour exposer son projet alors qu'il redoute les critiques et Gérard se sent suffisamment compétent pour le conseiller utilement et efficacement.

L'ouverture : Paul ne craint pas de s'ouvrir tout de suite sur les difficultés qu'il rencontre et Gérard ne le rejette pas pour autant, bien au contraire. Lorsque les difficultés poussent Paul jusqu'au découragement, c'est encore chez Gérard qu'il se rend en descendant de l'avion, probablement mû par l'intuition qu'il y trouvera compréhension et réconfort (scène de la demi-bouteille de champagne).

Un processus immédiatement étendu aux collaborateurs

Les premiers collaborateurs sont tout de suite reconnus pour leur capacité à s'impliquer corps et âme dans le projet Novotel, comme pour leur compétence. Ils n'hésitent pas à s'ouvrir sur leurs points de vue et leurs difficultés. On voit Gérard Levêque expliquer la TVA à ses patrons (contrôle), André Cœugniet débattre des principes hôteliers (contrôle et ouverture), et Jean-Michel Beyrat s'opposer à Paul Dubrule en provoquant un mini-mouvement social. Ce dernier, au lieu d'en prendre ombrage, est séduit par cette force de caractère (ouverture). Il s'ensuit dès le début un véritable esprit d'équipe, au point que personne ne fait grève pendant les événements de mai 1968.

Dans les mois qui suivent, la spirale continue de tourner. Si Paul Dubrule montre pendant quelque temps des comportements légèrement autocratiques, il fait rapidement preuve de démocratie : il explique les règles aux jeunes recrues, les considère comme compétentes sur la simple base de l'auto-déclaration. On le voit par exemple avec Claude Moscheni, lors de l'ouverture de l'hôtel de Lomme : « *André Cœugniet va venir vous aider, à moins que vous ne sachiez le faire vous-même ?* » Puis la spirale vertueuse continue de tourner lorsque Claude Moscheni ou Georges Le Mener font des propositions originales, comme d'enchaîner les ouvertures d'hôtels. Enfin, ils bénéficient au bout de quelques années d'une totale autonomie, faisant preuve d'un véritable esprit entrepreneurial.

Très vite, les collaborateurs sont reconnus par chacun des présidents comme des personnes importantes. Ils ne manquent jamais une occasion de leur témoigner une considération sincère (inclusion). Très vite aussi les signes de reconnaissance et les promotions affluent. Les collaborateurs se sentent reconnus pour leur compétence et valorisés par les missions qui leur sont confiées (contrôle). Surtout, ils ont le droit de s'exprimer, quel que soit leur niveau hiérarchique, quel que soit leur statut, sans courir le risque de se voir rejeté ou humilié (ouverture). Le niveau d'estime de soi des collaborateurs progresse de mois en mois, d'année en année. La confiance s'installe et les performances des équipes Novotel s'envolent.

Le point de vue des collaborateurs

Claude Moscheni est entré comme sous-directeur de l'hôtel de Lomme en 1970 et a quitté le groupe en 2005, en qualité de président de la division hôtellerie d'affaires et de loisir, ayant sous sa responsabilité près de soixante-dix mille collaborateurs. Il témoigne de la spécificité du style de management de Paul Dubrule et de Gérard Pélisson : « *Ce qui nous a tous le plus marqués, c'est la considération que les fondateurs ont eue pour les gens, ce qui fait que chaque membre du personnel leur a donné à son tour de la considération. Cela a créé un véritable cercle vertueux. Chacun se sent redevable et s'engage toujours plus dans le projet commun. C'est un véritable échange de confiance réciproque. Tous les deux nous accordaient une confiance infinie, au point de nous faire part de leurs craintes et montrer leur sensibilité, parfois même avec une grande intimité. Cela nous donnait une pêche d'enfer et l'envie de soulever les montagnes.* »

Robert Larrivé, considéré par beaucoup comme le troisième homme du groupe, pour la précision d'horloger qu'il a apportée au processus de construction des hôtels, l'explique avec l'esprit de synthèse qui le caractérise : « *Une des clés de la réussite, c'est surtout l'esprit d'équipe. Nous étions tous dans le même bateau.* »

Yveline Sacotte a été sensible à l'humanisme de ses patrons : « *Chaque fois qu'on a racheté des entreprises, je n'ai pas le souvenir que cela se soit mal passé une seule fois. Alors, quelle est l'alchimie de tout ça ? Je crois que c'est parce que nos fondateurs ont toujours placé les collaborateurs au centre du projet d'entreprise, dans toutes les circonstances. Ils étaient viscéralement contre des gros sièges qui contrôlent tout. Ils mettaient les moyens dans les exploitations. Un minimum de gens au siège et un maximum de gens sur le terrain. Ils étaient toujours disponibles pour nous écouter et nous n'avions pas peur de nous exprimer. Cela nous donnait une énergie folle.* »

De nouveau, Claude Moscheni explique le processus systématique d'inclusion qu'il a vécu de l'intérieur pendant plus de trente ans : « *Ils étaient tous les deux comme obsédés par l'intégration des hommes, quelle que soit leur origine. C'était leur principe de management. Il fallait toujours que les équipes qui arrivaient dans le groupe soient parfaitement bien intégrées, peu importe le niveau hiérarchique. Ils ne voulaient pas de bagarres, mais des* discussions constructives pour emmener tout le monde dans une décision consensuelle. »

Paul Dubrule évoque le plaisir qu'il avait à travailler avec les hommes d'Accor, qui faisaient preuve d'un haut degré d'ouverture : « *Les collaborateurs avaient une fraîcheur très agréable. C'était des gens de terrain qui n'avaient pas peur d'exprimer leurs opinions et d'affirmer leur point de vue.* » Gérard Pélisson explique comment ils s'y sont pris : « *À chaque fois que c'était possible, nous laissions sa chance à celui qui souhaitait la saisir. Si ça ne marchait pas du premier coup, on laissait une seconde chance, en nous gardant de conclure trop vite sur son incapacité. Et si ça n'allait toujours pas, on se demandait toujours si nous n'avions pas nous-mêmes fait une erreur ou si la personne ne se sentirait pas mieux à un autre poste.* »

Dominique Colliat se souvient avec nostalgie : « *Ce regard qu'ils avaient tous les deux sur les employés était incroyable. D'ailleurs, lors de leurs visites dans les hôtels, ils prenaient beaucoup de temps pour nous écouter et posaient leur regard sur nous. On sentait que c'était vrai. On se sentait importants à leurs yeux. Ils étaient vraiment intéressés par leurs collaborateurs et leurs motivations. Nous étions jeunes et avions une grande admiration pour nos patrons. Ils étaient des modèles et nous donnaient vraiment envie de les suivre. Ils ont construit notre vie.* »

V

Ambition et humilité

Dans un livre intitulé *De la performance à l'excellence*[1], James C. Collins, directeur de recherche en management à l'université de Stanford, livre les secrets des entreprises qui deviennent leaders sur leur marché. Cette étude, qui a porté sur plus de cent vingt entreprises multinationales, mobilisant une vingtaine de chercheurs pendant cinq ans, avait pour objet d'identifier les caractéristiques des entreprises aux résultats exceptionnels, sans tenir compte de l'impact de leurs dirigeants. Or rapidement, il est apparu qu'il était impossible d'expliquer leur exceptionnelle performance sans prendre en compte la posture managériale de leurs patrons. Le chapitre 2, intitulé « Grand patron de niveau 5 », fait état du leadership.

La posture des meilleurs dirigeants

Quels liens trouve-t-on entre Darwin Smith, P-DG de Kimberly-Clark entre 1971 et 1991, Colman Mockler, P-DG de Gillette entre 1975 et 1991, ou David Maxwell, P-DG de Fanny Mae de 1981 à 1990 ? Le premier, c'est que sous le commandement de ces dirigeants, leur entreprise respective a connu des performances exceptionnelles, jusqu'à sept fois supérieures à celles du marché et deux fois meilleures que

____

1. Village Mondial, 2003. Titre original : *Good to Great*.

pour des entreprises vedettes telles qu'IBM, General Electric ou Coca-Cola. Le deuxième lien, c'est que chacune de ces entreprises a réussi pendant toute la durée du mandat de son président à contrer les attaques hostiles. Le troisième, c'est que chacun de ces hommes faisait preuve à titre personnel d'une incontestable modestie, que James C. Collins qualifie d'« humilité ». Et, le dernier, c'est qu'à l'opposé, ces hommes faisaient preuve d'une farouche volonté de réussir dès lors qu'il était question de relever des défis pour l'entreprise.

Collins révèle ainsi que les patrons les plus performants parmi plus de quatre-vingt-dix entreprises multinationales américaines étudiées sont ceux qui allient une grande humilité sur le plan personnel à une farouche volonté sur le plan professionnel. Ils les désignent par le terme de « Grand Patron de niveau 5 ». Les niveaux inférieurs étant par ordre décroissant : le dirigeant efficace, le chef compétent, le membre actif de l'équipe et l'individu hautement capable.

Or, ce que démontre l'histoire des deux coprésidents d'Accor et ce que disent d'eux leurs collaborateurs, c'est justement qu'ils faisaient preuve tous les deux d'une grande simplicité, d'une exceptionnelle accessibilité et d'une grande humanité, autant de critères qui se rapprochent de l'humilité de Collins *et*, dans le même temps, d'une volonté hors du commun, dès lors qu'il était question de relever des défis pour l'entreprise. Cela saute tellement aux yeux, qu'André Cœugniet déclare : *« Pour tous les collaborateurs, Novotel signifiait volonté. D'ailleurs, ce sont des anagrammes ! »*

De Novotel à volonté

De la volonté, il leur en a fallu pour accoucher du premier hôtel, convaincre les premiers salariés, trouver les premiers clients, les premiers actionnaires. La même volonté est à l'œuvre lorsqu'il s'agit de mettre Bagnolet sur les fonts baptismaux ou de convaincre la mère et le notaire de Jacques Fayet de l'aider à construire son hôtel. Cette force de caractère des deux fondateurs ne les quittera jamais en trente ans. Ibis, Sofitel, Jacques Borel, Formule 1, bataille après bataille, se relayant sans relâche dans l'effort, ils posent avec leurs collaborateurs, pierre après pierre, construisant l'édifice d'une très grande entreprise, celle de leurs rêves.

Pourtant, bien qu'ils aient un *ego* suffisamment développé pour y puiser l'énergie nécessaire, cet *ego* ne sera jamais un obstacle entre eux et les salariés des hôtels. Au contraire, ils donnent de leur personne pour recruter, former, expliquer les règles, animer, encourager, partager avec chacun une même aventure. La grande transparence dont ils font preuve en expliquant chaque principe, chaque règle en est une conséquence immédiate. Les objectifs, en revanche, ne manquent jamais de brio. Et c'est cela qui fait d'eux des patrons appréciés de leurs équipes, des leaders entraînants, des hommes que leurs collaborateurs sont prêts à suivre jusqu'au bout du monde.

Dans ce processus, c'est comme si l'ambition s'appuyait sur l'humilité pour nourrir la volonté. Et c'est ce processus qui donne une dimension collective à l'ambition, supportant par voie de conséquence un leadership particulièrement efficace. Dans l'histoire de Novotel, ce processus a été déterminant aux débuts de l'entreprise. Pendant plusieurs années, Paul Dubrule a travaillé sans relâche, sans la moindre rémunération. De son côté, Gérard Pélisson a accepté de quitter une situation enviable pour se consacrer au développement de ce qui n'était encore qu'une modeste PME. Si leur *ego* avait été plus fort, il ne leur aurait pas été possible d'accepter ces principes douloureux à vivre. Leur volonté en aurait été nettement diminuée et Novotel ne serait jamais devenu Accor.

André Cœugniet, premier salarié du Novotel de Lesquin, l'explique très clairement : « *Avant de venir chez Novotel, j'ai eu un autre patron. Lorsqu'il tentait de m'expliquer quelque chose, je ne comprenais rien à ses propos. Lorsqu'il me disait ce que je devais faire, j'agissais avec prudence, parce que je n'étais jamais sûr d'avoir bien compris. Lorsque j'ai rencontré Paul Dubrule, c'était tout le contraire. Je comprenais facilement ce qu'il m'expliquait. Par exemple, lorsque je défendais mon point de vue sur le service à offrir aux clients et qu'il s'y opposait à cause du principe de chaîne qu'il voulait préserver, il me l'expliquait très clairement. Nous n'étions pas toujours d'accord, mais on se comprenait. Nos objectifs étaient aussi très clairs et simples à comprendre. Du coup, je travaillais sans me poser de question. C'était très différent et beaucoup plus agréable. C'est aussi pour ça qu'on a accepté de travailler autant. »*

Proximité et simplicité

Avant de devenir directrice régionale, Évelyne Sacotte a eu une longue expérience de directrice d'hôtel. Elle explique : *« La force de nos présidents, c'est qu'ils ne perdaient jamais le sens du terrain. Par exemple, quand le siège voulait mettre en place quelque chose de nouveau, si on leur disait que sur le terrain ce n'était pas applicable, nous étions écoutés. Après on en discutait, pour trouver des solutions. Mais jamais, jamais, on nous a imposé de mettre en place quelque chose d'incohérent pour les équipes de terrain. C'était toujours l'opérationnel qui primait. Toujours. Quand Gérard Pélisson rencontrait les directeurs d'hôtels, il disait toujours "il faut écouter le terrain : qu'en pensent vos collaborateurs ?" et le faisait lui-même. Un jour, en visite dans mon hôtel, Gérard Pélisson remarque que le repas d'un client est servi avec beaucoup de retard. Il vient me voir et me dit : "J'ai remarqué quelque chose qui ne va pas en salle. Arrangez-vous pour que ça ne se reproduise pas, mais je vous interdis d'en parler à la personne qui a fait l'erreur. Revoyez votre organisation avec le responsable du restaurant, mais n'accusez pas le personnel." »*

Au fil du temps, les collaborateurs leur collent à chacun une étiquette : *« Paul était l'homme produit, Gérard le financier »* ou *« Gérard est l'homme du développement[1], Paul le spécia-*

---

1. Quand les collaborateurs attribuent le développement à

liste du marketing ». Mais ce qui frappe le plus ceux qui les ont durablement côtoyés, c'est leur proximité, la qualité de leur écoute et surtout la force de leur union. « *Que ce soit Gérard Pélisson ou Paul Dubrule, ils n'ont jamais mis de distance entre eux et les collaborateurs. C'était très différent de ce que j'avais connu pendant dix ans avec mon précédent employeur. Quand ils arrivaient dans un hôtel, ils cherchaient partout à l'horizon s'il n'y avait pas quelqu'un à saluer. Ils étaient d'une simplicité extraordinaire. Jamais ils ne se sont pris au sérieux et tous les collaborateurs sans exception étaient importants pour eux. C'était magique !* », se souvient avec nostalgie Yveline Sacotte.

Le dialogue social comme exigence professionnelle

Paul Dubrule explique les relations que Gérard et lui entretenaient avec les directeurs d'hôtels et l'exigence qu'ils avaient en matière de management : « *Les directeurs d'hôtels avaient beaucoup de liberté, mais devaient avoir des résultats et respecter quelques règles simples. Par exemple, le dialogue social est rapidement devenu une règle dans le groupe. Un jour, je me suis rendu à Lesquin, pour rencontrer le directeur d'hôtel dont les salariés s'étaient massivement syndiqués et avaient déposé un préavis de grève. Je lui ai dit que je n'avais rien contre les syndicats, mais que quand le personnel se syndicalise en opposition à la direction, c'est qu'il y a un problème. Je lui ai demandé de s'occuper d'eux et de leurs problèmes. Il m'a répondu qu'il n'avait pas que ça à faire. J'ai immédiatement rétorqué que je n'avais pas non plus de temps à perdre et je lui ai donné six mois pour régler définitivement le problème.* » Après une courte pause, l'ancien patron livre la leçon de sa longue expérience : « *À chaque fois que nous avons*

Gérard Pélisson, ils évoquent les grandes acquisitions (Mercure, Sofitel, Borel, Wagons-lits, etc.). Paul Dubrule s'est aussi beaucoup occupé du développement, mais plutôt en agissant sur la multiplication des établissements au sein des enseignes du groupe.

eu un problème de grève, le directeur était systématiquement en cause. Je ne connais pas un cas où ce n'était pas de la responsabilité du directeur. Lorsqu'il se remettait en question, à tous les coups, ça marchait. Nous lui expliquions comment s'y prendre avec le personnel et tout rentrait rapidement dans l'ordre. Vous voyez, c'était simple ! »

Gérard Pélisson appuie le point de vue de son associé : « *C'est un point sur lequel nous étions en parfaite entente. J'ai toujours dit aux directeurs, qu'en cas de grève, quelle que soit la raison évoquée, les seuls que nous tenions pour responsables, ce sont eux. Parce que, dans tous les cas que j'ai connus, ça s'est toujours passé de la même façon. Cela démarre par une petite chose anodine. Un employé cherche une solution et formule une demande à sa direction. S'il n'est pas entendu et que la situation s'envenime, la situation devient tout de suite disproportionnée.* »

Pour illustrer son propos, il livre une anecdote vécue dans les années 1970 : « *Dans un hôtel de banlieue, nous avions deux femmes de chambres qui avaient l'habitude de travailler ensemble. L'une était plutôt petite et l'autre très grande. Elles avaient tiré parti de leur différence pour laver les carreaux, la petite faisant le bas et la grande le haut. Jusqu'au jour où la grande part en congé maternité. Celle qui reste demande un escabeau au directeur de l'hôtel pour pouvoir continuer à faire son travail. L'hôtel ne possédait pas d'escabeau et le directeur n'a pas voulu en acheter un. Du coup, les carreaux n'ont plus été lavés correctement, ce que le directeur a ensuite reproché à l'employée. À partir de là, les choses ont basculé. Les syndicats s'en sont mêlé, jusqu'au parti communiste, venu avec des banderoles devant l'hôtel ! Ahurissant. Au point que les CRS ont dû intervenir pour calmer la situation. Tout ça pour une histoire d'escabeau ! Vous comprenez pourquoi, avec Paul, nous avons toujours tout fait pour limiter le plus possible les niveaux hiérarchiques. Et pour ça, la seule solution, c'est de responsabiliser le personnel à tous les niveaux. À commencer par le directeur d'hôtel.* »

Politique de la porte ouverte

Tous les témoignages attestent d'une totale disponibilité des présidents pour les collaborateurs. André Motte se souvient : « *Leurs portes étaient toujours ouvertes. Vous pouviez revenir du bout du monde sans avoir prévenu et demander à rencontrer Paul ou Gérard. Leur assistante s'arrangeait pour qu'ils puissent vous recevoir. Si l'un n'était pas libre, l'autre vous accueillait. Et puis, surtout, ce qui était extraordinaire, c'est que quand on leur soumettait un problème ils ne nous donnaient pas la solution, mais nous demandaient aussitôt à quelle solution on avait pensé. Puis ils nous encourageaient à la mettre en œuvre. On avait le droit d'avoir des problèmes, même de faire des erreurs, mais il fallait proposer une solution.* » Claude Moscheni précise : « *Cela marchait aussi avec le téléphone. Même quand ils n'étaient pas là, on laissait un message à leur assistante et, dans la minute qui suivait, ils rappelaient, de n'importe où dans le monde. C'était comme ça aussi bien avec Paul qu'avec Gérard.* »

Rapidement, avec le développement nécessaire d'un minimum de hiérarchie, les coprésidents comprennent que ce principe d'accessibilité permanente est une sécurité pour se protéger des filtrages des niveaux hiérarchiques intermédiaires. Ils en font un droit fondamental et une règle, là aussi dans la transparence totale. « *Chaque collaborateur a le droit de court-circuiter sa hiérarchie s'il estime que c'est nécessaire.* » Et les collaborateurs n'hésitent pas à se servir de ce droit. Ainsi, si un cuisinier ou une femme de chambre expose un problème, une idée ou un besoin auprès de son responsable et qu'il ou elle a le sentiment de ne pas avoir été entendu(e) alors que l'intérêt de l'entreprise est en jeu, il/elle peut, sans autre forme de procès, aller trouver le chef de son chef, et ainsi de suite jusqu'aux présidents si nécessaire. C'est plus qu'un droit, c'est un devoir. La règle est de résoudre les problèmes par tous les moyens et de permettre à l'entreprise d'avancer. Le principe fondamental, c'est que tous les obstacles doivent être surmontés, même si l'obstacle, c'est son supérieur hiérarchique.

La réaction de la hiérarchie, telle qu'elle a été initiée par les coprésidents, puis progressivement copiée par la direction et l'encadrement, consiste à redescendre l'information, sans prendre la décision à la place de celui qui en a la responsabilité : « *On m'a fait part d'un problème. Il faut que vous trouviez la solution et que vous la mettiez en œuvre.* »

Sur un même pied d'égalité

C'est l'un des points clés de la réussite des opérations de fusion-acquisition menées par le groupe. Quelle que soit l'origine d'un collaborateur, qu'il vienne d'une entreprise acquise ou appartienne à l'équipe d'origine, il reçoit *de facto*, dès son intégration, ce droit au court-circuit. Ce même principe est offert aux représentants du personnel : « *De temps en temps, le soir, le délégué de la CGT venait nous voir, Gérard ou moi. Certains jours, c'était par la grande porte, d'autres, par la petite. Il nous relatait un problème dans un restaurant ou dans un hôtel. Si le cas laissait apparaître une forme d'injustice, Gérard ou moi appelions le directeur. Nous lui demandions des explications et lui ordonnions de régler le problème en prenant en compte le point de vue du collaborateur.* » Gérard Pélisson poursuit : « *Dans certains cas graves, par exemple, lorsque la règle du respect et de la considération envers les collaborateurs n'était pas respectée, nous n'avons pas hésité à renvoyer le directeur et à réintégrer des salariés injustement sanctionnés.* » Paul Dubrule précise : « *Nous avons toujours beaucoup insisté sur le droit de court-circuiter sa hiérarchie pour l'information. Il fallait que l'information circule, c'était notre obsession. En revanche, la décision revenait toujours à la hiérarchie. Nous ne décidions jamais à la place d'un directeur d'hôtel. Nous lui demandions de prendre connaissance de l'information, de prendre sa décision et de nous en informer. Nous ne le faisions pas à sa place.* »

Grâce à la transparence, ce qui aurait pu se transformer en une sombre ambiance de délation devient un outil de performance.

Les cadres comprennent vite qu'en cas de problème avec leurs collaborateurs ils risquent d'avoir des comptes à rendre. Cela provoque un retournement de la pyramide : la hiérarchie se retrouve au service des collaborateurs de terrain, qui eux-mêmes se mettent au service de la clientèle.

Dès son arrivée chez Novotel en 1971, Didier Gros, devenu en 2001 président de l'hôtellerie économique du groupe, est surpris par l'esprit d'équipe qui règne dans l'entreprise : « *Ce qui m'a frappé en entrant chez Novotel et pendant toute ma carrière, c'est que tout le monde travaillait pour l'intérêt général. Il n'y avait pas de lutte des chefs, ni dans la hiérarchie, ni dans les équipes. Lorsqu'un désaccord émergeait, quel que soit le niveau hiérarchique des protagonistes, le principe d'arbitrage était toujours le respect de l'intérêt général. En conséquence, les collaborateurs n'avaient pas besoin de perdre leur temps à regarder ce qui se passait en haut et pouvaient se concentrer sur leur travail.* »

Georges Le Mener, entré en 1969 comme sous-directeur de l'hôtel de Marseille et devenu président d'Accor North America, précise : « *Grâce à l'attitude de Paul et Gérard, nous n'étions pas préoccupés de savoir ce qu'ils pensaient de nous. Nous étions plus préoccupés de savoir ce que nos collaborateurs pensaient de nous.* »

Les tables ouvertes et la liberté de parole

Découvrant tout l'intérêt de rester en permanence en contact avec le terrain, les deux coprésidents organisent très régulièrement des tables ouvertes dans les hôtels. À leur habitude, ils ne s'embarrassent pas de circonvolutions. Lorsqu'ils arrivent dans un établissement, ils demandent au maître d'hôtel de se mettre au bar et au directeur de se mettre à la réception. Le reste du personnel est invité à expliquer son quotidien aux coprésidents, qui sont venus pour les rencontrer et les écouter. Paul Dubrule se rappelle : « *À l'époque, l'idée des cercles de qualité, venue du Japon, commençait à se répandre. Avec Gérard, nous* avions décidé de les mettre en place dans nos hôtels. Il y avait toute sorte d'idées. Un jour, une femme de chambre nous dit : "Pourquoi les lits ne sont-ils pas équipés d'un système pour les relever ? Nous devons beaucoup nous baisser pour les dresser, ça prend plus de temps et fait mal au dos !" J'étais très dubitatif sur la faisabilité de l'idée, mais je ne voulais pas rabaisser cette femme. Gérard, lui, était enthousiaste. Nous lui avons répondu : "Si vous trouvez un fournisseur qui en vend, demandez-lui un devis." Ils s'y sont mis tous ensemble, et ne trouvant pas de fournisseur en ayant à son catalogue, ils en ont trouvé un qui était prêt à les fabriquer. À notre grande surprise, le surcoût était faible. Depuis, beaucoup de nos hôtels sont équipés de ces lits. Les femmes de chambre doivent seulement appuyer sur une pédale et un système de ressorts les relève. Quand elles ont terminé leur travail, il leur suffit d'appuyer sur le lit pour qu'il reprenne sa place normale. Nous aurions dû breveter ce système, parce qu'aujourd'hui beaucoup de concurrents l'ont adopté. »

Gérard Pélisson insiste sur ce point : « *Les cercles de qualité ont été à la base de beaucoup d'innovations. Par exemple, lorsque Paul est rentré des États-Unis, il a emmené dans ses bagages l'idée des chariots pour transporter le linge dans les couloirs. Pendant les tables ouvertes avec les femmes de chambres, celles-ci ont eu plusieurs idées ingénieuses pour les améliorer. Elles ont proposé que la structure en tôle soit remplacée par une structure en grillage. C'était plus léger à manœuvrer. Elles ont proposé qu'on ajoute des compartiments pour les savonnettes, des sacs pour le linge sale, etc. Progressivement, grâce au dialogue avec le personnel, ces chariots se sont énormément améliorés.* » Il se souvient d'une autre anecdote, alors qu'il animait seul l'une de ces tables rondes au Novotel de Colmar. Un homme d'entretien avait pris la parole, catastrophé : « *J'ai besoin tous les jours de ma caisse à outils et j'habite à dix kilomètres de l'hôtel. Comme le directeur ne veut pas m'acheter d'armoire qui ferme à clé pour que je puisse y ranger ma caisse à outils, tous les soirs, je la mets sur mon vélo et la ramène chez moi. Mais elle est très lourde ! Tout ça parce qu'on ne veut pas me donner d'armoire…* » Gérard Pélisson, qui comprend que cette histoire, apparemment anodine, empoisonne la vie de ce collaborateur, le prend très au sérieux et s'adresse en aparté au directeur de l'hôtel : « *Achetez une armoire avec une bonne serrure à ce gars, qu'il soit content et qu'on n'en entende plus parler !* » Christian Mure, longtemps directeur de la communication du groupe, explique : « *Cette histoire de caisse à outils a fait le tour de toute la société. Les gars dans les hôtels se téléphonaient entre eux pour se la raconter. Au bout de quelques années, l'histoire était toujours racontée, sauf que ce n'était plus à Colmar, mais à Bordeaux, que le gars était cuisinier ou que c'était Paul Dubrule. À tel point qu'on se savait même plus ce qui était vrai. Ce qui restait, c'était le sens de l'histoire : chaque collaborateur a le droit de s'exprimer, même face aux présidents. Cela a produit un effet extraordinaire sur tout le personnel.* » Paul Dubrule termine par une autre anecdote : « *Lors de l'une de ces tables ouvertes, un collaborateur m'a demandé à quoi servait un directeur. Je lui ai expliqué que son rôle était d'organiser le travail, de planifier, etc. Il m'a alors demandé pourquoi le sien se contredisait tout le temps. J'étais embarrassé. Après quelques bafouillages, j'ai conclu en disant qu'on allait lui organiser un stage et j'ai ri. En même temps, je prenais ça très au sérieux. Vous voyez, c'était très terre à terre. Mais c'était redoutablement efficace.* »

Modèle à suivre

Tellement simple et efficace que, progressivement, tous les directeurs opérationnels s'en inspirent. Les premiers à emboîter le pas aux coprésidents ont été Claude Moscheni et Georges Le Mener, lorsqu'ils étaient codirecteurs régionaux de la région Île-de-France. Progressivement, la pratique se répand dans toutes les couches de l'organisation. Les coprésidents en font aussi un outil de régulation. Lorsqu'un hôtel montre des signes de difficultés économiques ou relationnelles, ils s'y rendent et improvisent une table ouverte. Mais, au-delà de la simplicité de cette démarche d'écoute du personnel, c'est avant tout un état d'esprit des dirigeants et une culture d'entreprise. Ainsi, Paul Dubrule se souvient qu'après la reprise du groupe

Borel, à l'occasion d'une de ses visites sur le terrain dans un restaurant Pizza del Arte, il rencontre le directeur pour lui demander comment fonctionne le restaurant. Pensant qu'il y a un problème, le coprésident propose aussitôt : « *J'aimerais que nous continuions cette discussion. Venez me voir au siège pour qu'on en reparle.* » De longues semaines passent sans que le patron ne reçoive de nouvelles de ce directeur de restaurant. Deux mois plus tard, le rendez-vous est enfin pris. Quelle ne fut pas la surprise du nouveau coprésident du groupe Borel de constater l'arrivée d'un groupe de cinq personnes ! Le directeur du restaurant est venu accompagné par toute sa hiérarchie, jusqu'au directeur général de la restauration du groupe, qui explique à son président que ce qu'il a fait est un crime de lèse-majesté : dans la culture du groupe Borel, il n'est pas question qu'un patron s'adresse à un collaborateur sans que les niveaux hiérarchiques intermédiaires en aient d'abord été informés ! Loin de se démonter, Paul Dubrule s'amuse de cette expérience et s'en ouvre aussitôt à son associé. Les deux hommes décident de multiplier ces expériences. Ils se souviennent : « *Cela a provoqué un sacré bazar dans le système ! Mais ça a été rudement bénéfique. Les relations se sont simplifiées et les résultats se sont nettement améliorés.* »

Cette culture du libre-échange devient progressivement une marque de fabrique du groupe. Un élément différenciateur et surtout un moteur de performance collective. En 1990, Godefroid Gillis a 22 ans lorsqu'il est recruté comme aide-comptable au Sofitel de Bruxelles. Il se souvient que de nombreuses tensions existaient au sein du personnel de cet hôtel. Jusqu'au jour où une grève éclate. Trois jours plus tard, Gérard Pélisson débarque à l'improviste dans l'hôtel. Il demande au directeur et aux cadres de se mettre derrière la réception, au bar et dans les étages. Puis il réunit le personnel et annonce une table ouverte. Quelque vingt collaborateurs se réunissent autour du président qui leur demande aussitôt : « *Que se passe-t-il ? Qu'est-ce qui ne va pas ?* » Certains réagissent : « *Nous ne voulons pas dire du mal de nos collègues !* » Gérard Pélisson les rassure : « *Je ne veux pas non plus que vous me disiez du mal de vos camarades. Mais je veux savoir ce que vous attendez de la direction pour que tout rentre dans l'ordre et que chacun se remette au travail.* » Godefroid Gillis se souvient : « *C'était très impressionnant d'être tous assis à la même table que le président. Mais il a su nous mettre à l'aise rapidement et nous lui avons dit sans langue de bois ce qu'il fallait changer. Après, il ne disait plus rien. Il nous a surtout écoutés.* » Quelques jours plus tard, le directeur de l'hôtel, qui n'avait pas respecté la règle du dialogue social, a quitté le groupe. Il est remplacé par Éric de Neef, un homme plus proche de ses collaborateurs.

Ces principes managériaux, simples et efficaces, auxquels les coprésidents sont toujours restés fidèles, ont pour effet de donner des ailes au personnel et laissent à Paul et Gérard le temps nécessaire pour se consacrer à leur grand projet : la construction d'un groupe hôtelier de dimension internationale.

De l'écoute suivie d'actions immédiates

Ce qui a le plus frappé les collaborateurs qui les ont longuement côtoyés, c'est que leurs deux patrons ne se limitaient pas à écouter gentiment leurs doléances, mais que ce qu'ils entendaient guidait leur action. Contre toute attente, il leur est souvent arrivé de prendre des décisions en faisant confiance à l'avis de leurs collaborateurs, même lorsque ces choix pouvaient paraître surprenants.

En 1985, la société Courtepaille, reprise par Novotel dès 1973, connaît des difficultés. Les investigations menées démontrent que son dirigeant, en qui les deux présidents avaient placé leur confiance, en avait abusé et commis de sérieuses indélicatesses. La question du choix de son remplaçant s'est posée. Parmi les candidats possibles, Michel Baillon, directeur financier du groupe, propose Philippe Brison, qui a fait preuve de dévouement et d'une grande compétence au sein de la direction du contrôle de gestion du siège et qui souhaite devenir opérationnel. Les deux présidents réagissent avec surprise :

« D'accord, c'est un excellent financier, mais ce n'est pas tout à fait le profil auquel on avait pensé. Il nous faut un homme de terrain. » Après une courte réflexion, devant la confiance témoignée par Michel Baillon dans les capacités de ce collaborateur, ils concluent : *« Après tout, si vous pensez qu'il en est capable, pourquoi pas ! On va le recevoir. »* Quelques jours plus tard, Gérard Pélisson appelle Michel Baillon : *« On a reçu Philippe Brison. C'est d'accord. On lui donne le poste ! »* Aussitôt promu, le jeune homme, qui avait tout à apprendre dans la restauration, s'attelle à sa mission et réalise le redressement attendu par les présidents. Remplacé par le jeune Gilles Pélisson, futur P-DG du groupe, il prend ensuite la direction générale d'Ibis avant de codiriger avec Gilles Pélisson une filiale phare du groupe : Novotel. Il a terminé sa carrière chez Accor en qualité de directeur général du marketing et des ventes de l'hôtellerie, avant de devenir le patron de sa propre affaire.

Lors d'une table ouverte, Paul Dubrule demande à une serveuse travaillant en région parisienne où elle aimerait être mutée. Elle lui répond : *« Moi ? Je voudrais aller à Montpellier ! »* Surpris, le président lui répond en bafouillant : *« D'accord, mais nous n'avons pas d'hôtel à Montpellier ! » « Vous n'avez qu'à en construire un ! »*, rétorque l'employée. Interloqué, autant qu'amusé, Paul Dubrule lui répond avec humour : *« Pourquoi pas, je ne suis pas contre, mais il va quand même falloir que vous attendiez un peu… »* De retour à Paris, il raconte l'histoire à Gérard Pélisson. Quelques années plus tard, le Novotel de Montpellier ouvrait ses portes au public. Se rappelant de l'origine de l'histoire, Paul Dubrule a demandé au responsable du personnel de s'occuper de la mutation de la jeune serveuse.

VI

Les grands défis sources de cohésion

Dans le chapitre précédent, j'ai cité en référence technique une étude menée par James C. Collins et son équipe. En 1994, la même équipe, codirigée par James C. Collins et Jerry I. Porras, avait déjà publié une étude qui a connu un immense succès sous le titre américain « Built to last », traduit en français en 1996 « Bâties pour durer » (First). Il s'agissait alors d'étudier la performance d'entreprises américaines de plus de cinquante ans d'existence et de distinguer celles dites « visionnaires » — qui ont connu dans la durée un succès hors du commun (jusqu'à quinze fois l'évolution du marché boursier américain sur la même période) — de celles dites « de comparaison », qui ont rencontré un succès réel, mais beaucoup moins éclatant (seulement trois fois l'évolution moyenne du marché boursier américain global). À titre d'exemple, General Electric est comparée à Westinghouse, American Express à Wells Fargo, IBM à Burroughs. La particularité de cette étude est qu'elle compare par couple des entreprises nées à une même période et évoluant sur un même segment du marché.

La recette des plus grandes entreprises américaines

Collins, Porras et leur équipe ont sorti de cette étude systématique, portant sur dix-huit couples d'entreprises multinationales, une série de huit « commandements » ou « règles d'or » qui permettent aux entreprises visionnaires de se distinguer des autres. Ces règles sont celles qui ont été repérées comme le dénominateur commun d'une proportion importante des entreprises visionnaires et souvent absentes ou insuffisamment développées dans les entreprises de comparaison. La quatrième règle citée, présente dans 78 % des grandes entreprises visionnaires étudiées (Boeing, IBM, Ford, Motorola, Philip Morris, Sony, Disney, Merck, Procter & Gamble, Wall-Mart, Citicorp et General Electric), consiste à fixer et à transformer en réussite éclatante de « Grands Objectifs Audacieux » (GOA).

À titre d'exemple, la compagnie Boeing est caractéristique de ces entreprises qui s'élèvent au-dessus de leurs concurrentes en utilisant le principe des GOA. Cofondée en 1916 par William Edward Boeing et Georges Conrad Westervelt, la Boeing Airplane Company relève son premier défi en 1917, lorsqu'elle accepte une commande de l'US Air Force pour cinquante hydravions militaires. Entre les deux guerres, la société se diversifie dans le transport du courrier, la gestion des aéroports, l'exploitation de lignes aériennes et la fabrication de moteurs d'avions. En 1934, la loi anti-trust américaine oblige la compagnie à se scinder en trois entreprises distinctes : United Airlines pour le transport aérien, United Aircraft pour la fabrication d'avions dans l'est du pays et Boeing Airplane Company pour la fabrication d'avions dans l'ouest du pays. United Aircraft tombera dans l'anonymat tandis que Boeing Airplane Company se donne pour objectif de devenir le premier fournisseur mondial sur le marché de l'aéronautique militaire. Lorsque les États-Unis entrent en guerre en 1941, Boeing se retrouve en position de force et devient *de facto* le leader de la construction de bombardiers, dont les fameuses forteresses volantes B17, B29 et B52, qui joueront un rôle majeur dans la libération de l'Europe. Au lendemain de la guerre, la compagnie tente de se repositionner sur l'aviation civile, mais son image de fabricant de bombardiers lui colle trop à la peau et les compagnies aériennes ne lui accordent que peu d'intérêt et pratiquement aucune commande. Le constructeur entame le plus gros plan social de son histoire. Ses effectifs passent de cinquante et mille salariés à seulement sept cent cinq ! C'est à ce moment que son équipe de direction se donne pour objectif de concevoir et de commercialiser le premier avion de ligne propulsé par des moteurs à réaction. Plusieurs années durant, la compagnie y use ses dernières ressources et lance en 1958 son Boeing 707 pour lequel la compagnie Pan Am est le premier client. En 1965, la compagnie mise la totalité de ses ressources humaines et financières dans un nouveau pari fou : la conception d'un jumbo-jet : le Boeing 747. C'est ce que Collins et Porras appellent un GOA : il s'agit d'un objectif facile à comprendre par les collaborateurs (construire un nouvel avion), d'un Grand Objectif, parce qu'il mobilise une part importante des ressources de l'entreprise, et Audacieux, parce qu'une équipe dirigeante raisonnable y renoncerait sans hésiter. Dans le cas de Boeing, que ce soit pour le 707 ou le 747, en cas d'échec, l'entreprise aurait fait faillite.

Objectif Lune

Un second exemple de GOA est celui du président américain John F. Kennedy, qui déclama solennellement le 12 septembre 1962 son célèbre discours « *We choose to go to the moon* », dans lequel il annonce : « *Nous choisissons d'aller sur la Lune. Nous choisissons d'aller sur la Lune dans cette décennie et faire d'autres choses encore, non parce que c'est facile, mais bien parce que c'est difficile, parce que ce but servira à organiser et mesurer le meilleur de nos énergies et de nos connaissances, parce que c'est un défi que nous sommes prêts à relever, que nous ne voulons pas remettre à plus tard, et que nous avons l'intention de gagner.* »

Le plus important, c'est de considérer les conséquences qu'a ce principe de management sur les équipes autant que sur les affaires de l'entreprise (ou de la Nation, dans le cas de JFK). La première conséquence, c'est que les équipes sont plus que stimulées, elles sont galvanisées par le défi qu'on leur demande de relever. La seconde, c'est qu'il ne s'agit nullement d'une série de petits objectifs personnels qui induisent individualisme et compétition interne, mais d'un objectif collectif, qui fédère les énergies de tous les collaborateurs dans une même direction et dans un esprit de collaboration. Dernier point : pour relever ces objectifs, les équipes sont obligées d'inventer de nouvelles techniques, de nouvelles méthodes et de nouveaux produits. Un peu comme les guerres font avancer les sciences, les GOA forcent à la créativité collective. Collins et Porras expliquent : « *Un GOA retient l'attention des gens ; il les abrite sous son aile et les prend au ventre. Il est tangible, énergisant, hautement focalisé. Les gens suivent tout droit ce chemin ; ça se passe d'explications.* »[1]

Novotel, une succession de Grands Défis Audacieux

S'il est une caractéristique qui ressort du style de management des deux cofondateurs d'Accor, c'est bien de fixer systématiquement à leurs équipes de très Grands Objectifs Audacieux. L'histoire de Novotel devenu Accor n'est qu'une succession ininterrompue de GOA. Dès le début, vouloir créer une chaîne de cent hôtels, alors qu'en France il n'existe aucune entreprise hôtelière rassemblant plus de cinq établissements, est un défi qui semble tellement fou que personne n'y croit. La construction du Novotel de Bagnolet, la reprise de Mercure, le lancement d'Ibis en même temps que Novotel International, la reprise de Sofitel, le lancement de Formule 1, l'OPA sur Jacques Borel, puis sur la Compagnie des Wagons-Lits, toutes ces

---

1. *Bâties pour durer*, page 143.

opérations correspondent à la définition des GOA que Collins et Porras découvrent comme point commun dans le succès de sociétés mondialement connues.

Ce qui est essentiel dans ce mécanisme, c'est qu'il n'est jamais dépendant des moyens. Au contraire, l'absence ou le manque de moyens agit comme une stimulation supplémentaire et surtout alimente la légende lorsque les succès sont enregistrés. Quand Paul Dubrule et Gérard Pélisson lancent des GOA, ils ont rarement les moyens de leur politique. Leur force, c'est de savoir faire la politique des moyens. Le lancement de Novotel a été raconté dans le détail. Pour Ibis, les cofondateurs n'ont pas les moyens de lancer une deuxième chaîne d'hôtels. Ils se contentent de prendre 10 % d'une société contrôlée à 90 % par des banquiers. Lorsqu'il faut reprendre Mercure ou JBI, Novotel n'a pas les moyens d'en faire l'acquisition. Ils proposent d'échanger des actions des entreprises pour les fusionner.

Paradoxalement, cette situation dans laquelle les dirigeants ne contrôlent pas la majorité de leur capital les pousse eux-mêmes à l'excellence. Gérard Pélisson est formel : « *Nous étions obligés d'avoir des résultats pour garder notre job. Si nous avions été les maîtres absolus de notre capital, nous n'en serions probablement pas là. Nous avons toujours été convaincus que si le groupe continuait de se développer, que nous avions de bons résultats et que les collaborateurs se sentaient bien chez nous, nous ne risquions pas d'être limogés par notre conseil d'administration. Nous avons fait ce qu'il fallait. Et nous avons emmené les collaborateurs avec nous. C'est tout.* »

Des objectifs expliqués clairement

Pour Robert Larrivé, l'une des forces des deux fondateurs du groupe est de savoir fixer des objectifs ambitieux, en les expliquant simplement, sans donner d'ordre. « *Paul et Gérard savaient parfaitement définir en quelques mots et quelques chiffres les résultats à obtenir en précisant l'essentiel et en nous laissant toute liberté d'agir à notre guise pour le reste. Par exemple, pour Novotel, lorsqu'ils venaient nous voir, ils disaient :* "Le temps de construction est une période sans retour de l'investissement, vous devez tout faire pour qu'il soit au minimum et surtout pour que le délai annoncé (deux ans pour le Novotel de Bagnolet, neuf mois pour un hôtel trois étoiles de quatre-vingts à cent vingt chambres, sept mois pour un Ibis de soixante chambres) soit tenu." *Au lancement du programme Formule 1, la demande était encore plus simple :* "Pour réussir sur ce segment, il faut construire un hôtel en moins de trois mois. Nous devons ouvrir le premier hôtel dans dix-huit mois, vérifier la réaction du marché, perfectionner le concept, le tester de nouveau sur deux autres dans les mois qui suivent, puis en construire cinquante par an." »

VII

Une idéologie fédératrice

Il est fréquent de considérer et d'analyser un groupe humain en partant de sa structure organisationnelle, c'est-à-dire de l'ensemble des fonctions nécessaires au bon fonctionnement de l'organisation, généralement reprise dans un organigramme à deux branches : les opérationnels et les fonctionnels. C'est aussi l'élément le plus facile à comprendre, parce qu'il constitue la partie visible de l'iceberg.

À partir de cette vision de l'organisation, un analyste attentif peut observer plus profondément la structure individuelle. Il s'agit d'identifier quelle personne occupe quelle fonction. Il s'ensuit généralement un organigramme nominatif ou un tableau des effectifs avec renvoi vers l'organigramme officiel.

Enfin, un analyste méticuleux et curieux, soucieux de comprendre comment vit et se développe ce groupe d'êtres humains, s'intéressera à sa structure privée, c'est-à-dire d'une part aux relations qu'ont les membres de l'organisation entre eux et d'autre part, à la représentation mentale que chaque membre a de l'ensemble du groupe formé par ses subordonnés, ses collègues et sa hiérarchie.

C'est ce qu'Eric Berne met en évidence dans sa théorie des organisations[1].

---

1. Berne, E., *Structure et dynamique des organisations et des groupes*, Les Éditions d'analyse transactionnelle, 2005.

À vouloir mettre trop d'ordre, on sème le désordre !

Beaucoup de chefs d'entreprises et de managers considèrent que l'un de leurs principaux rôles est de mettre en place une organisation idéale, puis de placer des hommes compétents à chaque poste, ensuite de leur fixer des objectifs, et enfin de s'assurer qu'ils sont atteints. Cette logique, courante dans nombre d'entreprises, n'est pas dénuée de bon sens. Elle répond à une logique causale : si cela ne marche pas, c'est en raison de l'incompétence du collaborateur ou parce que l'organisation est inadaptée. Il en découle une tentative de correction, telle que changer de collaborateur ou d'organisation officielle.

Le problème, c'est que cette logique correspond à une vision tronquée du fonctionnement réel des organisations humaines, dont les entreprises sont l'une des représentations. Dans cette vision, il y a méconnaissance de la structure privée, c'est-à-dire de l'image mentale que chacun se fait de l'ensemble, la fameuse vision holistique. La conséquence la plus grave en est le déni de l'individualité des collaborateurs, voire parfois de leur humanité. C'est l'une des principales origines des violences constatées dans certaines organisations. Cette vision réduite des relations humaines indique aussi que, pour de tels responsables, la structure organisationnelle et la structure individuelle ne sont pas différenciées.

Cette méconnaissance conduit régulièrement à de nombreux désordres et à une démotivation plus ou moins importante des collaborateurs. Il s'ensuit bien souvent une succession de réorganisations, chacune étant censée apporter enfin la solution idéale à tous les problèmes de l'entreprise. Nous sommes toujours dans une logique causale, mécanique du management. La plupart du temps, c'est l'inverse qui se produit et, de réorganisation en réorganisation, le chef d'entreprise et ses collaborateurs en oublient progressivement leur premier devoir : saisir les opportunités qui se présentent sur le marché et se protéger des éventuelles menaces de la concurrence.

Si ces situations déstabilisantes et démoralisantes sont si fréquentes, c'est parce que nombre de managers réfléchissent à leur organisation humaine comme des ingénieurs. Ils échafaudent des plans, montent des organisations qui ressemblent à des jeux de briquettes et placent dans chaque case un homme qui leur paraît correspondre, sans tenir compte de l'objectif stratégique du moment ni de la motivation ou de la vocation de cet homme. Or c'est évidemment tout l'inverse qui permet d'atteindre des performances exceptionnelles.

L'esprit et l'imaginaire aux commandes

Dans *Mes conseils pour réussir*[1], Jack Welsh, le charismatique ex-patron de General Electric, président de la première entreprise mondiale de 1981 à 2001, indique que la mobilisation de tous les cerveaux a été un élément déterminant de l'évolution culturelle qu'il a menée dans son entreprise. S'appuyant sur la philosophie de l'assemblée de citoyens des villages de Nouvelle-Angleterre, il a lancé le concept des « *work-out* », mini-séminaires de deux à trois jours auxquels étaient conviés tous les collaborateurs, quelle que soit leur position hiérarchique. Il cite le cas d'un ouvrier d'une usine de réfrigérateurs qui s'est exprimé lors de sa participation à l'un de ces ateliers : « *Depuis vingt-cinq ans, vous me payez pour disposer de l'utilisation de mes mains, alors que vous auriez pu aussi avoir l'utilisation de mon cerveau en prime.* » Ce que cet homme explique, c'est que sa vision imaginaire de l'entreprise qui l'employait à cette époque est celle d'une grande machine mécanique dont il est l'un des rouages. Dans son esprit, il n'est pas un être vivant au service d'une organisation vivante, mais la modeste pièce d'un automate programmé par des grandes puissances. Exactement comme Charlie Chaplin l'a illustré avec humour dans

---

1. Village Mondial, 2005.

« Les temps modernes », film burlesque sorti sur les écrans en 1936.

En s'adressant ainsi à son patron, l'ouvrier formule avec une étonnante habileté métaphorique un sérieux blâme à l'endroit de sa hiérarchie. Il indique aussi que sa motivation et son implication sont à la hauteur de ce qu'il perçoit de la considération que ses employeurs ont à son égard : nulle ou presque. Il fournit enfin la clé de la solution, dont on peut supposer sans grand risque le contrat sous-jacent : « *Laissez-moi croire durablement que vous me considérerez comme un être humain et vivant et je mettrai tout mon être à votre service, cerveau compris !* » C'est donc bien ce qu'imagine cet homme de la volonté cachée de sa hiérarchie qui détermine son implication. Et pas l'inverse !

L'idéologie au centre de la structure privée

L'homme est premier, l'organisation en découle et pas l'inverse. C'est ce qu'indique en 1994 Gérard Pélisson à la question de ce manager américain, citée au tout début de ce livre (page 5). Tous les grands leaders, vainqueurs et conquérants légendaires, de l'Antiquité à nos jours, animés d'une ambition économique, tel Marco Polo, ou d'une ambition militaire, tel Jules César, ont su instaurer des relations de très haute estime, avec leurs partenaires comme au sein de leurs bataillons, en commençant par donner de la considération à leurs hommes et en leur offrant une idéologie glorifiante. La Vieille Garde de Napoléon Bonaparte en est une illustration manifeste. Bâtie sur le modèle de la Garde prétorienne romaine, composée de soldats français aussi bien qu'étrangers, il fallait faire état d'une bravoure exceptionnelle et d'une ancienneté avérée pour y entrer. Bénéficiant d'une très grande considération de la part de l'empereur, elle lui vouait en retour une admiration et un dévouement sans limites : « *La garde meurt, mais ne se rend pas !* », déclarent d'une seule voix, les Vieux Grenadiers à Waterloo.

Ces mécanismes de cohésion appartiennent à ce qu'Eric Berne nomme « la structure privée », creuset de l'idéologie et de la cohésion du groupe complet. Dans l'exemple de la Vieille Garde, l'un de ses rôles en campagne était de servir d'exemple et de renforcer par sa seule présence la cohésion de la Grande Armée.

« Les hommes d'abord », maxime du groupe Accor, a donc un fondement historique et théorique solide. Celui de toutes les grandes conquêtes historiques. Celui qui anime les organisations économiques, militaires et politiques qui ont de tout temps contribué à faire progresser le monde. Pour les deux coprésidents, ce principe répond à une logique évidente : *« Quand vous permettez à vos collaborateurs de passer au moins 80 % de leur temps à faire ce qu'ils aiment, ils sont naturellement plus efficaces que si c'est le contraire. »* Paul Dubrule ajoute, goguenard : *« Il n'y a pas que les collaborateurs. C'est aussi vrai pour nous. Personnellement, ma limite à faire des choses que je n'aime pas ne dépasse pas 20 % de mon temps. »*

Les hommes d'abord : une logique fondamentalement biologique

Ainsi, si les aspects théoriques sous-jacents sont complexes, la conclusion est simple : en management, comme en biologie, les forces vives sont premières. Établir des relations, partager une même idéologie est fondamental pour construire et se développer durablement. Les compétences sont secondes et doivent être mises en face des objectifs opérationnels de chaque époque. Enfin, la fonction officielle n'a qu'un faible intérêt.

De la même façon que les globules blancs du sang partent à l'assaut d'une bactérie agressive là où elle se situe dans le corps, les forces vives d'une organisation doivent pouvoir être mobilisées à tout moment là où elles sont utiles pour saisir une opportunité ou se protéger d'une menace. Mais, pour que cela fonctionne, il est impératif que les globules du sang appartiennent à des rhésus compatibles entre eux. De la même façon, dans une entreprise, l'essentiel, c'est de fédérer les collaborateurs sur une idéologie acceptée et portée par chacun. L'idéologie d'un groupe, c'est le rhésus du sang.

Mais, dans la pratique, force est de reconnaître que c'est parfois plus compliqué. Comment s'y sont pris les deux coprésidents fondateurs du groupe Accor pour réussir ?

Partir des hommes, en faire des ambassadeurs de l'idéologie

Dès le début, l'histoire montre que Paul Dubrule, appuyé par Gérard Pélisson, encore en fonction chez IBM, a mis l'accent sur une organisation spontanée, fruit de l'expérience et de la motivation de leurs collaborateurs. Si dans les premiers mois Paul Dubrule impose sa vision spartiate du management d'un hôtel, André Cœugniet, Gérard Levêque et Jean-Michel Beyrat réussissent rapidement à infléchir la vision du jeune patron. Très rapidement aussi, l'arrivée des premiers directeurs d'hôtels est l'occasion d'une organisation spontanée imprévue. Les premiers responsables des ouvertures colportent sans en avoir conscience l'idéologie sous-jacente : responsabilisation des collaborateurs, responsabilisation des clients, esprit de conquête, de challenges, de défis permanents. « *À l'impossible nous sommes tenus* », « *Novotel = volonté* », « *Les hommes d'abord* », « *Le terrain a toujours raison. Il faut écouter le terrain* » sont autant de leitmotive dont les ouvreurs d'hôtels se font les ambassadeurs volontaires, les promoteurs improvisés des valeurs fondamentales du groupe déjà en construction.

Après une courte période de formation, les directeurs nouvellement nommés sont souvent livrés à eux-mêmes. La logique est simple : lorsqu'ils sont naturellement dans la culture, ils comprennent vite et font tout pour réussir. S'ils sont en dehors de la culture, ça ne tarde pas à se voir, à se savoir et l'organisation est revue en conséquence. Ces hommes se voient alors proposer une autre place plus propice à l'émergence de leurs compétences effectives. Comme l'explique Georges Le Mener, « *c'était un excellent processus de sélection naturelle. Sur le terrain, les directeurs d'hôtels étaient livrés à eux-mêmes et avaient très peu de support. Les bons réussissaient brillamment et les mauvais ne pouvaient pas masquer longtemps leur insuffisance. Bien sûr, il y a eu quelques échecs sanglants. Mais cela ne prenait jamais des proportions trop importantes, parce que l'incapacité d'un directeur à gérer sa boutique apparaissait très vite et on pouvait réagir rapidement* ».

Fixer des objectifs ambitieux

Comme nous venons de le voir au chapitre précédent, l'histoire du groupe Accor a été une succession de GOA, chacun étant une bataille à livrer à un ennemi imprévisible : la concurrence. Dès le début, les deux cofondateurs ont fait un choix majeur sans en avoir réellement conscience. Ils ont mis en place un processus particulièrement original :

1. Repérer une opportunité. La première fut celle identifiée par Paul Dubrule à son retour des États-Unis : le marché hôtelier français était dans un état de vétusté étonnant alors que les voyages d'affaires étaient en forte progression. Pendant plus de trente ans, les deux patrons n'auront de cesse d'identifier de nouvelles opportunités ou d'élaborer de nouveaux concepts hôteliers.

2. Choisir des partenaires capitalistes et bâtir des alliances pour gagner ensemble, dans un souci d'équité. Monter des sociétés ensemble, avec pour but de prendre le marché, sans se soucier de savoir qui contrôle le capital.

3. Nommer un patron pour mener les opérations à terme. Lui fixer un GOA à relever. Lui donner carte blanche pour le reste.

4. Trouver les moyens dont les opérationnels ont besoin pour réussir.

5. Vérifier sur le terrain que les règles et les principes de management en vigueur dans l'entreprise sont bien respectés (l'idéologie).

En quête permanente d'opportunités nouvelles

Pendant les trente ans de leur coprésidence, Paul Dubrule comme Gérard Pélisson ont sans cesse été en quête d'opportunités nouvelles. S'il s'agissait d'ouvrir de nouveaux hôtels ou de mettre en place un nouveau concept, Paul prenait les commandes alors que s'il s'agissait d'une opération d'acquisition d'envergure, c'était Gérard qui s'y collait. En fait, ils cohabitaient parfois, chacun prenant une partie des forces vives du groupe avec lui pour poursuivre un objectif stratégique. Ce leadership effectif tournant était possible parce que les deux hommes se reconnaissaient chacun une forte compétence respective.

Comme le précise Gérard Pélisson, « *Paul était un génie du marketing conceptuel. Il était passionné et avait un vrai sens stratégique du produit et de l'emplacement. C'était aussi un fouineur acharné. Avant qu'on se rencontre, il se déplaçait déjà aux quatre coins de la France, sans même savoir s'il trouverait les fonds. Il avait déjà beaucoup travaillé pour trouver des terrains à des emplacements stratégiques. Par la suite, il a toujours eu une longueur d'avance sur le marché de l'hôtellerie* ». Ce à quoi Paul Dubrule répond : « *Toutes les grandes opérations, les grandes acquisitions, c'est Gérard qui les a menées. Il avait le chic pour dénicher les affaires à vendre et les négocier, ce que je faisais beaucoup moins bien que lui.* »

Des partenaires partageant une même idéologie

Un fait est constant dans cette histoire : l'absence de moyens pour satisfaire les ambitions de développement de l'entreprise. Paul Dubrule rappelle que « *pendant trente ans, notre problème récurrent a été de trouver de l'argent. Nous ne manquions jamais de projets, mais nous manquions toujours d'argent pour les financer !* »

Lorsqu'une opportunité est repérée, la solution qui s'impose consiste à réunir des associés disposant de suffisamment de moyens pour permettre au projet de vivre et de grandir, si possible à toute vitesse, pour surprendre la concurrence.

Sur ce plan, bien que Paul Dubrule ait joué le rôle important d'expliquer le marché, l'opportunité et le concept qui vont avec, celui qui a eu la plus forte influence sur les partenariats est Gérard Pélisson. « *Gérard apportait au projet une crédibilité que je n'avais pas. Cela donnait un côté sérieux. Ses années passées en Amérique, les amis qu'il avait dans le monde des affaires et son discours très technique sur les aspects financiers rassuraient nos interlocuteurs. Il me laissait faire mon discours sur le concept des hôtels sans intervenir. Il ne parlait presque pas. Mais à la fin, il prononçait quelques mots, très réfléchis, qui donnaient beaucoup de crédit. Il citait quelques ratios. Souvent, les personnalités que nous rencontrions y étaient très sensibles. Sa carte de visite de directeur d'IBM ajoutait encore du poids à ses paroles. Dès le début, nous nous complétions très bien* », se souvient Paul Dubrule. Ensuite, les deux hommes animés du même souci de traiter les partenaires avec respect et considération s'employaient ensemble à établir des contrats équitables pour chacune des parties.

Gérard Pélisson explique son idéologie des affaires : « *Beaucoup de chefs d'entreprises pensent que, pour réussir, il faut toujours garder le contrôle de son affaire. C'est une erreur. La clé, ce n'est pas le contrôle. La clé, c'est de s'associer avec des gens de qualité, dans un rapport d'égal à égal, sur la base d'une confiance mutuelle et d'un vrai dialogue. Bien sûr, il faut partager un même objectif : développer nos affaires communes, chacun apportant des compétences complémentaires, en évitant tout rapport de concurrence ou de compétition pour le pouvoir. C'est ainsi que nous avons réussi des développements formidables. Par la suite, nous avons été à 50/50 avec Volkswagen dans Europcar et même avec Curt Carlson pour former la société Carlson-Wagons-Lits-Travel.* » Toujours cette fameuse idéologie partagée comme clé de la réussite exceptionnelle du groupe.

Un état d'esprit fédérateur

Comme animé d'une volonté didactique, Gérard Pélisson poursuit : « *C'est le même principe que celui entre Paul et moi. La base, c'est le respect de l'autre, l'égalité, la confiance et le partage d'un fort esprit de conquête. Tous nos associés transpiraient cet état d'esprit. Là est la clé de la réussite. Pas le contrôle du pouvoir.* » Il argumente son point de vue sans langue de bois : « *Quand vous êtes dans un conseil d'administration et que vous possédez 51 % des actions, vous traitez l'autre, qui n'a que 49 %, avec les honneurs dus à son rang. Mais au bout de trois heures de conseil, si votre associé vous embête, il suffit de lui rappeler que l'on va procéder au vote et il est obligé de se taire. Mais ce ne sont pas des manières. Tandis que quand on est à 50/50 on est obligé d'arriver à des solutions optimales. À partir du moment où on s'est associé avec des gens de qualité, partageant les mêmes objectifs et les mêmes idées, on n'a jamais eu aucun problème. Et quand nos objectifs divergeaient, nous avons toujours réussi à trouver un terrain d'entente pour se séparer courtoisement, dans le respect de chacun et de ses intérêts.* »

Après cinquante ans d'aventures entrepreneuriales, sous forme de joint-ventures et d'expériences en solo, Gérard Pélisson et Paul Dubrule sont arrivés à la conclusion que l'une des clés de leur réussite résidait dans leur processus d'association entre *gentlemen*, apportant leurs actifs, leurs compétences réciproques, partageant les mêmes valeurs, la même idéologie des affaires et les mêmes objectifs. Pour preuve, Gérard Pélisson raconte les premières expériences douloureuses du groupe en Grande-Bretagne et en Allemagne : « *Au début, on a tenté de faire autrement. On a voulu démarrer seuls, comme des grands. Résultat, on a mis dix ans avant de gagner notre première livre sterling et quinze ans avant de voir notre premier Deutsche mark ! Ensuite, comme nous étions encore une société modeste, nous cherchions à nous associer à des gens modestes. Dans ces conditions, il nous était facile de conserver une position majoritaire. Nous gardions souvent entre 65 et 70 % du capital. Ce fut le cas pour le* premier Novotel en Italie, à Bologne. Nous nous étions associés sur cette base avec un homme d'affaires italien de grande qualité. Le résultat, c'est qu'en dix ans, nous n'avions construit qu'un seul hôtel. Tant et si bien que nous avons finalement racheté sa participation. Plus tard, lorsque nous sommes devenus plus crédibles, nous nous sommes adressés à des personnes qui ne pouvaient pas accepter d'être minoritaires. Ce fut le cas, par exemple, avec la famille Agnelli[1]. Il était évident que nous ne pouvions pas leur proposer de prendre 15 % d'une société, encore moins 49 %. Nous ne pouvions pas non plus imaginer être nous-mêmes minoritaires. La conclusion s'imposait d'elle-même. Nous avons conclu un pacte à 50/50. Ensuite, au Portugal, avec Americo Amaurim, un homme d'affaires portugais, proche du pouvoir, nous avons fait une association à 50/50. Aux Pays-Bas, 50/50. Au Brésil, 50/50. Et ainsi de suite. Ça s'est toujours très bien passé. » Gérard Pélisson cite avec humour Sylvain Floirat, le patron de Matra, qui lui avait donné cette leçon : « Petit minoritaire, petit con, gros minoritaire, gros con ! » Comprenez : mieux vaut faire confiance, s'associer dans un vrai partenariat et partager les bénéfices plutôt que de chercher à avoir le pouvoir et de récolter la majorité des ennuis. Le patron, qui a pendant quarante ans connu de nombreuses joint-ventures réussies, précise : « N'y voyez pas non plus une recette magique. Pour que cela marche, vous devez vous associer avec des gens qui partagent les mêmes valeurs que vous, capables de discuter constructivement quand des problèmes surviennent et surtout avec qui vous partagez le même objectif ! Beaucoup de gens objectent en pensant que se sortir d'une joint-venture est compliqué. C'est faux. Lorsque vous vous associez avec des gens de qualité et que vos objectifs divergent, vous trouvez toujours une solution pour vous séparer en partageant ce que vous avez gagné ensemble. Nous gardons d'excellents souvenirs de toutes nos associations et nous avons gagné beaucoup plus d'argent. Nous n'aurions jamais réussi à le faire seuls. »

---

1. Famille fondatrice et propriétaire du groupe automobile italien Fiat.

L'idéologie partagée, avec les collaborateurs comme avec les associés, c'est une porte grande ouverte vers les grands succès. Tant et si bien que beaucoup d'anciens collaborateurs s'en sont inspirés. Nombreux sont ceux qui ont quitté le groupe pour développer leur propre affaire dans le même esprit de coopération et d'association à parité.

Nommer un patron opérationnel ; fixer l'objectif ; lui déléguer le reste

Georges Le Mener se souvient que « *dès le début, Paul et Gérard s'occupaient exclusivement du développement. Pour l'exploitation, on devait se débrouiller tout seul. C'était un processus organisationnel bâti sur les hommes. On nomme des personnes, on leur fait confiance et l'organisation se bâtit autour et pas l'inverse. Il n'y avait pas d'organigramme type avec des collaborateurs à y faire entrer. On ne choisit pas des personnes en fonction d'une définition de responsabilité, mais on définit des responsabilités qui correspondent aux personnes.* »

Cette liberté d'action est possible parce que les objectifs sont très clairs, simples à comprendre : « *André, on a des soucis avec la restauration à Bagnolet. Ça ne marche pas du tout. Henri Perret est un patron formidable, mais en restauration il n'y connaît rien. Il faudrait que vous vous en occupiez* » ou encore « *Claude, nous reprenons l'hôtel Roosevelt à New York. L'idée est d'en faire un Novotel haut de gamme. Vous faites vos bagages, vous partez demain matin pour en prendre la direction.* » Comme les objectifs fixés sont systématiquement ambitieux, il n'y a aucun risque pour que celui qui est choisi s'en écarte, tant il est fasciné et captivé par le défi qui lui est proposé. Et si d'aventure il venait à s'en écarter, il ne faudrait pas beaucoup de temps pour s'en rendre compte et remettre l'équipe dans le droit chemin. À partir de ces objectifs clairs, simples et ambitieux, les dirigeants peuvent déléguer tout le reste, y compris le choix des collaborateurs pour accomplir la mission fixée.

Autre permission importante : celle de recruter en interne, dans les autres sociétés ou divisions du groupe, les collaborateurs dont on a besoin, même s'ils sont occupés sur un autre programme, avec un autre patron. L'important, c'est de gagner, tous ensemble, pas de gérer des prés carrés.

Faire la politique des moyens

Tout au long de l'histoire, le grand défi de Paul Dubrule et de Gérard Pélisson a été de trouver les moyens de leurs ambitions et de les allouer aux équipes opérationnelles pour leur permettre d'atteindre leurs objectifs. C'était en soi un tel travail qu'il n'était pas possible de s'occuper des affaires opérationnelles, sauf à stopper la dynamique de croissance, ce dont il n'était pas question. Gérard Pélisson se souvient que l'histoire de Formule 1 a été une véritable caricature de ce fonctionnement : « *Quand j'ai découvert le premier Formule 1 à Évry, le jour de l'inauguration, j'étais complètement bluffé par le travail que les équipes avaient réalisé. Ensuite je leur ai dit de foncer. Pourtant, nous ne savions pas encore avec quel argent nous pourrions financer ce nouveau développement. Avec Paul et la direction financière, on s'en est chargé au fur et à mesure que les chantiers étaient ouverts. Michel Baillon nous a été d'un grand secours.* »

Lorsque Georges Le Mener s'est retrouvé seul aux États-Unis pour redresser la chaîne Motel 6, le groupe était en difficulté. Pourtant, il se souvient que les deux coprésidents l'ont sans cesse soutenu psychologiquement et financièrement pour qu'il réussisse son pari fou : faire d'une erreur d'acquisition une entreprise viable et rentable.

VIII

Formation
et promotion internes

En 1968, Robert Rosenthal et Lenore Jacobson, deux chercheurs, enseignants à Harvard, ont publié un livre intitulé *Pygmalion in the classroom*[1]. Ils y font état des résultats d'un important programme de recherche dans le milieu scolaire. Les expériences consistaient à choisir 20 % des élèves du collège d'Oak School, près de Houston (Texas), et d'expliquer à leurs maîtres qu'un nouveau test psychologique particulièrement performant avait révélé que ces élèves étaient sur le point de réaliser des progrès scolaires importants et rapides. En réalité, ce test n'a jamais existé et les élèves ont été choisis au hasard. Le résultat à la fin de l'année scolaire fut stupéfiant : alors que le choix s'était porté aléatoirement sur les élèves désignés pour l'expérience, les tests effectifs de QI de ces enfants ont fait état d'une amélioration très significative de leur intelligence, accompagnée de progrès scolaires tout aussi étonnants. Dans le même temps, les autres élèves, non désignés pour l'expérience, n'ont pas montré de signes de progrès semblables.

---

1. Crown House Publishing, 2003 (nouvelle édition) ; traduit en français et publié chez Casterman en 1971 sous le titre *Pygmalion à l'école*.

Le regard du maître

Cette expérience n'était pas nouvelle en soi. Dès le début du
XXe siècle, plusieurs expériences similaires sur des enfants,
des adultes et même des animaux ont montré que la théorie
connue sous le nom d'« effet Pygmalion » était opérante. Ainsi,
en 1929, Stuart Rice[1] a démontré que dans les enquêtes publiques le préjugé des enquêteurs avait un effet significatif sur le
résultat des enquêtes. En 1965, James Sweeney, enseignant en
gestion industrielle et psychiatre, a publié les résultats d'une
autre expérience qu'il a vécue personnellement dans le cadre
de sa collaboration avec un adulte : Sweeney avait besoin d'un
opérateur sur ordinateur. Il choisit Georges Johnson, un Noir,
ancien portier d'hôpital devenu portier du centre électronique
dans lequel le chercheur travaillait, parce qu'il était convaincu
que le jeune homme était capable de progresser. Le matin,
Georges lavait et balayait. L'après-midi, il étudiait les ordina-
teurs. Mais, pour devenir opérateur dans cet établissement, il
fallait atteindre un certain niveau de QI. Georges Johnson passa
le test qui démontra qu'il n'était même pas capable d'apprendre
à taper à la machine à écrire. Sweeney se rendit à l'administration et menaça : « *Pas de Johnson, pas de Sweeney !* » La direction
capitula et ils restèrent tous les deux. Sweeney dirigeait toujours en 1970 le centre électronique et Georges Johnson s'occupait alors du plus gros ordinateur du centre. Entre-temps, il
était devenu formateur pour les nouvelles recrues !

Ce que Rosenthal cherche dans ses expériences, ce n'est pas
tant de vérifier la théorie de la prophétie auto-réalisante,
maintes fois démontrée, mais d'en comprendre les mécanismes. Ce qu'il découvre, c'est que les maîtres auxquels on
a confié des enfants « désignés » comme étant capables d'importants progrès adoptent des comportements très différents
de leurs habitudes. Ils s'en occupent plus, leur apportent
considération, soutien et même affection. Le résultat, c'est que

---

1. *Op. cit.*, page 48.

ces enfants, qui se sentent beaucoup plus appréciés et mieux reconnus qu'auparavant, ont envie de travailler plus et mieux. Ils font tout pour satisfaire le désir de leurs maîtres de les voir progresser. Un cercle vertueux naît et les conduit à développer connaissances et intelligence de façon étonnante.

Prophétie auto-réalisante

Ce phénomène de la prophétie auto-réalisante est largement connu des milieux scientifiques. Il explique que, lorsqu'une personne détient une forme d'autorité sur une autre, le préjugé qu'elle formule à son sujet conditionne pour une part importante ses résultats, que ce soit à l'école ou dans le monde du travail. Ainsi, lorsqu'un manager croit que l'un de ses collaborateurs sera capable de résultats positifs, les relations qu'il va nouer avec lui seront plus positives. Par conséquent, ce collaborateur, qui se sentira mieux reconnu, plus estimé, mieux considéré, aura envie de donner le meilleur de lui-même et sera plus dévoué à son supérieur et à l'entreprise. *A contrario*, lorsqu'un supérieur formule au sujet de l'un de ses collaborateurs un préjugé négatif, les relations qu'il établit avec lui ne donnent pas envie à ce collaborateur de se dévouer et ses résultats sont médiocres ou faibles. Robert Rosenthal démontre que les capacités effectives et les compétences initiales d'une personne sont secondaires dans les résultats qu'elle obtient, selon que la prophétie formulée à son sujet est positive ou négative.

Le bonheur de se sentir performant

L'une des grandes particularités du management instauré par Paul Dubrule et Gérard Pélisson est d'avoir dès le début formulé une prophétie positive envers leurs collaborateurs. Leurs relations, chargées d'estime et de respect, les ont stimulés, encouragés, soutenus, ce qui a été le facteur déterminant de la fulgurante progression de la plupart d'entre eux. Paul Dubrule explique : « *Au début de Novotel, nous ne pouvions pas recruter les meilleurs élèves des écoles hôtelières, parce que pour beaucoup, à cette époque, Novotel, c'était de l'hôtellerie de seconde catégorie. En revanche, les gens qui sont venus chez nous étaient très motivés ; en travaillant avec eux, j'ai découvert qu'ils étaient très attachants ; puis qu'ils avaient envie d'apprendre ; enfin que, si on leur apprend, ils sont plus performants, parce qu'ils se sentent plus compétents. En prime, ils sont heureux d'être performants. C'est un véritable cercle vertueux et, dans notre histoire, ça a été providentiel ! C'est ainsi que les « bac moins 4 » sont devenus des grands patrons de filiales. Je n'avais pas pensé au départ à cette réussite des collaborateurs. Aujourd'hui, j'en suis fier, et je crois surtout que là est la principale raison de notre succès.* »

Fort de ce constat, le patron autodidacte, qui a tant souffert pendant ses études au lycée, a fait de la formation un cheval de bataille de l'entreprise. Dès le début, l'envie de former les collaborateurs est très présente dans sa posture. Il préfère expliquer, former, plutôt qu'ordonner. Dans les premières années, il passe un temps considérable à expliquer les fondements de ses points de vue. Très exigeant sur les services à apporter à la clientèle et surtout sur ceux à ne pas apporter, intransigeant sur la qualité et l'hygiène, il explique, forme ses premiers collaborateurs. Il les considère comme intelligents et capables de comprendre des idées complexes et des principes marketing longuement élaborés. Surtout, il les croit capables de devenir eux-mêmes formateurs de ces principes auprès de leurs propres collaborateurs.

Au contact de Gérard Pélisson, les invectives sont fréquentes et souvent tonitruantes. Mais l'homme à la grosse voix a aussi un gros cœur. Le calme revenu, il ne manque jamais de donner à ceux qui travaillent avec lui des marques d'affection et de considération. Soutenus, encouragés par ce regard positif de leurs deux patrons, les employés et les cadres se dévouent et cherchent à donner le meilleur d'eux-mêmes. En retour, ils sont reconnus pour leur professionnalisme grandissant et heureux de se sentir performants, appréciés, estimés.

Processus de croissance biologique

C'est dans cet esprit que le principe de formation-évaluation participative mis en place par Claude Moscheni à Toulouse se révèle un formidable outil de promotion interne. Puisque ce sont les responsables qui y envoient les poulains dont ils ont une bonne opinion, le préjugé est automatiquement positif. Pour éviter que les jeux de séduction et de cour n'en contaminent les principes, Claude Moscheni imagine un système de sélection par ses pairs. Plutôt qu'une trame classique de sélection par des services du personnel, dans laquelle quelques experts de la manipulation pourraient tirer leur épingle du jeu, c'est un processus de confrontation à ses pairs, tous « nominés », mais pas encore nommés et en présence de maîtres ayant à leur actif d'innombrables ouvertures d'hôtels, qui est élaboré. La bienveillance et la considération ne doivent pas rimer avec l'idéalisme béat. Lorsque Didier Gros participe au premier atelier de formation/sélection mis en place en 1971, l'un des participants, pressenti pour devenir le directeur de l'hôtel de l'île d'Oléron, perd la face devant ses collègues qui le confrontent sans ménagement avec ses lacunes.

Petit à petit, ces séminaires se sont développés et ont été ouverts à toute personne pressentie comme capable d'évoluer, du plongeur au directeur régional, en passant par le chef réceptionniste. Un principe de cooptation fondé sur l'expérience est progressivement élaboré, sur la base du processus de prophétie auto-réalisante. Les directeurs confirmés désignent les candidats qu'ils estiment capables de progresser et de devenir à leur tour directeurs. Les présidents, qui se savent incapables de mesurer les capacités effectives d'une personne à devenir directeur, se reposent entièrement sur leurs équipes opérationnelles, en exigeant d'elles un préjugé positif et de la bienveillance. Progressivement, c'est devenu un élément culturel majeur, à tel point que, pour la hiérarchie d'un directeur d'hôtel, le nombre d'anciens collaborateurs ayant grimpé les échelons avait autant d'importance que ses résultats économiques. La grande satisfaction d'un directeur n'était pas de dire « *j'ai fait tant de bénéfices* », ni « *j'ai tant de collaborateurs* », mais « *j'ai tant d'anciens collaborateurs devenus directeurs d'hôtels ou directeurs régionaux* ».

La professionnalisation des collaborateurs

Avec la folle croissance de l'entreprise, les besoins en recrutement et, par voie de conséquence, de formation et de promotion explosent. Les premières réflexions autour d'une équipe de formation interne apparaissent dès 1975. L'idée séduit immédiatement Paul Dubrule, qui croit beaucoup à une approche pragmatique de l'enseignement. L'équipe se déplace d'hôtel en hôtel, avec les premiers moyens audiovisuels de l'époque, pour former les collaborateurs. Rapidement, ils optent pour une formule originale : la formation de formateurs attachés à chaque établissement. On y retrouve encore l'effet Pygmalion : « *Vous êtes capable de devenir des formateurs et même des formateurs de formateurs.* » Leur rôle est d'enseigner au quotidien les savoir-faire et les bonnes pratiques nécessaires aux collaborateurs pour se professionnaliser toujours plus.

Georges Le Mener, passionné par le sujet, pousse son patron à aller jusqu'au bout de sa réflexion. En 1981, Paul Dubrule se décide à créer un centre de formation continue interne au groupe. En plus des techniques enseignées, les formateurs deviennent rapidement des éléments de cohésion au sein de chaque établissement, véritables coaches de chaque collaborateur, stimulant le partage des connaissances. Chaque année, les formateurs se mettent eux-mêmes à jour pour suivre l'état de l'art des techniques, des technologies et des connaissances managériales. Le savoir-être arrive très vite au programme. Les formateurs apprennent à écouter, à former, à évaluer et à transmettre les connaissances, dans un esprit de préjugés positifs.

Une académie est née

En 1985, les dirigeants d'Accor franchissent un nouveau pas. Ils décident de créer une école hôtelière au sein même du groupe. Comme à l'habitude, l'approche est pragmatique. Un vrai hôtel est construit, avec sa réception, ses cuisines, son restaurant et une centaine de chambres. De vrais clients sont invités à y déjeuner et à y séjourner. Moyennant un tarif aménagé, ils se prêtent au jeu du cobaye pour les jeunes recrues qui arrivent des quatre coins de France. Objectif de l'école : apprendre le métier d'hôtelier avant d'affecter les jeunes réceptionnistes, cuisiniers ou les nouvelles gouvernantes à un établissement, à Paris, en province ou à l'étranger.

Christian Mure, directeur de la communication du groupe, s'intéresse à ce dossier et insiste pour que cette nouvelle école, basée à Évry, soit baptisée d'un nom qui corresponde à ses ambitions et à l'image *corporate* du groupe. L'« *Académie Accor* » naît quelques mois plus tard, avec une devise en latin : « *Per aspera ad astra* », ce qui signifie « Par des sentiers ardus jusqu'aux étoiles ». Progressivement, l'apprentissage des attitudes et des comportements managériaux y prend de plus en plus de place. Comment accueillir un client ? Comment réagir quand une personne se plaint ? Comment faire face à tous les imprévus sans perturber la quiétude de ceux qui viennent pour se reposer ? Tous les sujets concrets, vécus, tirés de la réalité de la profession sont passés en revue.

En 1988, Gilles Honegger, qui a commencé chez Novotel en 1972 en qualité de troisième spécialiste des ouvertures, intègre l'Académie. Il se souvient : « *C'était vraiment un processus gagnant-gagnant. Nous "développions" les collaborateurs et ils "développaient" l'entreprise. C'est progressivement devenu extrêmement important pour l'évolution du groupe. La formation est même devenue un signe distinctif du groupe Accor par rapport à la concurrence. Nous étions reconnus dans la profession pour la qualité de la formation de notre personnel.* » Le centre répond à tous les besoins de formation demandés par le terrain. Quand Ibis lance la cuisine d'assemblage, ils inventent des stages sur ce sujet. Lorsque des demandes émergent autour de la maintenance hôtelière, un stage est mis au point pour les personnels de maintenance. Les nouvelles technologies font leur apparition ? Une équipe de formateurs s'y colle aussitôt. Ticket Restaurant entre dans le groupe ? Une réponse à ses besoins spécifiques est immédiatement conçue.

Obligation de compétence

Dans le même temps, le principe de l'évaluation annuelle des directeurs voit le jour. Quand les résultats sont insuffisants, le directeur se voit « offrir » un stage à l'Académie, laquelle est loin d'être vécue comme une punition. En effet, l'institution jouit d'une excellente image. Des soirées sont organisées pour les participants. Résultat, en plus de l'augmentation des compétences, les liens entre les directeurs d'hôtels sont renforcés, chacun vole au secours de ses collègues lorsque l'un ou l'autre éprouve des difficultés. « *Venir à l'Académie, c'était merveilleux, se souvient l'un d'entre eux. On apprenait tout ce dont on avait besoin et en plus on faisait la fête !* » Tout ce que la France compte d'experts dans chaque domaine est invité à animer des séminaires.

Gilles Honegger explique : « *Pour l'Académie, comme pour le reste du groupe, le leitmotiv était de coller aux besoins du terrain. Nous ne faisions pas de stages pour nous faire plaisir, mais pour répondre à la demande. En 1990, le personnel était bien formé aux techniques hôtelières et les stages sur ce thème ne représentaient plus que 10 à 15 % du total. Environ 15 % concernaient les nouvelles technologies et 75 % le système managérial. Nous devions faire face à l'essor du groupe en formant toujours plus de directeurs issus du terrain, qui souvent n'avaient pas leur baccalauréat. »*

L'effet est immédiat : « *En France, grâce au "1 % formation", tout le monde avait le droit au minimum à une formation par an, même un plongeur. Et, chez Accor, le budget formation atteignait 3 % en France, 2 % dans les autres régions du monde. Lorsqu'une personne était repérée pour son potentiel, elle pouvait réellement croire qu'elle deviendrait un jour manager, parce que la mission de l'Académie était de lui donner les moyens de ses ambitions, »*, explique Gilles Honegger.

Avec la croissance du groupe à l'international, l'académie doit se développer dans les autres continents. Dès 1990, une succursale est ouverte au Brésil, à Campinas, près de São Paulo. « *Ils sont venus se former chez nous, pour voir comment nous faisions* », se souvient l'ancien patron de l'Académie. « *On était obligé de baragouiner en portugais, mais finalement, avec les gestes et quelques mots d'espagnol, on a fini par se faire comprendre. C'était fantastique ! »*

L'Académie Accor, un élément phare de l'identité du groupe

Constatant l'importance et les bienfaits sur la motivation et la compétence du personnel de l'Académie, en 1991, les présidents confient à Christian Mure la mission d'en assurer le développement. Alors qu'il est de retour de Chine, où il s'est occupé de développement pendant sept ans, le nouveau directeur général de l'Académie retourne voir les présidents et leur demande de préciser ce qu'ils attendent de lui. Paul Dubrule lui répond aussitôt : « *L'Académie est une bonne petite voiture, bien adaptée à la promenade. Je veux que vous en fassiez une Ferrari !* » Pour l'ancien patron de la communication du groupe, le message est clair. Il s'empare du dossier et donne à l'institution une renommée et une envergure internationales. Rapidement, l'Académie devient le creuset du management du groupe. Les chefs de cuisine de toutes les régions se réunissent à deux heures du matin pour faire la marée à Roissy.

Une nouvelle idée émerge : remplacer les conventions devenues trop lourdes par des académies d'été. « *Dans les premières années, tous les directeurs d'hôtels y participent. Paul Dubrule et Gérard Pélisson ne ratent jamais cette occasion. On fait venir des experts de haut niveau du monde entier. Pour ceux venus de Chine ou du Brésil, c'est extraordinaire ! Ils font la connaissance de collègues de tous les continents. Pendant qu'ils découvrent Paris, ils se font des copains. Cela crée une solidarité entre eux qui est fabuleuse ! L'Académie est un véritable creuset pour les compétences du groupe. Tous les cadres sans exception y sont passés. L'Académie est un élément stratégique dans le développement du groupe Accor* », précise Gilles Honegger. Les managers de tous les pays du monde se retrouvent pour échanger et se former aux meilleures pratiques managériales à travers des ateliers d'auto-apprentissage.

Des philosophes, des hommes politiques et les meilleurs théoriciens du management sont invités à présenter leurs idées, parfois révolutionnaires : le frère dominicain Hugues Minguet énonce devant l'assemblée la règle bénédictine de l'accueil dans l'hôtellerie ; le sociologue Charles Handy succède au micro à Jacques Delors ; Jan Timer, le patron de Philips, vient présenter son plan Centurion. Les participants sont séduits par le très haut niveau des interventions et les réflexions qui s'ensuivent.

Quand le groupe rachète Motel 6, Georges Le Mener, le penseur de la formation continue chez Accor, crée aussitôt une nouvelle académie à Houston (Texas). Puis, ce sera Dakar pour former le personnel des cent quatre-vingts hôtels africains, suivi du Moyen-Orient à Abou Dabi, avant l'Asie, à Hong Kong et Singapour, et ainsi de suite, jusqu'à avoir quinze académies réparties autour de la planète.

IX

Reconnaissance

Depuis très longtemps, nous savons que les êtres humains ont besoin de se sentir reconnus par leurs semblables. Dès 1940, le psychologue américain Abraham Maslow démontre que les besoins de reconnaissance sont un élément essentiel pour le bien-être d'un homme. S'ils ne sont pas remplis, une personne ne peut pas satisfaire ses besoins d'estime de soi, ni d'accomplissement personnel. Dans les années 1970, un autre psychologue américain, Claude Steiner, développe une théorie qu'il nomme « économie des signes de reconnaissance »[1]. Il démontre que les mécanismes d'échanges de signes de reconnaissance entre les êtres humains se retrouvent dans trois catégories différentes. Dans les groupes de la première catégorie, ces signes restent rares et, pour en obtenir, les individus se livrent à des violences qui permettent de les compenser par l'intensité qu'elles produisent sur le psychisme. Dans le deuxième groupe, celui le plus souvent présent dans les entreprises, ils sont contrôlés, c'est-à-dire qu'ils servent à la hiérarchie pour manipuler les collaborateurs et obtenir d'eux ce qu'ils ne feraient pas forcément spontanément s'ils n'étaient pas en manque de signes de reconnaissance. Dans la dernière catégorie, les signes de reconnaissance sont échangés avec abondance et produisent sur les individus une volonté de collaboration spontanée et une forte

---

1. « The Stroke Economy », *Transactional Analysis Journal*, 1971, n° 03.

cohésion de groupe. Bien sûr, le type d'économie selon laquelle un groupe fonctionne joue un rôle fondamental dans sa culture et dans sa performance.

Classification des signes de reconnaissance

Quelles que soient la culture du groupe et l'économie des signes de reconnaissance auquel il obéit, on trouve quatre types de signes de reconnaissance, selon deux catégories.

1. Les signes de reconnaissance inconditionnels s'adressent à la personne pour ce qu'elle est, de façon inconditionnelle. « *Vous êtes ceci ou cela* » ; « *Je vous fais confiance* » ; « *Je suis à votre écoute.* » Ce sont donc ceux qui ont le plus d'impact. Ils donnent le sentiment d'exister dans le regard de l'autre, de vivre.

2. Les signes de reconnaissances conditionnels qualifient le résultat atteint par une personne, le travail qu'elle a accompli, quelque chose qu'elle possède ou une particularité qui la différencie. « *C'est du bon travail* » ; « *Vous êtes le meilleur technicien que je connaisse* » ; « *Faites mieux la prochaine fois.* » Ils sont essentiels pour se situer en termes de compétence, de capacité ou de professionnalisme et se fixer des objectifs de progression.

Dans chaque catégorie, il existe des signes de reconnaissance positifs et d'autres négatifs : « *Je vous fais confiance* » est un signe de reconnaissance inconditionnel positif ; « *Vous êtes nul* » est un signe de reconnaissance inconditionnel négatif ; « *Bravo, c'est du bon boulot !* » est un signe de reconnaissance conditionnel positif ; « *Vous vous êtes complètement planté* » est un signe de reconnaissance conditionnel négatif. Des formes subtiles, mêlant à la fois des signes de reconnaissance positifs et négatifs existent. Par exemple : « *Vous êtes capable de faire mieux que cela.* »

Savoir distribuer des signes de reconnaissance à ses collaborateurs est une compétence essentielle pour un chef d'entreprise. Un usage insuffisant de la panoplie des signes de reconnaissance et de leur filtrage constituent des facteurs de troubles dans le sentiment de légitimité des collaborateurs. La conséquence est souvent fâcheuse : difficulté à se situer dans l'échelle des compétences, peur de proposer des idées neuves, d'avancer sereinement sur un projet ambitieux. Sous l'emprise du stress, ces troubles peuvent devenir la cause de prestations décevantes dans des situations où elles revêtent pourtant une grande importance.

Un savoir-faire exemplaire

S'il est une compétence que Paul Dubrule et Gérard Pélisson ont très rapidement développée, c'est bien la capacité à distribuer des signes de reconnaissance positifs et négatifs, conditionnels et inconditionnels. Dès les premières expériences au Novotel de Lesquin, on les voit en user abondamment avec leurs premiers collaborateurs. En outre, ils les stimulent à s'en donner entre eux, à former des équipes solidaires, à se défier entre eux dans le respect et la bienveillance. À l'inverse, ceux qui ne jouent pas le jeu se voient d'abord siffler le hors-jeu avant d'être exclus si leurs comportements ne sont pas conformes à cette logique de l'abondance.

Ce qui différencie Gérard Pélisson de Paul Dubrule, c'est le spectre couvert par les signes de reconnaissance distribués. Nombre de témoignages font état de colères noires, parfois suivies d'excuses. *A contrario*, ses témoignages d'amitié sont aussi beaucoup plus marqués que ceux de son associé, qui reste plus réservé. Mais les deux coprésidents nourrissent à l'égard de leurs collaborateurs une considération sincère à tous les niveaux de la hiérarchie, avec une disponibilité et une volonté de soutien indéfectibles, un souci de leur donner les moyens de progresser, des alertes lorsque le travail n'est pas satisfaisant, une liberté et une confiance sans limites et une présence à leurs côtés chaque fois que c'est nécessaire. Autant de signes de reconnaissance inconditionnels, conditionnels, positifs et négatifs qui permettent aux collaborateurs de se sentir pousser des ailes ou de mettre à jour leurs compétences sans se sentir humiliés pour autant.

La confiance, le droit à l'erreur et le devoir d'initiative

Ce qui a le plus marqué les collaborateurs issus des sociétés absorbées, c'est sans aucun doute le droit à l'erreur qui accompagnait le devoir d'initiative. Michel Baillon se souvient de la leçon de management qu'il a reçue lors de son intégration, après la reprise de Borel par Novotel. Les deux présidents, s'adressant à leurs nouveaux collaborateurs en réunion expliquent : « *Nous attendons de vous que vous gériez vos problèmes opérationnels par vous-mêmes et que vous ne veniez pas nous embêter avec des histoires sans importance. Vous êtes payés pour assumer vos responsabilités et prendre les initiatives utiles, sans qu'il soit nécessaire de nous encombrer de détails. Et si vous faites une erreur, tant qu'elle n'est pas trop grave, c'est pardonnable. Nous en avons fait nous-mêmes beaucoup et nous n'en sommes pas morts. Mieux vaut agir et faire de temps en temps une erreur que ne rien faire. En revanche, évitez quand même de faire deux fois la même. Ce ne serait plus une erreur, mais une idiotie !* »

Le droit de dire NON

En 1991, après avoir grimpé les échelons de la hiérarchie pendant vingt ans, Didier Gros est nommé directeur général de Sofitel France et Europe (vingt-cinq établissements). Jusqu'à cette date, l'organisation était régionale et multimarques. La nouvelle organisation est monomarque, sur des territoires beaucoup plus étendus. Le nouveau patron intègre dans son équipe des personnes issues des marques Mercure, Wagons-Lits et Pullman, qui viennent d'être reprises. À l'occasion d'un séminaire réunissant l'encadrement et la direction de la marque à Palaiseau, Gérard Pélisson prend à part le patron de Sofitel pour lui faire une proposition lors de la pause déjeuner : *« Comme on a des effectifs trop importants, on va réduire les services centraux. Je vais utiliser l'exemple de Sofitel pour expliquer comment réduire les frais de structure. En effet, compte tenu de la taille, vous n'avez pas besoin de ressources humaines, ni de marketing, ni de développeurs chez Sofitel. »* Didier Gros regarde son patron et sans même réfléchir l'interrompt : *« Gérard, il n'en est pas question. On vient de terminer la réorganisation, de replacer les gens et d'annoncer leur nomination. Il est trop tard pour dire cela. Si vous tenez vraiment à le faire, allez-y. C'est vous le patron. Mais ce sera sans moi. »* Gérard Pélisson entre dans une colère dont lui seul a le secret : *« Dans cette société, on ne peut jamais rien faire ! C'est toujours la même chose. On ne peut jamais rien remettre en question… »* Après quelques minutes, les deux hommes se calment et déjeunent courtoisement à la même table. Au moment du café, Gérard Pélisson, qui tient à son idée, tente à nouveau de convaincre son lieutenant. Cette fois, pour Didier Gros, c'en est trop. Il sent que le sang lui monte à la tête et s'apprête à exploser. Paul Dubrule, qui observe la scène de loin, s'approche en disant : *« Que se passe-t-il entre vous ? On dirait que vous avez un problème ! »* Et l'incident s'arrête là. Dans l'après-midi, Gérard Pélisson n'évoquera pas le sujet, qui lui tient pourtant à cœur.

Quand considération rime avec obligation de performance

Gilles Honegger tient à préciser : *« Ne nous méprenons pas, ce n'était pas une colonie de vacances. Paul comme Gérard étaient tous les deux très exigeants. Ce sont des personnages entiers. Ils savaient se mettre en colère et nous les redoutions d'autant plus que nous les estimions beaucoup. Quand ça n'allait pas, ils savaient dire "Stop ! Ça suffit". Ça me donne encore la chair de poule ! Un jour à Abou Dabi, j'ai pris une décision dont j'avais sous-estimé les conséquences. Gérard m'a dit : "Honegger, vous déconnez !", sur un ton très sec et de sa voix grave. Inutile de vous dire que je me suis employé immédiatement à réparer mon erreur. Paul, lui, réagissait face à un détail qui ne lui convenait pas dans un hôtel. Mon Dieu, ce que le directeur d'un hôtel pouvait prendre s'il tombait sur des sanitaires sales dans un établissement ! C'est d'ailleurs pour que cela n'arrive plus qu'il nous a demandé en 1975 de créer le service d'audit de la qualité. Il s'est inspiré de la formule du Guide Michelin, avec des inspecteurs qui arrivaient incognito et à l'improviste dans les hôtels pour les inspecter trois fois par an. Comme pour le Guide Rouge, chaque établissement était classé selon ses résultats, avec un système de récompense pour les plus méritants et des sanctions, si nécessaire, pour les mauvais élèves. Gérard se mettait hors de lui quand il tombait sur une rentabilité idiote. »* Et Gilles Honegger de se mettre soudain à imiter son patron, du même ton sec et saccadé : « *"Mais c'est idiot ! Qu'est-ce que c'est que ce ratio ! Mais qu'est-ce que vous fabriquez ?" Etc. Mais une fois que c'était dit, on n'en parlait plus. Il redevenait aussi attentionné qu'à l'habitude. Bien sûr, nous avions intérêt à réparer rapidement nos bêtises.* »

Claude Moscheni confirme qu'en contrepartie de ce management libéral et impliquant, ses patrons étaient très exigeants. Un jour, il s'en plaint à Paul Dubrule et reçoit une réponse étonnante : « *C'est parce que je vous apprécie que je serai toujours exigeant avec vous. Je ne vous laisserai pas vous reposer. Je serai toujours derrière vous, pour vous pousser, parce que je crois en vous et que je sais que vous en êtes capable.* » Manipulation ? « *Non, répond Claude Moscheni, parce que nous avions le choix de refuser et que nous n'aurions pas été sanctionnés pour autant. Simplement, en leur disant qu'ils ne pouvaient pas compter davantage sur nous, ils ne l'auraient plus fait et notre carrière aurait été moins spectaculaire. Mais nous avions toujours le choix. Ce qui est clair, c'est que les présidents étaient capables de mesurer en fonction de leur relation avec nous la considération que nous avions pour eux et réciproquement. Même lorsqu'un entretien était difficile et qu'ils avaient des reproches à nous formuler, c'était toujours avec beaucoup de respect et de considération. Je ne suis jamais sorti d'un entretien en me demandant à quoi je servais. Au contraire, même lorsqu'on avait fait une erreur, on sortait des entretiens en pensant que nous étions les rois du monde. »* Ce que Stanislas Rollin résume en une phrase : « *Ils avaient tous les deux un amour immodéré pour leurs équipes.* »

Des sanctions sans préjudice de la considération ni de la reconnaissance

Plus étonnante encore est l'application de ce principe de respect de l'engagement lorsqu'un collaborateur doit quitter le groupe en raison d'une contre-performance durable, voire de fautes manifestes. Claude Moscheni se souvient du jour où il a dû remercier un collaborateur qui avait commis une faute suffisamment grave pour que la poursuite du contrat de travail soit compromise. Gérard Pélisson, qui était au courant de cette affaire, téléphone à son lieutenant : « *Claude, j'ai rencontré ce collaborateur hier. Je ne veux pas revenir sur votre décision, vous me l'avez expliquée et il l'a comprise. Mais il nous a quand même rendu des services. Je voudrais savoir, Claude, quelle tête vous feriez, si demain vous le croisez en train de faire la manche dans la rue ?* » Alors que Claude tente de se justifier, son patron lui coupe aussitôt la parole : « *Ça m'est égal, ce gars a fait du bon boulot pendant de nombreuses années. Il a fait une erreur, c'est un fait. Mais vous devez vous assurer qu'il pourra rebondir. Occupez-vous en !* » La solution trouvée par Claude Moscheni a été d'aider ce collaborateur à créer sa propre société pour qu'il puisse reprendre un hôtel en franchise avec l'appui du groupe.

Georges Le Mener, qui a été pendant plusieurs années le directeur de cabinet des présidents, a bénéficié d'un poste d'observation privilégié : « *Paul et Gérard étaient très attachés aux hommes. Nous ne pouvions pas envisager de faire des plans sociaux chez Accor. Devoir licencier des collaborateurs était considéré comme un échec du management. En cas de difficultés économiques, il fallait toujours rechercher des solutions de reclassement au sein du groupe, quitte parfois à leur proposer des responsabilités plus limitées s'ils avaient montré leurs limites. Même dans les cas de séparation pour motif disciplinaire, les collaborateurs n'étaient pas les seuls blâmés. Ils disaient que si nous n'étions pas capables de tirer le meilleur de nos collaborateurs et qu'ils se mettaient en faute, c'est que nous avions failli à notre mission de manager. »*

Au-delà du salaire

Nombre de témoignages attestent que les coprésidents fondateurs de Novotel puis d'Accor étaient animés d'un principe de loyauté dénué de démagogie. La règle de base ? Respecter le principe du contrat de travail. En contrepartie du travail fourni, et dans le respect de la réglementation en vigueur, l'entreprise verse une rémunération à ses collaborateurs. Jusqu'ici, rien de bien extraordinaire. En revanche, en trame de fond, la culture de l'entreprise contenait une promesse implicite, presque un contrat secret : « *Ceux qui se dévouent au-delà de leurs simples obligations contractuelles et qui démontrent leur potentiel prendront des responsabilités plus importantes.* » Les nombreux cas identifiés dès les premiers mois d'existence de Novotel ont prouvé que cette promesse était tenue. Dès lors, chaque collaborateur se retrouve face à un choix qui lui appartient : faire son travail, en être justement payé et légitimement remercié. Ou se dévouer au-delà de ses obligations et en être remercié ultérieurement par des promotions et des responsabilités.

Mais l'estime et la prise de responsabilités sont deux choses qui peuvent rester séparées. Louisette Huet-Tocny est Guadeloupéenne. Entrée chez Novotel en 1974 comme serveuse au bar, elle y installe un restaurant antillais qui connaît un grand succès. En 1977, elle est mutée au Novotel d'Évry pour mettre de l'animation au bar. Elle y restera plus de trente ans. Avec l'accent chantant des Antilles, elle s'exclame : « *Nous étions une grande famille. Il n'y avait pas le petit personnel et les autres, c'était toujours tous ensemble.* » Quelques années plus tard, Louisette est promue maître d'hôtel, sa première grande fierté. Elle avait en charge l'organisation des manifestations familiales : mariages, communions, baptêmes, etc. Basée à quelques pas du siège social, Louisette se souvient bien de ses relations avec les présidents : « *Avoir des patrons comme ça, c'est rare. Ils étaient extraordinaires. Pourtant, avec le siège en face de l'hôtel, on devait toujours être parfait. Parfois, on se faisait rappeler à l'ordre, mais après c'était terminé. On devait travailler. On a beaucoup travaillé. L'hôtellerie, c'est dur. Il faut courir le midi, le soir. Mais les présidents prenaient toujours le temps d'écouter le personnel. Ils disaient bonjour à tout le monde et s'inquiétaient de savoir comment ça allait. Ils ont toujours tendu la main à tout le monde. Quand une personne avait un problème, ils lui disaient d'aller voir quelqu'un de leur part et s'assuraient ensuite que c'était réglé.* » Quand Louisette apprend qu'une ancienne collaboratrice à la retraite se trouve en détresse à la suite de son divorce, elle appelle l'assistante de Paul Dubrule pour l'en informer : « *On ne peut pas la laisser comme ça !* » Le bureau des présidents réagit immédiatement pour trouver un logement à la retraitée.

Gérard Pélisson s'explique : « *Dans notre métier, l'hôtellerie, il n'est pas possible de payer les hommes et les femmes du groupe qui y travaillent au-delà du prix du marché. Ce serait suicidaire. La seule façon de leur témoigner notre gratitude était de rester proches d'eux et de leur montrer sincèrement qu'ils étaient importants, que ce soit pour Paul ou pour moi.* »

Des collaborateurs actionnaires

Toujours dans le même esprit, les présidents proposaient régulièrement aux collaborateurs qui le souhaitaient de devenir actionnaires de l'entreprise. « *Nous voulions que les salariés se sentent bien dans leurs fonctions au sein du groupe. Même si nous sommes des capitalistes, l'entreprise était plus importante que notre intérêt personnel. Pour que cela fonctionne bien, nous étions persuadés que nos collaborateurs devaient recevoir une juste part des bénéfices. Bien sûr, nous leur demandions de travailler. Il ne faut pas tout mélanger. Nous avons tous énormément travaillé »*, explique Gérard Pélisson. À ceux qui souhaitent devenir leur propre patron, il propose de devenir franchisé et les aide à boucler leur financement.

La confiance est plus rentable que le contrôle

Gérard Pélisson s'explique : « *Si vous expliquez clairement et simplement ce que vous voulez et que vous faites confiance, les collaborateurs sont motivés. En plus, s'ils font une erreur, il y a fort à parier qu'elle coûtera moins cher que le système de contrôle pour l'éviter !* » Paul Dubrule livre à ce sujet une anecdote marquante : « *Vous savez que l'une des règles dans le groupe était que chaque directeur détenait la signature sur le compte en banque de l'hôtel. Lorsque Michel Baillon est devenu directeur financier du groupe, après la reprise de Borel, il insistait pour que nous mettions en place une double signature et des procédures de contrôle plus drastiques, ce que Gérard et moi avons catégoriquement refusé. Or, un jour, nous avons appris que le directeur du Sofitel de Marrakech avait détourné 50 000 francs. Aussitôt, Michel nous a lancé triomphalement : "Je vous l'avais bien dit ! Je vous avais dit qu'il fallait mettre en place des systèmes de contrôle !" Avec Gérard, nous lui avons répondu : "Calmez-vous Michel. Depuis le temps que vous nous réclamez plus de contrôle, combien nous aurait coûté votre système ? Bien plus de 50 000 francs, n'est-ce pas !" Et on a continué ainsi, en mettant quand même en place une double signature pour les grosses dépenses. Bien sûr, le fautif a été renvoyé.* »

X

Célébration

La psychologue clinicienne française Gysa Jaoui explique notamment que la boucle de la réussite comprend quatre grandes étapes :

1. Le projet. Il s'agit de savoir exprimer clairement l'objectif visé, de savoir l'expliquer à d'autres personnes pour qu'elles puissent se positionner dans une éventuelle collaboration ou association, de savoir faire l'inventaire des moyens nécessaires et d'être capable de les réunir. On peut résumer cette phase par le mot « avant ».

2. La mise en œuvre. Il s'agit de réunir et d'activer les compétences et les méthodes nécessaires dans la perspective d'atteindre son objectif en partant des moyens identifiés dans la phase projet ou découverts par la suite. On peut résumer cette phase par le mot « pendant ».

3. La réussite. Elle consiste en la capacité d'atteindre l'objectif fixé en mettant en œuvre compétences et moyens. On peut résumer cette phase par les mots « objectif atteint ».

4. La satisfaction. Elle consiste en la capacité de se réjouir d'avoir réussi à atteindre son objectif sans repartir trop vite dans un nouveau projet, ce qui ferait perdre le bénéfice du plaisir d'avoir réussi.

Enfin, les réjouissances du succès ayant été consommées, il est possible de remobiliser son énergie pour un nouveau projet.

Le besoin de se réjouir

S'il existe des personnes qui ont du mal à se projeter, à mettre en œuvre leur projet ou à atteindre leurs objectifs, il est évident que tout entrepreneur qui est capable de se maintenir pendant une période suffisamment longue est capable de traverser les trois premiers stades de cette boucle. Sans quoi, l'équilibre économique de son affaire serait vite compromis.

En revanche, j'observe dans ma pratique de consultant que, dans une très grande majorité d'entreprises, la quatrième étape est fréquemment ignorée. La peur que la concurrence soit plus dangereuse qu'elle ne l'est réellement ou un sentiment insuffisant de légitimité empêche ces chefs d'entreprises et leurs collaborateurs de goûter tout le plaisir d'avoir réussi quelque chose d'important ensemble. Lorsqu'un objectif est atteint par une personne ou une équipe, on entend souvent dans ce type d'entreprise : « *Oui, bon, il n'a jamais fait que son boulot.* » C'est une erreur grave, parce qu'au fil des mois et des ans les collaborateurs se flétrissent, leurs besoins d'estime de soi et d'accomplissement ne sont plus satisfaits et, dans les cas les plus graves, un turnover anormalement élevé ou une forme d'absentéisme se développe. La performance de l'entreprise chute et sa capacité à relever des défis s'évanouit. Ce phénomène est souvent la cause de situations de croissance bloquée.

Accor, une machine à prendre du plaisir

À chacune de mes rencontres avec les anciens collaborateurs de Gérard Pélisson et de Paul Dubrule, j'ai été frappé par le plaisir qu'ils ont tous éprouvé pendant leurs années chez Accor. Certaines personnes interrogées avaient quitté l'entreprise depuis plus de dix ans et, pourtant, je n'ai essuyé aucun refus. Au contraire, toutes se sont montrées enthousiastes et les moments que je passais en leur compagnie étaient agréables. Certaines m'ont invité à déjeuner ou à dîner. D'autres m'ont convié à leur domicile personnel. Je n'avais jamais connu la même chose dans une autre entreprise. Il m'est apparu que, au-delà du contrat de travail qui les a liées à l'entreprise par le passé, ces personnes ont vécu des moments passionnants, excitants, et surtout éprouvé beaucoup de plaisir. Chacune avait de nombreuses anecdotes amusantes à me raconter. Rapidement, j'ai compris que dans cette entreprise, contrairement à beaucoup d'autres, les collaborateurs ne venaient pas que pour travailler, mais pour partager une tranche de vie, avec ses difficultés, ses souffrances et ses bonheurs. Chez Novotel, puis chez Accor, il y avait une culture de la célébration et de la satisfaction légitime pour le travail accompli.

Dès le début, les fondateurs ont convié leurs collaborateurs et leurs partenaires à des moments de réjouissances, à chaque fois qu'un projet était complètement achevé. L'inauguration du Novotel de Lesquin, celui de Bagnolet, la reprise de Mercure puis de Sofitel ont été des moments majeurs de la vie de l'entreprise ; de grandes fêtes ont été organisées pour chaque occasion, conviant pêle-mêle les salariés, les fournisseurs et les banquiers. En dehors de ces grands moments spectaculaires, toutes les occasions étaient bonnes pour faire la fête. Inauguration d'un nouvel hôtel, convention des directeurs, convention des femmes de directeurs, convention des comptables, soirée chez Paul Dubrule, soirée chez Gérard Pélisson, invitation de Jacques Fayet au Novotel de Reims, etc. Chacun prend du plaisir à partager des bons moments avec ses collègues. Comme dans une famille, dont la vie est rythmée par les réunions, les fêtes et les anniversaires.

Contrairement à une croyance tenace, plus les collaborateurs peuvent prendre de plaisir, plus ils ont envie d'être performants, spontanément.

Trait d'union

Mon second grand étonnement pendant cette enquête s'est produit lorsque j'ai appris qu'une association d'anciens collaborateurs, tous à la retraite, avait été créée spontanément, sous l'impulsion de Louisette Huet-Tocny. L'ancien maître d'hôtel en est devenu la présidente. Cette association, qui réunit sept cents membres, se réunit mensuellement et, à chaque rassemblement, plusieurs centaines de personnes se retrouvent, plusieurs années après leur départ, pour le simple plaisir de se revoir. Plus étonnant encore, cette association invite régulièrement des membres du comité de direction actuellement aux commandes pour leur poser des questions, quand ce n'est pas pour leur demander des comptes, sur ce qu'ils font avec *leur* entreprise ! Louisette garde de ses années chez Accor un souvenir ému : « *On a connu une ambiance à n'en plus finir ! On ne pouvait pas se séparer comme ça. On avait besoin de se revoir.* » Encore plus incroyable, quelques collaborateurs qui se sont fait conduire prématurément vers la sortie contre leur gré ont adhéré à l'association, reconnaissants envers le groupe pour l'évolution qu'ils y ont connue. Et, bien sûr, ils y sont accueillis avec les mêmes égards que les autres.

Des gens sérieux qui ne se prennent pas au sérieux

Chaque fois que les présidents ont participé ou organisé une fête avec leurs collaborateurs, le temps de quelques heures la hiérarchie disparaissait. Et ceux qui œuvraient à longueur d'année pour faire tourner la grosse machine ne rataient pas l'occasion de s'y défouler.

En 1974, lors d'un dîner bien arrosé organisé spontanément chez Gérard Pélisson, dans sa maison à Fontainebleau, quelques directeurs d'hôtels s'amusent à se pousser les uns les autres tout habillés dans la piscine, sous les yeux médusés de leurs épouses. Tout le monde rit de bon cœur. Comme quelques femmes réagissent en demandant à leur conjoint de se tenir correctement, Gérard Pélisson se met à chantonner à mi-voix : « *Si tu ne veux pas que ta femme t'emm…, te marie pas, te marie pas !* » Tout le monde éclate de rire. Emporté par l'euphorie ambiante, Carmel Sava, le directeur du Novotel de Nantes, s'approche de Gérard Pélisson, le prend par le cou et s'exclame : « *Ah, Monsieur Pélisson, vous ne pouvez pas savoir. C'est dur toute l'année, mais qu'est-ce qu'on s'amuse !* »

Quelques années plus tard, lors d'une convention des directeurs d'hôtels, certains organisent des stands comme à la kermesse pour distraire leurs camarades. Attirés par des cris de joie émanant d'un attroupement, Paul Dubrule et Gérard Pélisson s'approchent et entendent quelqu'un s'écrier : « *Ça y est ! Je l'ai eu !* » Quelle n'est pas leur surprise de découvrir au fond d'une petite baraque en planches deux poupées à leur effigie et, à quelques mètres, un collaborateur armé de pommes de terre, qui fait de son mieux pour les cibler ! Tout autour, tout le monde s'esclaffe. Les deux présidents rient de bon cœur, mais préfèrent quand même ne pas jouer à ce stand-là…

Gérard Levêque conclut : « *Qu'est-ce qu'on a fait comme fêtes ! J'étais content, parce que ça soudait les équipes. Après on s'appelait partout dans les régions pour s'entraider. On a eu de sacrées rigolades !* »

Conclusion(s)

La conclusion de Paul Dubrule

On nous demande souvent si une telle réussite est encore possible. Notre réponse est toujours la même : « *Évidemment que c'est encore possible ! L'époque n'a rien à voir là-dedans. Ce qui est essentiel, c'est de réunir de la volonté et de la ténacité, de savoir s'appuyer sur les hommes et les femmes qui vous entourent, et enfin d'être capable de les mobiliser autour d'un projet ambitieux.* »

Avec Gérard, nous avons parfois eu des discussions enflammées sur le marketing, les projets, la stratégie ou les finances. En revanche, une chose est certaine : lorsqu'il s'agissait de la façon de travailler avec nos collaborateurs, nous n'avons jamais eu le moindre différend. Nous étions d'accord sur un point fondamental : ce sont eux, par leur travail et leur implication, qui construisaient l'entreprise au quotidien. Notre rôle se résumait à leur fixer le cap, puis à leur donner les moyens pour réussir.

La réussite d'Accor est incontestablement celle des milliers de collaborateurs qui nous ont fait confiance, qui ont accepté de nous suivre dans cette aventure. Ensuite, nous leur avons fait confiance à notre tour, en les laissant prendre la place dont ils avaient besoin pour s'épanouir dans leur job. Ils s'en sont montrés dignes et le résultat est là, incontestable.

Que vous réunissiez de nombreuses qualités et talents est une chose importante. Mais, pour réussir, l'essentiel sera toujours votre capacité à vous entourer et à faire confiance.

La conclusion de Gérard Pélisson

Dans toute réussite professionnelle, il y a une part de chance ; mais, comme le disait un des plus illustres champions de golf, Gary Player, « *Plus je travaille, plus j'ai de la chance* ». Le secret n'est pas d'attendre la chance, mais de saisir les opportunités qui se présentent.

Depuis la création de Novotel, Paul et moi avons été en permanence sur le qui-vive pour déceler les opportunités qui pouvaient s'offrir, les analyser, les sélectionner et mettre tout en œuvre pour aboutir lorsqu'elles nous paraissaient prometteuses. Ce travail se faisait rapidement et efficacement, avec quelques proches collaborateurs, sans comités ni conseillers extérieurs. Si j'ai eu la chance de rencontrer Paul, ce qui a été fondamental, c'est le travail que nous avons fait pour nous apprécier mutuellement et mettre au point une association durable.

Paul a raison d'attribuer la réussite de notre histoire à nos collaborateurs. Notre rôle essentiel a été de les choisir sans exclusion, de les promouvoir sur leurs seuls mérites. Le travail, ce sont eux qui l'ont fait et le mérite leur revient.

Notre époque a été marquée par le développement des voyages. Aujourd'hui, les défis sont d'un autre ordre. Mais, pour les relever et les transformer en succès, la recette reste la même. Il faut que des hommes et des femmes motivés fassent le boulot. Demain comme hier, le métier des chefs d'entreprise restera identique : donner à leurs équipes l'envie et les moyens de se surpasser. La fierté qui sera ensuite partagée pour le travail accompli ensemble fera le reste.

La conclusion de l'auteur

Ce qui m'a le plus frappé dans cette histoire, c'est la place qu'occupe la confiance dans le rapport qu'entretiennent Paul et Gérard avec chacune de leurs relations. Ma propre expérience le confirme. J'ai été frappé, depuis le jour de notre rencontre, jusqu'à la mise sous presse de ce livre, qu'à aucun moment ni l'un ni l'autre ne se soit soucié de savoir quels étaient mes références ou mes diplômes.

C'est aussi le principal message des collaborateurs. Tous estiment avoir eu une chance incroyable de croiser la route de ces deux entrepreneurs d'exception. Nombreux sont entrés dans le groupe sans le baccalauréat et ont fini leur carrière en ayant sous leur responsabilité des cadres supérieurs issus de grandes écoles.

La confiance a aussi été celle de Paul et de Gérard l'un envers l'autre. Leur conviction intime d'être capables de construire ensemble une entreprise de taille mondiale. Au-delà des compétences, au-delà des opportunités du marché, au-delà de la chance, cette histoire est avant tout celle de deux hommes, unis par une même ambition. C'est aussi celle de deux entrepreneurs qui avaient confiance en l'avenir et qui savaient faire confiance à leurs collaborateurs.

Puisse cette histoire en inspirer de nombreuses autres. Parce que l'enjeu est de taille : il s'agit de démontrer que l'esprit de conquête et l'aventure humaine l'emporteront toujours sur la quête stérile du seul profit financier. Remettre l'argent à sa place de moyen, plutôt que comme finalité. Tel est le défi qui se présente aux nouvelles générations.

Alors, finalement, la conclusion s'impose d'elle-même : la preuve que c'est possible est entre vos mains.

Maintenant, c'est à vous de jouer !

Une œuvre collective

Écrire un livre, c'est un peu comme se lancer dans une nouvelle aventure, un nouveau voyage. On se fixe un but, on imagine un chemin. Puis les rencontres, le hasard et les obstacles parsèment la route. Au final, le résultat ne ressemble pas au projet. Avec un peu de chance, il est plus beau. J'ai la prétention de croire que ce livre est plus intéressant que celui dont j'avais rêvé il y a bientôt trois ans. Si c'est le cas, le mérite en revient à tous ceux qui y ont participé et ils ont été nombreux.

Je tiens à remercier tous ceux qui ont accepté de me recevoir, de me donner de leur temps. Michel Baillon, Sven Boinet, André Cœugniet, Dominique Colliat, Brigitte Dubrule, Édith Dubrule, Jacques Fayet, Godefroid Gillis, Hervé Gourio, Didier Gros, Gilles Honegger, Louisette Huet-Tocny, Robert Larrivé, Gérard Levêque, Suzanne Mamet-Dubrule, Georges Le Mener, André Motte, Christian Mure, André Petit, Stanislas Rollin, Yveline Sacotte, Michel Vincent, tous m'ont réservé un accueil chaleureux.

Je me sens profondément reconnaissant envers Paul Dubrule et Gérard Pélisson pour leur confiance et pour le temps considérable qu'ils m'ont accordé.

Mes amis et confrères Vincent Lenhardt et Pierre-Yves Spaey m'ont été d'un grand secours, pour leur soutien, leurs conseils avisés et le temps précieux qu'ils m'ont consacré.

Enfin, je tiens à terminer par des remerciements particuliers à Claude Moscheni et Caroline Bonnard, pour l'aide considérable qu'ils m'ont régulièrement apportée tout au long de ce travail.

Un regret

À chaque étape de ce projet, j'ai souvent ressenti l'envie de rencontrer d'autres personnes qui ont joué un rôle important dans cette formidable histoire. Ce que leurs anciens compagnons de route me disaient d'eux m'invitait à les rencontrer.

Paul et Gérard auraient aimé que je rencontre ou que je cite de très nombreux contributeurs au succès d'Accor. J'ai en particulier en mémoire le nom de Roberto Cusin, qui a fait de la filiale d'Accor en Italie une société majeure du groupe ; celui de Firmin Antonio, qui a fait la même chose au Brésil ; et celui de David Baffsky, qui a développé Accor en Australie, en Nouvelle-Zélande, puis en Asie et de John du Monceau, qui a fait du Ticket Restaurant une entreprise majeure.

D'autres encore, tels que Fritz Hermingaus et Bob Makay, pionniers du développement en Allemagne, Béatrice Dubrule et Shang Zee Zang en Chine et en Indonésie, Jean-Robert Reznik et Marc Thépot pour le Maroc, Abdou Belgat en Arabie Saoudite, Jean-Luc Motot en Afrique du Sud, Jean-Philippe Savoye en Pologne, André Cantiniaux en Europe de l'Est, pour n'en citer que quelques-uns, dont les noms parsèment mes carnets de notes, auraient pu illustrer avec brio cette épopée entrepreneuriale exceptionnelle.

Ce n'était malheureusement pas possible. Le temps m'a manqué pour ce faire et je le regrette sincèrement. Qu'ils sachent que le choix de rencontrer ou de citer l'un ou l'autre a toujours été fait, sur la base d'une recherche pragmatique d'informations historiques et parfois, je l'avoue, sur des considérations d'ordre pratique.

Annexe

Accor en dates

1963 : Première rencontre entre Paul Dubrule et Gérard Pélisson

1963 : Création de Devimco

1967 : Ouverture du premier Novotel, à Lesquin (Lille)

1973 : Ouverture du Novotel de Bagnolet (Paris) : 600 chambres

1974 : Rachat de Courtepaille

1974 : Premier Ibis, à Bordeaux

1975 : Rachat de Mercure

1980 : Rachat de Sofitel

1981 : Reprise de Jacques Borel International

1985 : Ouverture du premier Formule 1, à Évry

1985 : Reprise des restaurants Lenôtre

1990 : Acquisition de Motel 6 aux États-Unis

1991 : OPA réussie sur la Compagnie internationale des wagons-lits et du tourisme

1991 : Lancement de la chaîne Etap Hotel

1999 : Lancement de Suitehotel

2000 : Lancement de accorhotels.com

2002 : Ouverture du Sofitel Chicago et de 13 autres Sofitel

2003 : Ouverture du premier Ibis, à Tianjin en Chine

2006 : Lancement d'un plan de développement en Inde

2007 : Lancement du concept deux étoiles All Seasons

2008 : Premiers hôtels Pullman

2008 : Création de MGallery

2009 : Ouverture de la 100 000ᵉ chambre Ibis

2010 : Accor se recentre sur l'hôtellerie, scission avec l'activité des Services

2011 : Lancement du projet Ibis Mega Brand sur les trois marques (Ibis, All Seasons, Etap Hotel)

Accor en chiffres

145 000 collaborateurs

4 200 hôtels dans 90 pays

Plus de 500 000 chambres

90 % des managers sont issus de la promotion interne

51 % d'hommes, 49 % de femmes

80 % des salariés sont au contact de la clientèle

115 Sofitel dans 37 pays

55 Pullman dans 19 pays

40 MGallery dans 20 pays

390 Novotel dans 58 pays

28 Suite Novotel dans 8 pays

681 Mercure dans 49 pays

919 Ibis dans 51 pays

131 All Seasons dans 13 pays

517 Etap Hotel dans 16 pays

251 hôtels F1 en France

1019 Motel 6 aux États-Unis et au Canada

Composé par Sandrine Escobar

Imprimé en Allemagne par oD
Dépôt légal : octobre 2014
N° d'éditeur : 4134